AF151647

Claudia Kofel

Befreien macht glücklich

novum ■ pro

www.novumverlag.com

© 2021 novum Verlag

ISBN 978-3-99107-572-1
Lektorat: Alexandra Eryiğit-Klos
Umschlagfoto:
Mast3r | Dreamstime.com
Umschlaggestaltung, Layout & Satz:
novum Verlag
Innenabbildungen:
siehe Bildquellennachweis S. 6

Die von der Autorin zur Verfügung
gestellten Abbildungen wurden in der
bestmöglichen Qualität gedruckt.

Gedruckt in der Europäischen Union
auf umweltfreundlichem, chlor- und
säurefrei gebleichtem Papier.

www.novumverlag.com

Bibliografische Information
der Deutschen Nationalbibliothek:

Die Deutsche Nationalbibliothek
verzeichnet diese Publikation in
der Deutschen Nationalbibliografie.
Detaillierte bibliografische Daten
sind im Internet über
http://www.d-nb.de abrufbar.

Inhalt

Was ist los
mit ihm?

Es war wieder einer dieser Abende, an denen ich mit meiner besten Freundin Paula am Küchentisch saß und darüber diskutierte, was mit meinem Mann Sec nicht stimmte.

Draußen war es bereits dunkel und wir machten es uns mit Kerzen, Knabbereien und einer Flasche Wein gemütlich. Die Küche war groß mit beigen Platten, einer schwarzen Steinabdeckung und einem schwarzen Kachelofen. Der große Esstisch mit Eckbank war unser Hauptdiskussionsplatz geworden. Das schöne Bauernhaus, das nicht zu altmodisch war und – mit einem kleinen Pferdestall und mehreren Weiden – mitten im Nichts stand, war ein Traum jedes Pferdenarren. Ich hatte acht Jahre nach so einem Ort zur Miete gesucht und hatte ihn inzwischen gefunden.

Wir konnten Sec einfach nicht so richtig einordnen. *Egoistisch* reichte nicht. *Narzisstisch* passte und doch wieder nicht ganz. *Depressiv* war irgendwie zutreffend, aber das war nicht alles. Er war immer so … *unerreichbar.*

„Ich hätte diesen Typ schon längst verlassen. Was hast du schon von ihm? Du bist nur seine Putzfrau, Gärtnerin, Kinderbetreuerin, Stallknecht, Hundesitterin und zu guter Letzt bringst du mit deinem 50-Prozent-Job auch noch das Geld nach Hause. Wofür eigentlich? Was macht *er* für *dich*? Was investiert *er* in eure Beziehung?" Paula sah mich an und nahm einen Schluck Wein.

Ich überlegte kurz, aber bevor ich ihr antworten konnte, setzte sie noch nach: „Ach ja, ihr habt ja keine *Beziehung.*" Sie verdrehte ihre braunen Augen und warf ihre langen schwarzen Haare nach hinten.

Paula hatte immer eine knallharte, pragmatische Art, Dinge zu formulieren. Ja, manchmal war es schon fast etwas primitiv, aber genau das machte sie aus. Entweder man liebte sie oder eben nicht. In solchen Situationen kam dann oft von mir die Antwort: „Er hat mich auch schon mit dem Hänger und dem Pferd herumchauffiert." Oder: „Er ist für mich auf einen Bauernhof gezogen." „Das ist nichts. Das ist normal. Das ist das Mindeste!", kam dann immer wie aus der Pistole geschossen von Paula.

In diesen Momenten war ich noch nicht hundertprozentig ihrer Meinung. Aber insgeheim wusste ich, dass sie recht hatte.

Paula stöhnte und griff sich die Weinflasche. „Hör mal, Nicky, er ist ein *Arschloch*", sagte sie mit Nachdruck und schenkte sich ein weiteres Glas ein.

Sie selbst hatte eine völlig andere Beziehung. Ihr Freund war sehr zuvorkommend. Machte Kung-Fu. Hatte Interesse am Reisen. Hatte einen guten Job und war, glaube ich zumindest, ein ehrlicher und umgänglicher Typ.

Sec machte wirklich *nichts*. Weder im Haushalt noch im Garten noch mit den Kindern noch mit den Hunden. Einfach gar nichts. Er ging nicht einmal zur Arbeit. Anfangs war er immer weg und ich wusste nicht, wo und was er so machte. Teils kam er nicht einmal in der Nacht nach Hause. Später saß er nur noch zu Hause herum. Entweder vor dem TV, vor dem Computer, am Handy oder am Glimmstängel.

Mein Tag begann morgens um 6.00 Uhr mit dem Ausmisten des Pferdestalls. Danach erledigte ich mit Vollgas den Haushalt und die Wäsche. Schaute, dass Tim in den Kindergarten kam. Dann machte ich immer noch kurz eine Waldrunde mit den

Hunden, bevor ich dann um 10.00 Uhr zur Arbeit musste. Und wenn ich schließlich um 19.30 Uhr ziemlich müde von der Arbeit heimkam, sah es aus, als hätte eine Bombe eingeschlagen.

Die Kinder rannten nackt umher und stritten, waren frech und weinten täglich dutzendmal. Die Küche war mit Fett vollgespritzt, die Spaghetti verstopften den Abfluss, das Geschirr stapelte sich. Auf – oder eher unter – dem Tisch lagen Essensreste und halb leere Getränkebecher. Doch das war noch nicht alles.

In den Kinderzimmern waren die Leintücher von den Kindern zerschnitten worden und im ganzen Haus waren die Wände mit wasserfesten Filzern bemalt. Und wenn es ganz toll zuging, hatte unser großer Hund Puk im Haus erbrochen – und das war natürlich auch nicht weggeputzt worden. Selbstverständlich war auch am Abend die Stallarbeit fällig und wurde auf keinen Fall von Sec, der den ganzen Tag zu Hause saß, gemacht. Auch die Hunde waren immer sehr gestresst und wollten nun endlich raus und sich bewegen.

Dieser Aufgabe kam er natürlich ebenfalls nicht nach. Wenn Puk dann wirklich dringend rausmusste, ließ er ihn bei der Terrassentür an der Auszugsleine in den Garten. Damit er nicht warten musste, bis Puk sein „Geschäft" gemacht hatte, klemmte er die Leine mit dem Schließen der Terrassentür ein.

Entsprechend sah dann natürlich auch der Holzrahmen des Fensters aus. Überall waren Einbuchtungen im Türrahmen und die weiße Farbe blätterte ab.

Nun, so sah es täglich im Haus aus. Als Erstes musste ich mit den Hunden raus, da Sec selbstverständlich keine Zeit dafür gehabt hatte zwischen dem Rauchen, vor dem PC oder vorm TV. Für die Kinderbetreuung war er natürlich auch zu sehr beschäftigt und nannte seine Anwesenheit „Betreuung".

Nachdem ich dann mit den Hunden eine Runde draußen gewesen war, musste ich noch den Stall misten. Wenn er gut drauf war, sagte er mir: „Du kannst das eben viel besser." Und wenn er schlecht drauf war, sagte er: „*Du* wolltest diesen Stall, es ist *dein* Hobby."

Genug Zeit hatte er aber immer, Ende des Monats das Geld unserer Pensionspferde einzusacken. Mit diesem Geld konnten wir sozusagen gratis wohnen.

Mein Tag begann morgens, also spätestens um 6.00 Uhr, und endete offiziell abends um 22.00 Uhr. Da unser jüngerer Sohn, er war damals drei Jahre alt, nie richtig schlafen konnte, stand ich zusätzlich auch noch jede Nach sechs- bis achtmal auf. Selbstverständlich wäre das nichts für meinen Mann gewesen. Einmal für Ethan aufstehen, nein, das kam für ihn nicht infrage. Dafür war er zu müde und er brauchte seinen Schlaf. Ich nicht?, dachte ich immer wütend.

So ging es Tag für Tag, 7 Tage die Woche, 365 Tage im Jahr. Ich kann mich noch sehr gut daran erinnern, als ich Angina und Stirnhöhlenentzündung hatte – beides zusammen.

Ich konnte kaum auf den Beinen stehen. Nicht einmal da machte er den Haushalt, kümmerte sich um die Kinder oder besorgte den Stall. Ich stand mit Fieber in einer Pferdebox am Misten, als ich in Ohnmacht fiel.

Doch nicht einmal solche Situationen änderten die extrem passive Haltung meines Mannes, ebenso wenig wie die Gesprächsversuche meinerseits.

Das Schlimmste war, ich hätte die ganze Arbeit sogar ohne Weiteres auf mich genommen, hätte Sec mir Zuneigung, Achtung und Transparenz in der Beziehung geschenkt. Aber dies war nicht der Fall. Er predigte mir immer: „Geschäft ist Geschäft und privat ist privat." Nur leider waren bei ihm hundert Prozent „Geschäft" und trotzdem arbeitete er nichts.

Sogar seinen Eltern log er immer die Hucke voll.

Er erzählte ihnen, dass er Geschäfte machen würde. Dass er Erfolg hätte. Jedes Mal wenn wir auf Besuch waren, verschwand er nach dem Essen und sagte, dass er noch ins Büro müsste, da er so viel Arbeit hätte. Welche Arbeit? Er hatte schon seit Jahren keine.

Zweimal jährlich ging er in seine alte Heimat in die Tschechei in die Ferien. Natürlich ohne mich und die Kinder. Er könne sich dort erholen. Wo, bitte schön, war meine Erholung?!

Acht Jahre lang musste ich ihn überreden, dass wir mal zusammen in die Ferien gingen. Aber das musste dann auch wieder für die nächsten sieben Jahre reichen.

Alles, was Beziehung und Spaß hieß, lebte er ohne mich. Seine nicht vorhandene Transparenz fehlte mir sehr und machte mich oft traurig. Ich wusste weder über unsere Finanzen Bescheid noch wusste ich, was er das ganze Jahr hindurch so trieb. Ich kam einfach nicht an ihn heran.

Dabei hatte ich immer einen Mann zum „Anfassen" gewollt. Einen Mann, mit dem man „Pferde stehlen" kann. Einen Mann, der mich als seine Frau, als seine beste Freundin, als seine Geliebte sah. Aber diese Haltung hatte er überhaupt nicht.

Sec gab immer mir an allem Schuld. Er vergaß die Badehose und ich war schuld. Er fuhr mit dem Auto über das Trottinett der Kinder und ich war schuld. Er hatte keinen Erfolg und ich war schuld. Ich konnte ihm schlechtweg nichts recht machen.

Das ging mittlerweile sogar so weit, dass er anfing, meine E-Mails zu korrigieren. Er wollte immer alles zuerst sehen und absegnen. Natürlich zu meinem Wohl. Ich hätte bestimmt nicht das Richtige geschrieben. Oder meine Wortwahl wäre natürlich völlig daneben gewesen. Aber das Allerschlimmste daran war, dass ich sogar schuld war an seinem Benehmen mir gegenüber.

„Würdest du dich nicht so benehmen oder geben, wäre ich nicht so", meinte er dann immer, wenn ich mich gegen sein mieses Verhalten wehrte.

Auch die Kommunikation war ein ständiges Konfliktthema. Ich versuchte oft ein Gespräch mit ihm zu führen. Aber er lief immer davon. Er verzog sich in ein Zimmer oder setzte sich sogar ins Auto und fuhr weg. Auch wenn ich anfing zu weinen, weil es mich so fertigmachte, dass er mich wie Luft behandelte und mir nicht zuhören wollte, auch dann ließ er mich eiskalt zurück. Und wenn ich ihn versuchte zu stoppen und mich ihm in den Weg stellte, stieß er mich mit voller Wucht zur Seite und dann war er weg.

„Mit dir kann man einfach nicht kommunizieren. Du solltest dringend eine Therapie machen. Es ist sehr schwer für mich, so mit dir zu leben", meinte er.

Komischerweise konnten alle mit mir wunderbar kommunizieren. Nur einer nicht, und das war mein Mann. In solchen Situationen überrollten mich Gefühle der Wut, der Trauer und eine große Ohnmacht. Dummerweise kamen später auch noch Schuldgefühle in mir hoch. Kein Wunder, es gelang ihm ja immer wieder, es so zu drehen.

Ich saß dann da und fühlte mich so wahnsinnig einsam. Völlig leer – außer meinem schlechten Gewissen, das in solchen Situationen schließlich immer in mir hochkam. Aber ich sehnte mich nach Zweisamkeit und gab dann wieder nach. Ich dachte: Vielleicht muss ich noch behutsamer das Gespräch mit ihm suchen. Vielleicht muss ich mich ja noch mehr anstrengen und noch „besser" werden. Ich suchte die Fehler bei mir, denn an ihn kam ich sowieso nicht heran. Und meine Hoffnung, dass er mich dann irgendwann an sich heranließe und endlich *mit mir* und nicht mehr nur *neben mir* leben würde, war sehr groß.

Das war mein innigster Wunsch. Ich hatte ihn schließlich geheiratet und Kinder mit dem Menschen, der mir am nächsten sein sollte. Dieser Wunsch ließ mich nicht los. Ich konnte nicht verstehen, wieso ich das nicht schaffte. Und wie es so schön heißt: „Die Hoffnung stirbt zuletzt."

Ich war ziemlich kaputt. Ich war längst am Rande meiner Kräfte angelangt. Nicht nur physisch, nicht nur gesundheitlich, auch äußerlich. Meine Einsamkeit fraß ich in mich hinein. Oder besser gesagt, die Einsamkeit fraß mich auf.

Ich hatte so viel Arbeit, dass ich überhaupt keine Zeit für mich selbst oder mein Hobby fand. Die Pferde standen vor der Haustüre, aber durch Sec konnte ich monate- beziehungsweise jahrelang nicht mein Hobby, das Reiten, ausleben. Ich hatte ein eigenes Pferd, das ich kaum bewegen konnte. Ich musste mir zwei Reitbeteiligungen suchen, die mein Pferd die ganze Woche bewegten. Für Sec passt das, denn er sackte das Geld ein, das die zwei Damen fürs Reiten bezahlen mussten. Mich musste er somit auch nicht entbehren und konnte infolgedessen sicher sein, dass ich keine Freundschaften knüpfen oder pflegen konnte. Außerdem, wer hätte dann die ganze Arbeit gemacht, wenn ich mal zwei Stunden glücklich auf meinem Pferd gesessen hätte?

Ich konnte froh sein, wenn er mir Zeit zum Ausmisten gab. Wenn meine Zeit für die Arbeit und unsere Finanzierung investiert wurde, dann war das in Ordnung.

Alle Menschen um mich herum fanden, dass ich es so toll hätte und ich es mit Sec so gut erwischt hätte. Ich hätte doch alles. Sogar einen Pferdehof und ein eigenes Pferd. Sie sahen nicht, dass ich dabei ausgebeutet wurde. Sie sahen nicht, dass mein Hobby unsere Finanzen rettete. All die Pferde, die in meiner Pension standen, ermöglichten uns, „gratis" zu wohnen und zu essen. Zumindest konnte ich diese Kosten mit dem Pferdestall abdecken. Aber alle sahen nur Luxus. Und dass Sec mir das alles ermöglichen würde.

Aber in Wahrheit war es ganz anders. Es war traurig, einsam, zermürbend, ausbeutend, gnadenlos und abtötend.

Man hätte den Arbeitsaufwand bei so einem Hof zumindest teilen können. Allein der Hof war vom Zeitaufwand her ein 50-Prozent-Job. Wäre Sec kein Arsch… gewesen, hätte er ja die Stallarbeit machen können. Ich hatte schließlich einen Job. Er hatte nichts. Keine Arbeit. Außer überall zu schmarotzen und überall seine Finger im Spiel zu haben.

Schon seit Jahren war er nicht mehr irgendwo angestellt; blendete aber die ganze Familie und alle Freunde und Bekannte damit, wie erfolgreich er wäre.

Ich war am Tiefpunkt angekommen, zumindest meinte ich das damals.

Ich fühlte mich so wahnsinnig einsam. Selbst wenn ich hundert Menschen um mich herum gehabt hätte, ich fühlte mich allein. Es war, als ob ich in einer Diskothek hinter einer großen Glaswand stünde. Ich schrie und klopfte an die große Glaswand, aber niemand hörte mich. Alle tanzten vergnügt weiter und die Welt auf der anderen Seite der Glaswand war in Ordnung. Aber wo war ich?

War ich in der Hölle? War Sec der Teufel? Und was oder wer war ich? Die Löwin, der das Herz gebrochen worden war und die nicht mehr kämpfen wollte? Nicht mehr kämpfen konnte? Wie ein wildes Pferd, das „gebrochen" wird, damit es keinen eigenen Charakter mehr hat und zu allem Ja und Amen sagt, aber infolgedessen innerlich verkümmert. Dies sieht man leider oft im Spitzensport.

Die Nummer
4

Ehrlich gesagt war ich, als ich nach sieben Jahren Hausfrauendasein wieder einen 50-Prozent-Job begann, froh, wenn ich zur Arbeit gehen konnte. Es gefiel mir gut auf der Arbeit. Wir waren ein super Mädelsteam. Alle mochten und schätzten mich. Das ging mir „runter wie Honig". Ich arbeitete an einem Empfang eines großen Gebäudes, das rund 200 Firmen beinhaltete. Durch meine Position am Empfang kannte ich natürlich sehr viele Leute von allen diesen Firmen. Natürlich gab es da die eine oder andere Person, die einem besonders sympathisch war und mit der man auch schon mal ein Schwätzchen abhielt oder gemeinsam zum Mittagessen ging.

Meine Kolleginnen am Empfang und ich machten uns einen Spaß daraus, die besonders sympathischen Personen zu nummerieren. So war zum Beispiel der eine Typ aus dem 2. Stock „Nummer 2" und der andere aus dem 3. Stock die „Nummer 3" und so weiter. Dies war aber wirklich nur ein Spaß und hatte keinen tieferen Hintergrund. So hatte jede von uns eine Nummer 1, 2, 3, 4, mit denen man gut plaudern konnte, miteinander zum Mittagessen ging oder einfach nur etwas Menschlichkeit im Arbeitsalltag pflegte.

Spannend wurde es, als ich merkte, dass ich „meine Nummer 4" immer interessanter fand. Obwohl er mir überhaupt nicht viel Aufmerksamkeit schenkte. Eigentlich gar keine. Er strahlte einfach viel Charme aus. Da gab es andere, die täglich an den Empfang kamen, um ein Schwätzchen mit mir abzuhalten. Aber mir gefiel nun mal seine Erscheinung. Er strahlte aus: „Ich habe alles im Griff." Dazu war er immer gut gekleidet und gepflegt.

Seine Erscheinung war irgendwie mein Tagesaussteller. Nur leider war er nicht oft da. Und wenn, sah ich ihn nicht, da er mit seiner Firma im 4. Stock war. Eigentlich sah ich ihn nur dann, wenn er sein Auto auf dem Außenparkplatz parkierte und dann beim Empfang in den Aufzug hüpfte. Diese Minute zauberte mir für den ganzen Tag ein Lächeln aufs Gesicht. Obwohl ich keine Hintergedanken hatte und ihn überhaupt nicht kannte, gab mir das Energie.

Eines Tages ging der Lift auf und „Nummer 4" kam zu mir an den Empfang. Seine Hand war mit Haushaltspapier umhüllt. „Ich habe mir in den Finger geschnitten. Kannst du einen Arzt für einen Termin anrufen?", fragte er mich.

Wow, cool, da steht er ja!, schoss es mir gleich durch den Kopf. Doch zugleich auch: O Gott, hoffentlich zeigt er mir jetzt nicht seinen zerschnittenen Finger, ich kann solche Verletzungen nicht sehen!

Na toll, jetzt stand er schon einmal hier und ich konnte ihm nicht helfen. Woher sollte ich einen Arzt kennen? Ich wohnte nicht in dieser Gegend. *Komm schon, sag was! Irgendetwas Intelligentes!*

„Wenn ich du wäre, würde ich gleich in den Spital in die Notfallaufnahme fahren, da ein Hausarzt sowieso nicht näht, falls es notwendig ist." Das war gar nicht mal schlecht. Ich musste über mich selbst schmunzeln.

„Ja, das ist eine gute Idee", erwiderte er sichtlich zufrieden. Puh, gut gemacht!, dachte ich erleichtert. „Hast du denn jemanden, der dich fährt?" Scheiße, ich hatte ihn einfach geduzt. Anderseits, wie hätte es denn ausgesehen, wenn ich *Sie* gesagt hätte? Nee, das wäre voll steif gewesen.

„Ja, ich habe jemanden. Danke." Und schon lief er zur Eingangstür des Gebäudes und weg war er. Klar hatte so ein Typ jemanden, wie dämlich von mir! Vermutlich hatte er seine Tussi via Handy informiert und wurde nun von ihr herumchauffiert.

Warum störte mich das jetzt? Ich konnte doch froh sein, dass er nicht Nein gesagt hatte. Was hätte ich dann gemacht? Vom Empfang weggehen hätte ich vermutlich nicht gekonnt. Ich hatte gar nicht gemerkt, dass Sue schon längere Zeit neben mir stand. Sie zog eine Augenbraue hoch. „Was ist los? Hast du einen Geist gesehen? Oder war unsere Möchtegernchefin, diese Oberschnepfe, wieder da?"

Sue war einfach klasse. Sie besaß dieses gewisse Etwas. Sie hatte Charme, war eine ehrliche Haut und war auch nicht so verstaubt wie viele andere Frauen.

Wir mussten lachen. „Nummer 4 war gerade da", teilte ich ihr möglichst beiläufig mit. Sie musste nicht wissen, wie aufge-wühlt ich in Wirklichkeit war. „Uuuuuu", Sue grinste mich an. „Und, hast du schon ein Date?"

Frech kichernd setzte sie sich neben mich an den PC und warte-te auf meine Antwort. Ich erzählte ihr genau den Ablauf. „Aha, und warum nervt es dich jetzt, dass er jemanden hat, der ihn fahren konnte?" Wieder grinste sie mich frech an.

Ich machte mich wieder an die Arbeit, aber irgendwie dachte ich die ganze Zeit: Vermutlich hat ihn seine Freundin gefah-ren. Dabei wusste ich gar nicht, ob er überhaupt eine Freun-din oder gar eine Frau hatte. Ich merkte, wie mich das wurm-te. Ich fand meine innere Reaktion selbst etwas merkwürdig und versuchte diese Gedanken zu verdrängen. Sue hatte recht: Warum nervte mich das jetzt?
    Die Zeit verging und ich hatte heute echt viel auf meiner Pendenzenliste. Dieser Arbeitsplan war immer eine Konzen-trationssache. Jeder Mittarbeiter hatte Sonderwünsche. Der

eine wollte gegen Ende der Woche lieber Frühdienst, die andere hatte ein Kind und war froh, wenn sie morgens mehr Zeit zu Hause hatte. Wieder andere hatten ein Hobby und wollten an gewissen Tagen die eine Schicht auf keinen Fall und andere hatten mir in irgendeiner von Hunderten Mails mitgeteilt, wann sie ihre Ferien eingetragen hatten. Gerade als ich das Gefühl hatte, endlich den Durchblick zu haben, stand er wieder da. Meine Nummer 4.

Grinsend schaute er mich an, was man von mir vermutlich nicht sagen konnte, da ich sehr konzentriert in den PC starrte. „Alles okay, genäht und nicht so tragisch. Danke nochmals", ließ er verlauten, drehte sich auf dem Absatz um und verschwand nach einem kurzen Zurückblicken im Aufzug.

Haaa! Er hat zurückgeblickt!, dachte ich erfreut und anderseits fragte ich mich: Das war's jetzt? Okay. Tja, was soll's. Er ist ja auch gar nicht meine Baustelle, was hast du eigentlich?, schnaubte ich mich selbst an.

„So schwer?" Grinsend kam Sue, die das Ganze beobachtet hatte, um die Ecke. „Ja, er ist schon schick, findest du nicht?", wieder grinste sie mich an, während sie den Pressecorner mit neuen Zeitschriften auffüllte. „Er hat eine Freundin", entgegnete ich ihr. Was zum Kuckuck sagte ich da? *Er hat 'ne Freundin. Und du, du hast einen Mann und Kinder, dachte ich. Was ist bloß mit dir los?*, fragte ich mich und war schon fast genervt von mir selbst.

„Woher weißt du das?" Sue starrte mich an. „Sag, woher weißt du das?"

„Ja, okay, ich weiß es nicht. Aber ich gehe schwer davon aus, dass er mit dem Fahrer seine Freundin oder Frau gemeint hat. Wohl kaum den Hund." Etwas störrisch schaute ich sie an. Wir mussten beide laut lachen. Dummerweise kam immer genau in diesen Momenten der Drachen. Unsere Möchtegernchefin, die so launisch war, dass man sie kaum aushalten konnte. Zudem war sie auch nicht fair. Alles musste sie hinten im Büro brühwarm dem Chef erzählen. Wie ein kleines dummes Mädchen.

Unser Gelächter verstummte augenblicklich. Als sie wieder außer Sicht war, sagte Sue: „Nein, den Hund nicht, aber eine seiner Angestellten oder einen Kollegen, du Wurst."

Sie hatte recht. Warum beharrte ich auf diesem Standpunkt? Aber vor allem: Warum war das für mich überhaupt ein Thema?

Und so kam auch an diesem Tag der Feierabend. Zumindest auf meiner Arbeitsstelle. Zu Hause hatte wie immer die „Bombe eingeschlagen" und ich hatte noch viele Stunden zu tun.

Die Tage vergingen. Zu Hause war alles beim Alten. In mir drinnen leider auch.

Bei der Arbeit genoss ich die Zusammenarbeit mit den Mädels und versuchte, mein Bestes zu geben.

Als ich eine Anfrage bezüglich Räumlichkeiten für einen großen Event bekam, ging ich mit unserem Haustechniker in den 4. Stock, um die Fläche zu begutachten.

Wie müssten die Stühle gestellt werden? War genug Licht vorhanden? Solche Anlässe waren immer ein ziemlicher Aufwand. Vor allem die Organisation.

„Wie viele Stühle bringen wir hier denn überhaupt hin? Die wollen doch noch 'ne Bühne, oder?", fragte ich Paul, unseren Techniker. Zum Glück hatte ich ihn für solche Sachen an meiner Seite. Denn allein wäre das nicht zu stemmen gewesen.

„Kling" ertönte es vom Aufzug her, der gerade hochkam und in unserer Etage stehen blieb. Als ich mich umdrehte, stand „meine Nummer 4" da. In der Zwischenzeit hatten wir für Nummer 4 einen passenderen Namen. M, so nannten wir ihn. M wie der Chef von 007 James Bond. Ich war irgendwie nervös und freute mich, dass ich ihn sah. Ich hatte ihn schon ein Weilchen nicht mehr gesehen. Wow, interessant, dachte ich mir und versuchte, nicht zu schmunzeln, was mir aber überhaupt nicht gelang. Ich versuchte so cool wie möglich neben Paul zu stehen. Ich wollte ja nicht, dass er etwas merkte. Zudem wollte ich auch nicht, dass M. etwas merkte. Ich freute mich so, dass er da stand. Endlich, wurde ja auch Zeit. Nur diese seltenen „Zückerchen" sind etwas wenig, dachte ich bei mir und schaute ihm zu, wie er aus dem Lift zu uns herüberkam. Mir wurde immer wärmer und ich hoffte sehr, dass mein Körper mich nicht im Stich lassen würde. Auf keinen Fall rot werden, dachte ich. Hey, du wirst nicht so leicht rot, also beruhige dich. Zudem ist man als Schwärmerin nie interessant. Nur die geheimnisvollen Typen, die alles im Griff haben, sind interessant. Also benimm dich auch so!

M. grinste mich an und meinte: „Oh, wie schön, endlich bin ich hier oben nicht mehr so alleine. Das gefällt mir." Ich musste grinsen und erwiderte: „Ich kann leider von dem Empfang nicht einfach so weg, aber wenn du dich manchmal hier oben so allein fühlst, dann kannst du gerne nach unten kommen."

Yes, guter Schachzug. Erstens nicht wortkarg und zweitens eine Aufforderung, um zu sehen, wie ernst er diesen Spruch meinte und ob er eventuell Interesse an mir hatte. Höchst zufrieden sah ich M. nach, wie er bereits wieder mit seiner schwarzen ledernen Aktentasche davonspazierte.

Ich glaube, unser Haustechniker fand diese kurze Flirt-Frequenz nicht so prickelnd. „Können wir jetzt weitermachen?", brummte Paul mürrisch.

Irgendwie hatte ich nun überhaupt keine Ideen mehr, wie wir diesen Event organisieren und die Stufung planen sollten. Es war mir auch gerade ziemlich egal. Am besten ich ließ Paul einfach reden und tat so interessiert wie möglich und gab ihm einfach recht. Dieser Plan funktioniert immer bei Menschen, die eh alles besser wissen und immer alles selbst machen wollen.

Ich musste grinsen und ging langsam zum Fahrstuhl, um mich wieder nach unten zu begeben. Diese kleine Anspielung machte mich glücklich. Es war kein Flirt gewesen, aber prickelnd war es irgendwie schon gewesen. Manchmal sind es die ganz kleinen Finessen.

Zumindest bei mir, denn ich fuhr den ganzen Weg grinsend nach unten. Wenn mich jemand in diesem gläsernen Fahrstuhl beobachtet hätte, hätte er bestimmt gedacht, mit der stimmt was nicht.

„Kling" – da war ich auch schon wieder, im EG gleich neben dem Empfang.

Rose stand da und hielt die Stellung. Sie war eine der Ladys, auf die man sich verlassen konnte. Ich glaube, auch sie hatte einen Flirt in diesem Gebäude laufen. Jeden Mittag ging sie schnurstracks hinten raus und eine Minute später lief der Typ von einer Küchenfirma zügig vorn raus. Am nächsten Tag war es umgekehrt. Sie stimmten sich immer ab und wollten es so unauffällig wie möglich machen – mit dem Ergebnis, dass es am Schluss so was von auffällig war!

Nach dem Feierabend stand oft ihr oder sein Auto noch da, obwohl Rose schon weg war. Aber ich fand das toll. Sie hatte es verdient. Auch sie hatte so einen Arsch zu Hause, der sie lange betrogen hatte. Er hatte sogar heimlich eine Wohnung mit einer anderen gehabt. Einfach schrecklich.

„Da bist du ja! Na, hat Mister Best schon den Eventplan gemacht?", meinte Rose ironisch zu mir. „Klar, weißt du ja", grinsend ging ich sie ablösen, damit sie wieder ihre Runde im ganzen Gebäude machen konnte. Paul war unser Mister Best. Er meinte es zumindest. Rose war als Beraterin unterwegs und schaute, dass auf den Ausstellungsflächen alles okay war.

Sue kam stinkig um die Ecke „Mann, das ist so ein verdammter Drachen, die hat doch überhaupt keine Ahnung." „Warst du wieder einmal im Büro hinten, bei der Möchtegernstellvertretung des Chefs?"

„Die macht mich wahnsinnig. So eine …" Sue verstummte und versteckte sich grinsend hinter dem Bildschirm. Hä? Was war denn jetzt los?! Zuerst regte sie sich fast bis zum Explodieren auf und jetzt tat sie so, als würde sie sehr angestrengt irgendetwas in ihren PC tippen? Ich schaute nach vorn und da stand M. grinsend vor mir. Was für ein Schock! Ich meine, ich freute mich, aber es war so unvorbereitet. Sah ich denn auch immer noch gut aus? Ich hätte vorhin auf die Toilette gehen sollen, um das zu überprüfen. Grrr, warum kam er aber auch einfach so unverhofft?

„Du hast gesagt, wenn ich mich allein fühle, dann soll ich nach unten kommen." Er griff zu der Schale mit den Pralinen und packte eine davon aus. Ich spürte ganz genau, dass Sue sich zu Tode grinste, ich musste nicht mal nach links rüberschauen, um das zu wissen. Wie immer beruhigte ich mich selbst und versuchte, cool zu bleiben. Dafür dürfte ich aber nicht nach links schauen – definitiv nicht!

„Klar, das ging ja schnell. Äh, wie geht es dir denn so?"

Die Praline steckte immer noch in M.s Mund. „Na, jetsss gehsss mir gut."

Obwohl er mit vollem Mund nicht wirklich deutlich sprach, war es ein Kompliment. Krass, er flirtete wirklich mit mir! Das vorhin im 4. Stock war vermutlich doch ein Miniflirt gewesen. Ich meine, wenn jemand zu einem sagt: „Wenn ich bei dir bin, geht es mir gut", dann ist das doch ein Flirt, oder?

Da wusste ich, ganz so uninteressant kann ich also doch nicht für ihn sein. Obwohl er bis dahin von allen „meinen Nummern" am wenigsten Interesse gezeigt hatte. Okay, bis vor einer Stunde eigentlich gar keins. Nun stand er da und ich hatte so ein Gefühl ... Irgendwie eine Mischung aus Glück, Sexappeal und Scham.

Scheiße, hatte ich jetzt zu sehr Gas gegeben? Ich wollte ja gar nichts von ihm. Sicherlich hatte er eine Freundin oder eine Frau oder was auch immer und ich hatte einen Ehemann, zwei kleine Kinder, zwei Hunde, ein krankes Pferd und jede Menge Stress.

M. hatte nicht lange Zeit und ging auch schon bald wieder. „Du strahlst wie ein Honigkuchenpferd, ich glaube, dein Tag ist gerettet", meinte Sue, die auch nicht gerade nur ein Grinsen einer Ameise vorzuweisen hatte. Irgendwie hat sie recht. Es hatte mir wirklich gutgetan.

Rose ging wieder mit Tasche und Schal zügig auf den Hinterausgang zu. Auch Sue fuhr ihren PC herunter. „Ach du liebe Zeit, schon 17.00 Uhr?"

„Ja Schätzelein, ich muss dich jetzt leider auch alleine lassen, aber vielleicht kommt M. ja noch mal." Und mit diesen aufmunternden Worten machte sich auch Sue auf und davon. Ja klar, dachte ich. Als ob er nichts Besseres zu tun hätte. Außerdem arbeitet er bestimmt nicht bis 19.00 Uhr.

Den ganzen Rest des späteren Nachmittags versuchte ich meine komische Gefühlswelt zu ordnen. Nun fühlte ich mich auch noch allein, da das ganze Gebäude sehr ruhig und leer war. Alle Angestellten der Firmen waren schon nach Hause gegangen. Kunden hatte es auch keine. Draußen war es bereits dunkel und ich freute mich, wie immer, überhaupt nicht, bald nach Hause gehen zu können. Vermutlich ging's zu Hause wieder drunter und drüber. Sec stand sicherlich schon rauchend vor der Eingangstüre und wartete darauf, die Kids, die Hunde, die Stallarbeit und den Haushalt endlich loszuwerden und mir zu übergeben.

„Meine" Nummer 1 – er machte heute wohl auch schon etwas früher Feierabend – kam beim Empfang vorbei. Er war oft bei mir am Empfang und wir sprachen dann über Beziehungen und Zwischenmenschliches. Er war echt okay, aber er litt sehr an der Trennung seiner Freundin. Sie wollte anscheinend plötzlich nichts mehr von ihm wissen. Er fragte mich dann immer, wie ich das als Frau sehen würde und was er machen könne. Ich mochte diese Gespräche und ich fühlte mich dann auch nicht so einsam.

Nur noch eine halbe Stunde, dachte ich bei mir und hörte das „Kling" des Fahrstuhls. Zu meinem Erstaunen stieg M.

aus. Er winkte mir kurz und nahm dann den Rest des Weges zur Tiefgarage hinunter die Treppe. Für die Tiefgarage hätte er eigentlich nicht im EG aussteigen müssen, es sei denn …

Hatte er etwa zu mir gewollt? Ausgerechnet jetzt, wo Nummer 1 da stand! Toll. Ich war genervt. Nummer 1 merkte überhaupt nichts davon und erklärte immer noch lang und breit seine Probleme.

„So, ich muss dann jetzt aufräumen und alles abschließen." Immer noch genervt machte ich das Gebäude dicht und ging zum Auto.

Na ja, es ist, wie es ist, ich muss mich nun nicht mehr aufregen.

Zu Hause angekommen, war es wirklich wie immer. Sec stand rauchend vor dem Eingang und zog seine Mundwinkel nach unten. Den Rest brauche ich nicht nochmals zu erwähnen. Einige Zeit später stand ich todmüde im Stall und machte die Boxen und Ausläufe sauber. Es war ein schönes Gefühl, zwischen den zufriedenen, Heu kauenden Pferden zu stehen. Hier war die Welt noch in Ordnung. Die Sterne waren am Himmel zu sehen, die Grillen zirpten um die Wette, die Hunde stürzten sich auf die vom Hufschmied abgeschnittenen Hufraspeln. War das wirklich mein Leben? Wenn ich hier bei den Tieren stand auf diesem wunderschönen Hof am Waldrand, umringt von Wiesen und Feldern, dann war das ein wunderbares Leben. Ich fühlte mich hier irgendwie frei.

Aber wenn ich an meine Familie – vor allem an meinen Ehemann und die Finanzen – dachte, dann sank mein Gefühlsbarometer schlagartig in den Keller. Es war ein Gefühl zwischen Trauer, Wut, Ohnmacht, Einsamkeit und Wertlosigkeit. Und dieses Gefühl kam immer dann in mir hoch, wenn ich vom Stall zurück ins Haus ging.

Sec wartete nicht mal, bis ich die ganze Stallarbeit fertig hatte. Er setzte sich direkt in seinen geliebten BMW und fuhr davon.

Aus dem Haus drang Kindergeschrei und -geheul. Ich versuchte so schnell wie möglich draußen fertig zu werden.

Endlich hatte ich die Kinder im Bett. Die Hunde warteten immer noch auf ihren wohlverdienten Spaziergang. „Aber nur kurz", sagte ich leise und die Hunde wedelten glücklich mit dem Schwanz.

Die Nacht war sternenklar, einfach wunderbar, dieser Sternenhimmel. Der Wald war ziemlich düster, aber er duftete herrlich nach Moos und Holz. Mit Pix und Puk hatte ich keine Angst im dunklen Wald, auch wenn es schon 22.00 Uhr war.

Manchmal überlegte ich mir, ob ich wirklich keine Angst wegen der Hunde hatte oder ob es mir egal wäre, wenn mir etwas passieren würde. So nach dem Motto, schlimmer geht nimmer.

Wo fuhr Sec eigentlich hin? Hätte ich die Gelegenheit gehabt, ihn zu fragen, und wäre er nicht einfach grußlos abgerauscht, hätte er sowieso erzählt, was er wollte. Ich konnte nichts darauf geben, was er sagte.

Wieder Richtung Hof, auf einem kleinen Kiesweg, musste ich erst mal tief durchatmen. Schon sehr traurig, wenn man so einen Partner hatte. Aber warum war er so? War ich wirklich so schlecht?

Einige Tage später kam Nummer 4, also M endlich wieder an den Empfang.

„Ich wollte schon eine Vermisstenanzeige schalten", meinte ich grinsend zu ihm.

„Du warst ja beschäftigt", meinte er neckisch zurück.

Aha, es hatte ihn also doch gewurmt, dass letztens, als er vorbeikommen wollte, ein anderer mit mir plauderte. Dies ließ natürlich Freude in mir hochkommen. Voller Euphorie plauderte ich mit ihm. Zwischendurch kamen Kunden und hatten kurz Fragen, wo was ist, obwohl alles an den Tafeln stand.

Die Zeit verging und M stand immer noch da. Er ging auch nicht weg, wenn Kunden kamen und ich mich diesen widmen musste. Ich dachte jedes Mal, wenn ich mich um einen Kunden kümmern musste, dass er jetzt gehen würde. Doch er blieb und quatschte weiter. Ab und zu kam Sue vorbei und ging dann gleich wieder einer anderen Arbeit nach. Dann kam mal Rose, aber das hatte nichts zu bedeuten, da sie ihren Arbeitsplatz sowieso hinter mir hatte. Wir konnten also lange und fast ungestört miteinander reden.

„Gefällt es dir hier?" Jetzt musste ich überlegen. „Eigentlich schon, ich meine, unser Team ist echt toll. Zumindest die Mädels. Die Chefetage ist doch immer schräg, oder?" M schaute mich fragend an. Kacke, er war ja in seinem Unternehmen auch der Chef. Ja, sogar der Eigentümer. Toll, ich war voll ins Fettnäpfchen getreten. „Oft, meine ich." M. grinste nur.

„Na ja, von der Arbeit her würde ich lieber wieder ins Backoffice. Aber das ist nicht so einfach."

„Komm doch zu mir", er schaute mich herausfordernd an. „Ja genau", ich grinste ihn an und sortierte meine Mappen. „Nein, wirklich, ich bräuchte jemand im Backoffice." Was sollte das jetzt? War das ein Zufall? War das eine Anmache? War das ein Test, wie naiv ich vielleicht war? „Wie sieht denn dein sogenannter Job aus?", fragte ich nun ihn herausfordernd. „Genau das, was du suchst", sagte er, drehte sich auf dem Absatz um und ging mit einer winkenden Geste davon.

Hatte ich soeben geträumt oder war das hier echt? Ja, ich glaube, das war wirklich ein Jobangebot. Wie geil ist das denn?, jubelte ich innerlich. Ich hatte von meinem beruflichen Hintergrund her nicht wirklich viel vorzuweisen und dann fiel mir so ein Job einfach in den Schoß?! Würde mir nach 15 Jahren etwa doch noch etwas Glück zuteilwerden?

Die Stelle wechseln? Eigentlich sagte der Kopf etwas anderes. Aber mein Gefühl wollte dies unbedingt. Keine Ahnung, was da gerade in mir vorging. Meine Mädels am Empfang waren toll, aber bei ihm würde ich noch lieber arbeiten. Dabei kannte ich ihn gar nicht richtig.

Selbstverständlich erzählte ich immer im Stall oder in der Küche bei einem Glas Wein alles meiner besten Freundin Paula. „So cool, schnapp ihn dir! Klingt doch super!"

Ja er ist schon super. Denke ich. Ein edler Typ, der alles im Griff hat. Ob er auch die Frauen im Griff hatte, das wusste ich immer noch nicht; ich meine, ob er in einer Beziehung oder in einer Ehe war.

„Hier geht es doch gar nicht ums *Schnappen*, Paula. Hier geht es um einen neuen Job." Völlig unbeeindruckt von meiner Korrektur, also eigentlich völlig Paula-Style, knabberte sie an einer Salzstange. „Ja, du wirst sowieso die Chefin und dann zeigst du's denen." Was für ein Quatsch die da labert, dachte ich. Sie hat einfach eine zu hohe Meinung von mir. Was mein Ehemann zu wenig hatte, das hatte meine beste Freundin wohl zu viel.

„Hey, ist doch geil, der findet dich super und macht alles für dich."

In diesem Moment kam Sec in die Küche. „Ah, hallo Paula." Die Begeisterung hielt sich beidseitig in Grenzen. „Was ist geil?"

„Na, deine Frau hat ein geiles Jobangebot." Meine Güte, halt doch einfach die Klappe, Paula. Stinkig schaute ich sie an. Was war bloß mit ihr los? Konnte sie nicht die Schnauze halten? Sie war doch meine Freundin, warum tat sie das?

„Ach ja, wo denn und als was?" Plötzlich interessiert, stand Sec bei uns am Tisch.

Wie immer hatte er diese bescheuerte Frisur. Da er längere Haare hatte und die unteren geschoren waren, band er sie immer zu einem Schwanz zusammen. Aber dies tat er nicht hinten am Kopf, sondern auf dem Kopf. Er hatte also eine Palme, die wie ein Buzzer platziert war.

Ich erzählte kurz von diesem Backoffice-Job und dass die Firma gut sei. Natürlich erwähnte ich nichts von M. Warum sollte ich auch? Da war ja nichts. Oder?

Sec runzelte die Stirn und schaute mich mit seinen hellen gläsernen Augen an. „Was verdienst du? Hoffentlich viel?"

„Klar, ist ja auch ein geiler Chef", unterbrach Paula. Grrrr, jetzt hätte ich sie am liebsten gekillt. Was sollte das jetzt?

„Echt jetzt?", meinte Sec.

„Na ja, er ist schon toll."

Was war denn das jetzt gewesen?! War ich bescheuert? Was hatte ich da gerade gesagt?

„Okay, dann schau, dass er dir viel zahlt." Sec setzte sein mieses breites Lächeln auf und ging aus der Küche.

„War das jetzt gerade eine Abfuhr?" Empört schaute ich Paula an, die ihr Weinglas nachfüllte. „Wir sagen, wie geil er ist, und Sec ist das egal?!" Dies machte mich plötzlich traurig. Spürte er gar keine Eifersucht? Fühlte dieser Klotz überhaupt irgendetwas? Ja, er war sich meiner sicher. Der kann mich mal, dachte ich. Ich muss mich da bewerben. Paula hat recht. Vollgas voraus. Wenigstens habe ich dann einen coolen Job und einen tollen Chef.

Gleich am nächsten Tag sendete ich M. meine Bewerbung per E-Mail. Den Mädels sagte ich vorerst nichts. Ich wusste ja eigentlich noch gar nichts über diesen Job. Vielleicht sah mich M., wie Paula auch, ganz weit oben und war dann enttäuscht, dass ich nicht die Bewerberin mit den x Zusatzausbildungen war. Und dann würde das ganze Kartenhaus ganz schnell in sich zusammenbrechen.

Dann hörte ich plötzlich nichts mehr von ihm. Auch bei der Arbeit tauchte er nicht mehr auf. Toll, hatte er meine Unterlagen studiert und ging mir jetzt aus dem Weg?

Inzwischen war es Wochenende, ich saß wieder allein zu Hause. Wo Sec war, wusste ich nicht so genau. Ach ja, er hatte eine Bandprobe und danach gleich noch Auftritte oder so.

So, das war kein Zustand. Ich wollte es nun wissen. Was sollte schon passieren? Er könnte nur absagen, na und? Also griff ich zum Handy und wählte M.s Nummer. Ich spürte, wie mir das Herz bis zum Halse klopfte.

„Hey, Hallo", erklang es fröhlich vom anderen Ende. „Hey, sorry, ich wollte dich nicht stören, aber ich wollte dich fragen, ob du mein Mail mit den Unterlagen erhalten hast?"

„Ja klar, sorry, ich wollte mich noch melden, aber ich bin übers Wochenende gerade in Österreich. Bisschen Ski laufen mit meiner Prinzessin."

Ich verschluckte mich fast. *Mit meiner Prinzessin?*

„Wir sehen uns dann am Montag, ich komme vorbei, versprochen."

Nun stand ich da, in der Küche, schaute auf die Wiesen und Weiden hinaus und kam mir ziemlich blöde vor. Aber wieso? Wieso kam ich mir blöde vor? Wollte ich den Job etwa nur wegen M.? Wollte ich diesen Job und diese Herausforderung möglicherweise gar nicht, wenn ER vergeben war?

Montag. Keiner war so richtig motiviert bei der Arbeit.

„Hey Hübsche, was ist los? Du siehst so traurig aus. Alles okay?" Rose zupfte gerade an ihrem roten Seidenschal herum, den wir bei der Arbeit tragen mussten. Wir kamen uns mit diesem Seidenfötzel immer wie Flugbegleiterinnen vor.

Ich erzählte Rose von dem Ganzen. Natürlich war sie positiv und wollte nur das Beste für mich. „Das ist doch toll. Du musst diese Chance ergreifen. Oder willst du bei unserem Drachen bleiben?" Damit meinte sie die allerseits beliebte Stellvertretung des Chefs. Sie war zwar ein Drachen, aber der Chef war auch nicht besser, er war ein Blender. Ein Schwätzer, der vorneherum so und hintenherum so redete. Also beide nicht angenehm, da hatte Rose wohl recht. Wer wollte freiwillig unter so was arbeiten?

Sue kam jetzt auch hinzu. „Ach was, der hat keine Freundin. Du gefällst ihm, das merkt man doch." „Dein Optimismus in allen Ehren, Sue, aber er hat mir selbst gesagt, dass er mit seiner Prinzessin Ski laufen ist und deshalb keine Zeit hat. Was ist daran so schwer zu verstehen?" Eine ältere Dame stand am Empfangstresen und maulte herum, dass ihr Parkticket nicht funktioniere und dass es eine Frechheit sei, dass dies so teuer wäre. Sue versuchte der Dame behilflich zu sein und erklärte ihr des Weiteren, dass es nicht unser Parking sei und wir nichts mit dem Preis machen könnten.

Rose drehte sich zu mir um und meinte ganz pragmatisch: „So eine doofe alte Kuh, soll sie doch mit dem Zug kommen. – Wo waren wir? Ach ja, bei der Prinzessin."

Jetzt musste ich laut kichern. Ich liebte diese trockene Art von Rose. So hilfsbereit und zuvorkommend sie auch war, sie konnte ebenso gut das Messer zücken.

„Weißt du, das klingt für mich eher nach einem Kind. *Prinzessin* sagt man doch nicht zu einer Partnerin."

Ich war mir da nicht so sicher. Sagte man so was zu seinem Kind? Ich nannte meine Jungs nie Prinz. Wie doof war das denn? So extrem selbstverliebt in seine Bazillenschleuder zu sein, das fände ich echt doof.

Endlich war Sue die Alte los und gesellte sich wieder zu uns. „Ja, das glaube ich auch, das ist sicher sein Kind."

So ein Quatsch. Aber es stand zwei zu eins. Dann könnte ja doch was dran sein.

Wir machten uns alle an die Arbeit und ließen das Thema vorläufig ruhen.

Plötzlich kam ein SMS. Von Sec? Nein, natürlich nicht. Es war von M. „Wollen wir heute zusammen zu Mittag essen? Dann können wir über deine Bewerbung sprechen."

Was gab es da zu besprechen? Warum konnten wir dies nicht einfach im Büro tun? Warum lud er mich für die Bewerbung nicht gleich in die Sauna ein, auch wenn er eine Tussi hatte? Ich war ziemlich genervt. Aber ich musste jetzt einen kühlen Kopf bewahren. Zudem ging es ja wirklich um den Job.

„Klar, gerne, dann treffen wir uns um 12.00 bei mir am Empfang, okay?"

Das Date war fix.

Zu diesem ersten Vorstellungsgespräch gingen wir in eine Pizzeria und redeten und redeten. Aber irgendwie nicht viel über die Stelle. Eigentlich fragte mich M. eher über die familiäre Situation aus und wie ich die Stelle mit zwei Kindern organisieren könne.

So richtig bewusst wurde mir das aber eigentlich erst am nächsten Morgen. Ich wusste gar nicht viel mehr über die Stelle und weiter gekommen war ich auch nicht. Ich hatte ihn nicht mal fragen können, ob ich überhaupt infrage käme. Und auch nicht, was diese Stelle gegebenenfalls von mir abverlangen würde. Sec fragte mich, wie das Vorstellungsgespräch gelaufen sei. Ich konnte irgendwie nichts dazu sagen. Wieso hatte ich nicht mehr nachgefragt? Und warum war mir das gestern nicht aufgefallen?

Also nahm ich meinen ganzen Mut zusammen und schrieb M. ein SMS. Ich fragte, ob er heute nochmals Zeit hätte. Ich war etwas nervös. Wie er dies wohl deutete? Auf keinen Fall wollte ich, dass er dachte, ich würde mir Hoffnungen machen oder mich ihm annähern wollen. Das wäre mir voll peinlich gewesen. Ich hatte ihn ja nur gefragt, ob er heute nochmals Zeit hätte.

Noch während ich darüber nachdachte, ertönte auch schon mein SMS-Ton. „Für Dich immer" war seine Nachricht. Und da erschien wieder das „Honigkuchenpferd". Ich freute mich extrem und konnte es auch nicht vor meinen Arbeitskolleginnen verbergen.

Warum freute ich mich eigentlich so sehr? Wegen einer neuen Job-Aussicht? Oder weil M. mir so imponierte? Das erste

Mittagessen war echt krass gewesen. Schon als ich in seinem Auto gesessen hatte. Also im Auto war es ein noch etwas unbehagliches Gefühl, aber dann im Restaurant … Am liebsten hätte ich die Zeit angehalten. Ich fühlte mich so wohl in seiner Gegenwart! Er war so charmant! Wir hatten denselben Humor, dieselbe Wellenlänge und auch denselben Geschmack, was das Essen betraf. Ich hatte gar nicht mehr gewusst, wie sich so etwas anfühlte … Ich glaube, dieses Gefühl hatte ich das letzte Mal mit 18 gehabt. Oder vielleicht noch gar nie.

Diesmal trafen M. und ich uns direkt in der Tiefgarage, um ein weiteres Mal gemeinsam Mittag essen zu gehen. Wir wollten die Gerüchteküche nicht hochkochen lassen. Aber so viel mehr wusste ich danach auch nicht über die Stelle. Nur eins wusste ich: dass ich mich *sau*wohl fühlte an seiner Seite. Ich hätte jeden Tag mit ihm essen gehen können. Und das war für mich erschreckend. Was war los mit mir? Ich hatte Mann und Kinder zu Hause. Aber ich konnte mich gleich wieder beruhigen. Ich dachte ja nicht daran, mit ihm ins Bett zu steigen. Das hätte ich mir nicht vorstellen können. Aber gedanklich ließ er mich nicht los.

Wir hatten ein tolles Gespräch und mussten viel lachen. Natürlich fehlte auch das Schäkern nicht. Plötzlich fragte ich mich, ob das wirklich eine Basis für ein Arbeitsverhältnis sein konnte. Und ich hatte langsam das Gefühl, dass er dasselbe spürte.

Und dann kam plötzlich dieser Satz. „Ja, es war wirklich ein schönes Wochenende mit meiner Prinzessin. Das Wetter war herrlich. Ich habe meine Tochter ab und zu am Wochenende."

Ihr könnt dreimal raten, ja, das Honigkuchenpferd, es kam wieder zum Vorschein. Ich war voll happy und musste grinsen.

Zurück vom Restaurant, standen wir vor dem Lift. M. musste hoch und ich geradeaus. Es war so ein knisternder Moment. Er duftete so gut und es zog mich magisch zu ihm hin. Am liebsten hätte ich ihn am Hals geküsst.

Selbstverständlich kam es nicht so weit. Ich war kein untreuer Mensch. Zumindest hatte ich das bis jetzt immer gedacht. Da kam Paul um die Kurve, der gerade Polizist in der Tiefgarage spielte. Da war er hin, der prickelnde Moment. Also ran an die Arbeit.

Am Empfang angekommen, konnte ich es kaum erwarten. „Sue, Rose, ihr hattet recht, es ist die Tochter! Er hat keine Freundin."
„Na also, haben wir doch gleich gesagt. Sonst würde er doch bei dir nicht so Gas geben."

Tat er das? Tat ich das? Mein Tag war wieder einmal gerettet und ich hatte das Gefühl, dass mich auch Sec und die ganze Hölle zu Hause heute mal nicht runterziehen könnten.

Paul kam mit der Leiter um die Ecke; mit seinen Überhosen und dem Funk ausgestattet, tat er immer so wichtig wie die Polizei. Die Mädels und ich hatten das Gefühl, dass er auch der Spitzel der Chefetage war. Irgendwie wussten die da hinten im Büro immer sehr viel, obwohl man sie kaum zu Gesicht bekam.
„Am Donnerstag ist After-Work-Party im Bistro, nicht vergessen."
Klar, dass der Polizist dies schon wieder vor allen anderen wusste. Die Idee fand ich eigentlich cool. Aber ob dies funktionierte? Bei uns waren alle Mitarbeiter so stier, dass alle nach dem Feierabend immer gleich nach Hause rannten. Es war sogar unter uns schwer, mal was gemeinsam trinken zu gehen.

Die Woche verlief mehr oder weniger ruhig. Ich tat mich etwas schwer, dass ich M. nicht mehr so wirklich sah. Anscheinend hatte er einige Termine und wir waren ja schon zwei Tage hintereinander Mittag essen gewesen. Da konnte ich ihn nicht nochmals für diese Woche fragen. Das wäre nicht mehr geschäftlich gewesen. War es überhaupt geschäftlich? Irgendwie war da was in der Luft, was nicht hätte sein dürfen. Zumindest von meiner Seite, da ich ja verheiratet war.

Er war anscheinend ein viel beschäftigter Mann. Aber mit dem Job waren wir immer noch nicht weiter.

Sue kam mit einer Kiste voller Prospekte und knallte diese auf den Tresen.

„Gehen wir heute zusammen Mittag essen? Wir könnten zu der Wurstbude, die weiter hinten im Industriequartier ist. Die soll echt gut sein."

Ich fand das eine super Idee. Ich hatte es zwischendurch wirklich satt, mittags immer allein eine Stunde herumzusitzen. Aber wir mussten uns gegenseitig ablösen und deshalb war es selten möglich, miteinander Mittag zu machen. Rose kam uns ablösen. „Seid aber pünktlich zurück", meinte sie schon ganz nervös.

Wir gingen zum Eingang und liefen den Parkplatz entlang. „Machen wir was Verbotenes?" Man hätte es meinen können, wenn man Rose so anschaute. Grinsend gingen wir weiter. „Nein, sie hat doch etwas mit ihrem Schwarm abgemacht und die Koordination darf nicht durcheinandergebracht werden." „Keine Sorge, wir sind pünktlich zurück", meinte Sue, die so tat, als würde sie es direkt Rose sagen.

Wir mussten kichern und bogen um die Ecke. Die Sonne blendete so stark, dass ich nichts sah. Huch, fast wäre ich mit einer Person zusammengeknallt. Es war M. Er strahlte mich an. „Hey, so Hunger?" Er sah wie immer hervorragend aus. Mit seinem schwarzen Poloshirt, den breiten silbernen Armketten, den gut anliegenden modernen Jeans und dann sein Duft! Ich hätte ihn am liebsten in den Hals gebissen. „Kommst du auch zur After-Work-Party? Wir könnten da noch fertig besprechen." Was genau meinte er mit *fertig besprechen*? Den Job? Wäre ja auch Zeit. Ich kannte niemand, der drei Vorstellungsgespräche hatte. Zweimal waren wir ja bereits wegen des Jobs zu Mittag essen gewesen. Klar, wer könnte dazu schon Nein sagen? Charmant, aber etwas kühl sagte ich ihm zu. „Ich denke ja."

Mit einer unauffälligen Geste signalisierte ich Sue, dass wir weitergehen könnten. Ich muss nicht immer gleich springen, wenn er pfeift, dachte ich bei mir. Zudem ist frau immer interessanter, wenn sie eine gewisse Distanz hält.

Schon fast beim Wurststand angekommen, konnte ich nicht mehr an mich halten. „Soll ich gehen?" Es gelang mir nicht wirklich gut, mein Strahlen vor Sue zu verbergen.

„Unbedingt, warum fragst du noch? Er ist so süß. Ich sehe richtig die Herzchen in seinen Augen, wenn er vor dir steht."

„Bitte was?" Jetzt musste ich mir echt Mühe geben, cool zu bleiben.

„Ja, siehst du das denn nicht? Er steht voll auf dich."

Ungläubig schaute ich Sue an.

„Was hättet ihr gern?"

Sue schien davon überzeugt zu sein, dass ich keinen klaren Gedanken mehr fassen konnte. „Äh, Currywurst, nein, doch lieber einen Wurst-Käse Salat."

Er stand voll auf mich?! Nee, wieso sollte er? Er war so … so … na ja, so erfolgreich, ein gestandenes Mannsbild. Mit Stil und vermutlich viel Geld. Ich meine, er kleidete sich mit 600 Euro teuren Jeans aus den USA. Meine waren von einem Discount und hatten 25 Euro gekostet. Ich war das krasse Gegenteil. Dazu kam, dass ich verheiratet war und überdies auch noch in einer Hölle. Von so jemandem möchte niemand was.

Gefühlsumbruch

Es war Donnerstag und ich wusste, heute fand die After-Work-Party im Bistro statt.

Toll, am Abend, wenn ich nach den Kindern und dem Haushalt schauen musste. Wie sollte ich das bloß anstellen? Sec würde mich nie gehen lassen. Er würde mir nie freiwillig den Rücken frei halten und nach den Kindern schauen, damit ich mich vergnügen könnte. Nicht einmal wenn es ums Geld ging. Halt mal, ums Geld … Ich überlegte kurz. Hm, doch, wenn es ums Geld ging, würde er vielleicht eine Ausnahme machen. Jetzt musste ich grinsen, ich hatte einen kleinen Hoffnungsschimmer. Ich musste das schaffen. Ich wollte mit M. was trinken gehen. Das war die einzige Chance. Mit ihm am Wochenende auszugehen, das würde ich nie im Leben schaffen. Dies ermöglichte mir Sec nicht mal mit einer Kollegin. Er hatte dann immer selbst was oder spielte mir vor, dass er nun extra zu Hause geblieben wäre, damit wir zusammen den Abend genießen könnten. Dies stimmte natürlich nicht, aber es funktionierte. Mein schlechtes Gewissen wurde dann immer aktiviert und ich sagte meinen Kolleginnen ab.

Diese After-Work-Party am Donnerstagabend an meinem Arbeitsort war vermutlich die einzige Chance, das Gefühl zu haben, mit M auszugehen.

Ich nahm meinen ganzen Mut zusammen und ging zu Sec hin. Ich erklärte ihm, dass ich zu diesem Anlass gehen müsse, damit ich mit der Stelle vorwärtskommen könnte. Bei jedem Satz, den ich ihm sagte, spürte ich das Adrenalin in meinen Adern und hatte Angst, dass Sec was merken und mich nicht gehen lassen würde.

Ich musste mich innerlich selbst beruhigen. Du bleibst jetzt ganz ruhig und verhältst dich unauffällig, sagte ich mir. Auch wenn er mich nun kritisch mit seinen fiesen, hellblauen, fast durchsichtigen Augen scannte.

Ich meine, ich sagte ja nichts Unwahres. M. hatte schließlich selbst zu mir gesagt, wir könnten dort fertig reden. Aber ich wollte nicht nur deshalb dahin. Das merkte ich mittlerweile ganz gut in meinem Bauch.

„Eigentlich müsste ich noch weg. Könnt ihr das nicht irgendwann am Tag machen? Ich finde das etwas komisch, dass er das am Abend in einem Bistro machen möchte." Oh, oh, was nun? Würde das Ganze kippen? Auf keinen Fall, ich wollte dahin. Ich kam mir vor wie ein kleines Mädchen.

„Keine Ahnung. Er sagte, er und ein paar seiner Mitarbeiter seien auch dort und es wäre gut, wenn die mich auch sehen könnten, damit man schauen kann, ob es passen würde." Puh, das hatte jetzt doch gar nicht so schlecht geklungen, oder?

Secs Miene verzog sich. „Na schön, aber nicht zu lange. Ich gehe vielleicht danach noch weg."

Ja klar. So eine Lüge. Das war ja wieder mal typisch. Mir „aufopferungsvoll" etwas ermöglichen, mich dann aber gleich wieder einengen und Druck ausüben. Aber das war mir egal. Es interessierte mich überhaupt nicht, ob Sec danach noch wegwollte oder ob er mir schon jetzt ein Zeitlimit setzte. Ich war so aufgeregt und mich interessierte nur noch eins: Was soll ich bloß anziehen?

Ich hatte es tatsächlich geschafft! Ich hatte es gewusst. Weil es um Arbeit und womöglich um mehr Einkommen ging, darum ermöglichte er es. Geld und Kontrolle, das war das Einzige, was Sec interessierte. Vermutlich sah er schon das Geld durch die Luft schweben, welches er dann ausgeben könnte.

Ich stand vor dem Kleiderschrank. Ach du Sch… Ich hatte nichts, was für diesen Anlass gut genug war. Ich brauchte etwas, was nach Business aussah und doch ein bisschen knackig war. Aber so was hatte ich natürlich nicht.

Kurz darauf setzte ich mich ins Auto und erklärte Sec, dass ich nach Deutschland zum Einkaufen fahren müsse. Nun war ich gezwungen, auch noch Esswaren zu besorgen, sonst würde es auffallen. Toll, der Nachmittag war ja nicht mehr lange und ich hätte mir etwas Besseres vorstellen können, als noch alles andere zu organisieren. Gerne hätte ich einfach nur Klamotten gekauft und mich dann gemütlich in ein Café gesetzt, um mich gedanklich vorzubereiten. Später hätte ich dann ein Bad genommen und eine Gesichtsmaske aufgelegt.

Stattdessen fuhr ich total aufgeregt los. Ich überlegte mir ganz genau, was zu tun war. Also zuerst müsste ich den Einkauf der Esswaren erledigen, dann war der schon mal im Auto. Dann wüsste ich auch, wie lange ich noch Zeit für meine neue Garderobe hätte. Zudem müsste ich danach noch den ganzen Einkauf ausladen, den Stall machen und die Hunde bewegen.

Die Sonne strahlte mir ins Gesicht, sodass ich die Sonnenblende im Auto herunterlassen musste. Ich lächelte leise in mich hinein. Heute war ein sehr sonniger Tag und ich würde mich durch nichts aus dem Konzept bringen lassen. Es würde zwar stressig werden, bis ich beim Treffen wäre, aber das würde mich nicht davon abhalten. Voller Euphorie fuhr ich zum Einkaufen.

Einige Stunden später. Schon ziemlich ausgelaugt parkierte ich vor dem Bistro. Ich hatte es geschafft. Ich hatte alles erledigt und war dann abgezwitschert. Während ich in den Rückspiegel schaute, musste ich zugeben, dass ich heute gar nicht so schlecht aussah. Wenn man bedenkt, was für einen Stress ich davor gehabt hatte, sah ich sogar ziemlich super aus. Ich musste erneut in mich hineinlächeln und spürte eine Mischung aus Freude und Aufregung. Eins war klar: Allein schon das Ganze, was gerade ablief, machte mich glücklich. Wann hatte ich zuvor das letzte Mal gelächelt und fand mich ganz okay? Mit Sec? Schon so lange nicht mehr, dass ich mich überhaupt nicht mehr daran erinnern konnte.

Ja, alles super: die Lippen knallrot, die Haare frisch und gut frisiert, meine langen Augenwimpern schön schwarz getuscht und meine neue weiße Bluse und das neue kleine Jackett, kombiniert mit blauen engen Jeans und meinen geliebten High Heels, passend zum Jackett in Baileys, in derselben Farbe und an den Fersen mit ganz viel Glitzersteinen. Ich lag voll im Trend. Sehr zufrieden mit meiner Ausbeute, konnte ich sagen, dass ich das, was ich mir vorgestellt hatte, erreicht hatte. Eine Vereinigung aus sportlich, sexy und Business.

Ich nahm meinen ganzen Mut zusammen und spazierte zum Bistro. Es waren echt viele Leute gekommen. Hätte ich nicht gedacht. Die Idee von einer After-Work-Party war anscheinend angekommen. Als Erstes sah ich Paul, der wieder ganz wichtig wie die Polizei und noch immer in seinen Arbeitsklamotten mitten in der Menge stand. Von oben bis unten musterte er mich. „Oi, oi, oi … die Frau Martins", staunte er vor sich hin. Lächelnd lief ich an ihm vorbei; ihm schien ich also schon mal zu gefallen. Aber wo war M.? Ich wollte ihn nicht lange suchen und wie ein Trottel in der Menge stehen. „Hey, du siehst toll aus!", eine Mitarbeiterin von einer Firma im 2. Stock schaute mich an. Während ich ihr zublinzelte und ihr auch ein Kompliment machte, suchten meine Augen unauffällig weiter. Ah, da stand er. An der Bar, wo auch sonst?

„Hey", strahlte ich ihn an und gab ihm zur Begrüßung je ein Küsschen auf die Wangen.

„Ich dachte schon, du kommst doch nicht. Möchtest du was trinken? Ein Glas Champagner zur Feier des Tages?" Er prostete mir mit seinem bereits erworbenen Glas Champagner zu. „Gerne, warum nicht? Was hast du denn zu feiern?"

M. drehte sich zu der Bardame hin und bestellte ein weiteres Glas. „Na, auf schöne Frauen", provokativ strahlte er mich an. „Tja, dann … prost." Ich ließ diese Provokation abblitzen und gab mich cool. Schließlich hatte er Frau*en* gesagt und nicht Frau. Also war es für mich kein Flirt. Da müsste er sich schon mehr ins Zeug legen. Er schien darin nicht unbeholfen zu sein, also sollte er sich bei mir anstrengen. M. wirkte so, als ob er alle haben könnte. Er schien nicht nur im Business erfolgreich zu sein. Aber die Art, wie er mir sein Interesse bekundete, gab mir ein gutes Gefühl und ich wollte es herausfordern.

„Das ist Reto", er zeigte auf jemanden, der hinter mir auf dem Barsessel saß.

Reto arbeitete für M.s Firma und war sofort von mir angetan. Schnell bemerkte ich, dass er mich vollquasselte und ich eigentlich nur noch aus Anstand ihm zugewendet war. M. schien sich mit der Bardame zu amüsieren und war anscheinend doch nicht so auf mich fixiert, was mich zusätzlich nervte. Charmant versuchte ich Reto wieder loszuwerden, damit ich mich endlich wieder M. widmen könnte. Drei nette Versuche später hatte ich es endlich geschafft. Puh!

„Möchtest du noch ein Glas, schöne Frau?", meinte M. zu mir. Sollte ich einfach bejahen oder sollte ich eine kecke Bemerkung fallen lassen? Das war hier die Frage. „Gerne, mit so vielen schönen Männern macht das richtig Spaß", erwiderte ich ihm nun provokativ.

Schnell bekam ich wieder ein neues Glas Champagner und M. setzte zum Anstoßen an. „So, so, schöne Männer. Und ich dachte, du seist meinetwegen da." Wir musterten uns gegenseitig. „Du scheinst dich ja auch zu amüsieren", antwortete ich und deutete auf die Bardame hin. Grinsend stieß er mit mir an und winkte ab. „Nicht mein Niveau", er leerte das Glas in einem Zug. „Aber meine Mitarbeiter anscheinend?" Wieder schaute er mich musternd an. „Hm, nö, nicht mein Niveau", gab ich nun zu. Er faszinierte mich jeden Augenblick aufs Neue.

Ich war dann also sein Niveau? Ich? Lief hier gerade „Aschenputtel und der Prinz"? Warum ich? Egal, ich genoss seine Gesellschaft, die gute Stimmung, die dunkle, glimmernde Atmosphäre und natürlich den Champagner.

Mit der Zeit gingen die Leute nach und nach, bis nur noch wenige da waren. Auch Reto verabschiedete sich, als er nach einer Stunde endlich merkte, dass ich nur mit M. beschäftigt war.

Wir setzten uns in eine ruhige Ecke. Schnell bemerkte ich, dass er mir nah kam. Sein Parfum war pulverig mit einer Brise Vanille, ich liebte es. Es roch mal nicht nach Davidoff Cool Water, wie bei Sec. Ich hätte mit keinem anderen aus dem Bistro hier sitzen wollen. Der Abend war jetzt schon kribbelnd, einfach perfekt. Ich vergaß alles. Meine Sorgen, meinen stressigen Tag, meinen großen Druck, einfach alles. Es war so, als säße da eine Singlefrau, die schön, gesund und munter war. Eine Frau ohne Familienanhang. Eine Frau mit einem Job und einer kleinen, aber schmucken Wohnung. Eine Frau, die das Leben genießen konnte und durfte. Ich fühlte mich mit M., wie ich mich vor 15 Jahren gefühlt hatte. Jung, attraktiv, lebensfroh, quirlig und männeraufreißend. Mit anderen Worten: Mit M. fühlte ich mich selbst wieder. Ich hatte schon ganz vergessen, wie das war.

Plötzlich fragte er mich: „Bist du glücklich?" Ich schaute ihn an und konnte gar nichts sagen. „Ich meine, bist du glücklich?", wiederholte er. „In der Beziehung und schlichtweg in deinem Leben?" Ich konnte irgendwie immer noch nichts sagen. Ich wollte in mich hineinhorchen, doch in diesem Augenblick platzte er in meine Überlegungen hinein: „Das geht mir zu lange." Ich schaute ihn an und mir wurde schlagartig bewusst, dass er recht hatte. Mir wurde bewusst, dass ich mich selbst belog. Ich war alles andere als glücklich. Das Glück hatte mich schon vor vielen Jahren verlassen. Ich hatte überhaupt keine Ehe, keine Beziehung und schon gar kein Sexualleben. Und das mit 34 Jahren. Gott, was war los mit mir?!

„Na ja, eigentlich NEIN." Ich blickte auf den Tisch und auf die im Licht glitzernden Champagnergläser und fing an, ihm mein Herz auszuschütten. Es geschah einfach so. M. war in diesem Moment der Richtige, um mein Herz auszuschütten. Der Abend verging und schlussendlich waren wir noch die einzigen Gäste. Es tat so gut. So lange hatte ich kein so gutes und langes Gespräch mit einem Mann gehabt. Warum konnte er so gut mit mir umgehen und reden? Mein Mann konnte das nicht. Er konnte gar nichts. Doch, mich wie einen Eisklotz behandeln und abstrafen, das konnte er gut.

Die After-Work-Party war zu Ende und wir mussten aus dem Bistro, damit die Angestellten noch alles aufräumen konnten. Wir standen vor meinem Auto. Kein einziges Mal hatte ich auf mein Handy geschaut. Ich war mir sicher, dass ich einige SMS oder gar Anrufe von Sec bekommen hatte. Er hatte mir ja noch gesagt, dass ich nicht zu lange machen solle. Aber das war mir gerade ziemlich egal.

M. kam mir plötzlich sehr nahe und wollte mich umarmen. Ich merkte, wie es mir unwohl wurde. Ich war überfordert. Wir standen vor meinem Auto und ich wollte weder von ihm weg noch wollte ich mehr von ihm. Es war ein komisches Gefühl. Eine Mischung aus Zuneigung, Sehnsucht und, ja genau, schlechtem Gewissen. Immer dieses schlechte Gewissen. Scheiße, wie spät war es? Sec war bestimmt sauer. M. stand etwas bedrückt da. Ich merkte, dass er etwas enttäuscht war.

Und dann kam eine Frage von ihm, die ich nie im Leben erwartet hätte. „Was ist, wenn ich mich in dich verliebe? Dann können wir nicht zusammen arbeiten." Ich dachte, ich träume. Was hatte er da gerade gesagt? Ich schaute ihn an und nun sah ich es auch. Die Herzchen in seinen Augen, die Sue immer erwähnte. Plötzlich sah ich nicht mehr den krassen Macho und Geschäftsmann. Ich sah einen liebevollen, verletzbaren und viel reiferen Mann vor mir.

Das gefiel mir gar nicht. Irgendwie geriet ich innerlich in Panik. Die Stelle! Ich wollte doch die Stelle und die war nun in Gefahr! Wieso? Ich konnte gar nichts mehr sagen und doch wollte ich die Situation und vor allem die Stelle retten. „Ja klar, du verliebst dich in mich. So ein Quatsch." Ich nahm ihn am Mantelkragen und lachte: „Das wird sicherlich nicht passieren. Ich bin nicht zum Verlieben."
 Wir schauten uns an und merkten beide, dass dies genau der Moment gewesen wäre, in dem wir uns hätten küssen sollen. Was hatte ich gerade gemacht? Ich wollte die Situation retten, und das tat ich, indem ich ihn fast gepackt hätte? Irgendwie fiel es mir doch schwer, ihn loszulassen. Er war so unwiderstehlich. Aber ihn küssen oder anfassen, das konnte ich einfach nicht.

Ich ließ das Thema also in der Luft und verabschiedete mich mit Küsschen auf seine Wangen, die allerdings schon sehr nah an seinen Mundwinkeln waren. Das war allerdings nicht meine Schuld. Er drehte sich während der Verabschiedung extra zu den Küssen hin. Wir mussten grinsen. „Was ist, wenn ich es tue?", fragte er schelmisch. Es fiel mir wirklich nicht leicht zu gehen, aber ich musste. Es war Zeit. Ich stieg ins Auto. „Wirst du nicht", erwiderte ich augenzwinkernd und fuhr langsam los.

Auf dem Heimweg überlegte und überlegte ich. Wie in Trance fuhr ich automatisch nach Hause. Meine Gedanken waren so wirr. Nach der Autobahn kam eine lange, kurvenreiche Landstraße am Waldrand entlang kleiner Bauerndörfchen und Kuhweiden. Mein Herz quoll über. Ich war voller Energie. Mein Herz zersprang fast vor Glück, ich war so happy. Bis, ja bis ich auf die Anhöhe der Landstraße kam, einem Dorf vor meinem Zuhause. Von dort aus konnte man mein Zuhause am Waldrand sehen. Nur das kleine Außenlicht brannte. Ich hatte nur noch ein paar Minuten Fahrt und bemerkte, wie sich meine Gefühle und meine Stimmung schlagartig veränderten. Es fühlte sich an, als müsste ich durch ein Tor fahren. Durch das Tor zur Hölle.

Meine Gefühle wirbelten wild durcheinander. Was hatte ich heute Abend gemacht? Ich war einfach nicht so weit. Ich wollte keine Beziehung. Ich war ja in einer Ehe. Auch wenn es eine miserable war. Ich wollte doch nur die Stelle. Ich wollte nur für M. arbeiten. Aber in Wahrheit ergriff ich gedanklich die Flucht.

Ich dachte nicht an Küssen, Sex oder Liebe. Und doch genoss ich M.s Anwesenheit. Ich hätte jeden Tag mit ihm verbringen können. Und ich hätte ein Problem, wenn er sich plötzlich für eine andere interessieren würde.
    Warum hatte ich einerseits solche Gefühle und wollte andererseits vor ihm flüchten? Warum wollte ich eine Millisekunde später gar nichts von ihm? Belog ich mich schon wieder? Flüchtete ich gerade vor meinen neuen Gefühlen?

Es war eine sehr dunkle Nacht und ich bekam ein schlechtes Gewissen, als ich zu Hause ankam. Ich fühlte mich, als hätte ich meinen Mann betrogen. Dabei war gar nichts geschehen. Warum hatte ich dann dieses Gefühl?

Paula predigte mir immer, ich könnte sogar mit einem Mann ins Bett steigen und würde dabei niemanden betrügen, da ich ja gar keine richtige Beziehung hätte. Ich war für meinen Mann nur die Sklavin, sonst nichts. Und ich hatte schon ein schlechtes Gewissen wenn ich mich mal gut fühlte. So weit war es schon.

Sec war gar nicht zu Hause. Ich hatte ihm auf dem Heimweg geschrieben, dass ich in 15 Minuten zu Hause sein würde, und er war bereits vorher losgezogen. Wo auch immer er hingegangen war, ich war froh, dass er nicht da war, und ich war froh, als ich zu Hause in dem dunklen, ruhigen Gang des Bauernhauses stand. Nur die Hunde waren freudig und tobten herum. Schnell ging ich mit ihnen nach draußen. Ich wollte nicht, dass sie die Jungs weckten. Da stand ich nun unter dem Sternenhimmel. Die Grillen zirpten, die Pferdehufe trampelten und die Hunde waren einfach nur erfreut, dass ich da war. Ich war unglücklich. Ich hatte es sogar M. erzählt. Ich hatte es zuvor niemandem erzählt. Nicht mal meiner Mutter. Klar, Paula wusste es. Sie war ja auch mittendrin. Aber sonst niemandem. Ich hatte das Gefühl, ich könnte mit M. alles besprechen. So als ob er schon immer an meiner Seite gewesen wäre, plus dieses gewisse Kribbeln, das immer noch nicht vergangen war.

Die Tage vergingen. M. kam regelmäßig zu mir an den Empfang. Ich hatte anfangs etwas Bammel, wie es zwischen uns sein würde, nach dieser After-Work-Party und der Annäherung. Doch es war wie immer. Wir hatten einfach dieselbe Wellenlänge. Wir hatten einen Draht zueinander. Und wir konnten irgendwie nicht ohne einander.

Es ging nicht lange und mein Chef legte mir nahe, die regelmäßigen Besuche von M. zu unterlassen. Im Grunde genommen verbot er mir, mit M. zu sprechen oder mit ihm Mittag zu machen. Auch des Geschwätz und die Spekulationen im Haus wurden immer größer.

Also fingen wir an, uns heimlich zum Mittagessen zu verabreden. Wir fuhren an den See und aßen leckere Gerichte und tranken Wein dazu. Und dies am Mittag, während der Arbeitstage.

Ich weiß nicht genau, was es eigentlich war, zwischen uns. Wir hielten Abstand, was das Körperliche anbelangte, aber verschmolzen seelisch miteinander. Zudem hatten wir ja keine Gelegenheit, uns abends oder an den Wochenenden zu treffen, also machten wir es uns mittags schön.

Zu Hause hatte die psychische Gewalt meines Mannes ihren Höhepunkt erreicht. Er behandelte mich wie Dreck. Okay, offensichtlich behandelte er mich schon lange so. Aber mit M. hatte ich einen Vergleich und wusste nun, was es hieß, auf „Augenhöhe" behandelt zu werden. Bei meinem Mann war es „Fußhöhe".

Sec schlief seit fast einem Jahr im Wohnwagen, der in unserem Garten stand. Er verbrachte die ganze Zeit dort drin. Nur ab und zu war er im Haus. Anfangs störte es mich sehr. Was sollte das jetzt? War das eine Familie? War das eine Beziehung? Als Ausrede sagte er mir immer, er möchte mich nicht stören. Ich bräuchte meinen Schlaf und wenn er im Schlafzimmer fernsehen würde, dann käme ich nicht zum Schlaf. Ja klar, wenn er bis morgens um 3.00 Uhr den Fernseher laufen ließ und selbst dabei wunderbar schlief.

Diese Ausrede konnte ich nicht ernst nehmen. Er hatte jahrelang keine Rücksicht genommen und hatte mit dem Fernseher neben mir geschlafen. Nicht einmal wenn ich ihn in der Nacht nett darum gebeten hatte, da ich morgens früh zur Arbeit musste. Warum sollte er jetzt Rücksicht nehmen? Es roch förmlich nach Unwahrheit.

Zudem hatte ich drei Jahre lang jede Nacht Stress wegen Ethan gehabt und hatte keine einzige Nacht durchschlafen können. Da hatte es Sec auch nicht interessiert. Ethan schlief als Baby einfach nicht. Ich musste jede Nacht sechs- bis achtmal aufstehen. Sec wäre es nie in den Sinn gekommen, dies auch mal zu übernehmen. Deshalb hatte ich zuvor jahrelang nicht richtig geschlafen und hatte mittlerweile täglich Migräne. Zumindest dachte ich, die Migräne käme vom Dauerschlafmangel.

Sec ermöglichte mir immer weniger den Zugang zu meinen eigenen Kindern. Er ließ sie im Wohnwagen mit der X-Box spielen und sie begannen auch immer öfter, dort drin zu essen und zu schlafen. „Mach doch endlich mal eine Pause. Du tust den Kindern und mir nicht gut so. Warum gehst du dich nicht mal erholen?" Wo zum Teufel sollte ich mich denn erholen?! Ferien hätte er mir nicht bezahlt. Mein ganzes Geld und mein Lohn flossen in die Familienkasse, um unsere Rechnungen zu begleichen. Außerdem: Wer hätte dann die ganze Arbeit gemacht? Er übernahm diese ja nicht mal einen einzigen Tag im Jahr! Wer hätte sich um den Pferdestall, den Haushalt, die Kinder und die Hunde gekümmert?

Wenn ich mich auflehnte und zu den Kindern in den Wohnwagen wollte, stieß er mich rückwärts aus dem Wohnwagen raus und schloss die Tür ab. Ich hatte keine Chance gegen ihn und wurde immer einsamer. Ich hatte das ganze Haus mit den zwei Hunden allein für mich. Morgens kam er mit den Kids ins Haus und ich durfte sie dann für die Schule und den Kindergarten bereit machen. Wenn dann der Schulbus vor dem Haus hielt, wartete er dort bereits mit den Kindern. Es sah immer so aus, als sei er der gute, fürsorgliche, korrekte Vater beziehungsweise Ehemann. Dass ich nicht mehr an meine Kinder herankam, erfuhr niemand.

„Ich möchte das nicht mehr!", sagte ich ihm. „Die Kinder gehören nicht den ganzen Tag in den Wohnwagen, und schon gar nicht die ganze Nacht. Sie möchten auch mit mir sein und sie brauchen mehr als Gamen im Wohnwagen. So geht das nicht, Sec!" Doch er stand nur da, die hellblauen, wässerigen Augen zu Schlitzen verengt, die Mundwinkel nach oben gezogen. So als wollte er mir zeigen, wie er mich belächelte. So wie er es immer machte. „Ich habe eine Idee", sagte er dann. „Wir können es uns ja nicht leisten, dass du in die Ferien gehst. Aber ich verstehe, dass du trotzdem Ferien brauchst."

Okay, was sollte das jetzt? Was kam jetzt?

„Nun, ich habe mich extra für dich schlaugemacht. Es gibt eine Möglichkeit, wie du gratis Ferien machen kannst, dich so richtig erholen kannst."

„Und wie?" Jetzt musste ich schon fast staunen und war neugierig. Er hatte sich also doch Gedanken um mich gemacht?! Hatte er etwa eingesehen, dass er sehr unfair gegenüber mir war? Dass ich mich hier zu Tode schuftete, während er mit seiner Anwesenheit „beschäftigt" war?

„Es gibt Ferien, die sind extra dafür da, sich ausruhen zu können. Den ganzen Stress abzubauen – und all das über die Krankenkasse. Es gibt mehrere superschöne Orte und Hotels, die solche Sachen anbieten. Habe schon eins für dich ausgelesen. Es ist am Zürichsee. Sehr nobel und sehr exklusiv."

Ich hatte die Zeit vergessen und musste nun schleunigst zur Arbeit fahren.

Die ganze Fahrt musste ich darüber nachdenken. Warum freute ich mich nicht über seinen Vorschlag? Warum fühlte es sich so komisch an? Na ja, bei *Ferien* dachte ich eher an Sonne, Strand und Meer, an Hitze, an Piña colada, an Surfen, Muscheln sammeln und so weiter. Secs Vorschlag klang eher nach Altersheim.

Flucht
in der Nacht

In der Nachmittagspause saßen M. und ich im Bistro und tranken einen Cappuccino. Ich spürte, wie andere uns musterten. „Wir sind immer noch Gesprächsstoff Nummer 1", schmunzelte M. Ich erzählte ihm von Secs neuer Idee mit den „Ferien". „Das Schwein! Er will dich versorgen! Ich kenne dieses Hotel. Wir haben es selbst mit unserer Firma eingerichtet. Es ist aber nicht nur ein Hotel. In Wahrheit ist es eine Klinik. Eine Klinik für psychisch Kranke!"

Mein Magen drehte sich um. Er war wirklich ein Schwein. Und ich hatte ernsthaft darüber nachgedacht. Ich hatte sogar ganz kurz das Gefühl gehabt, dass er wirklich etwas für mich tun wollte. „Er will dich nicht versorgen, er will dich entsorgen. Wenn er dir jetzt schon die Kinder vorenthält, dann ist vermutlich sein Plan, dass du in dieser Klinik bist und auch nicht so schnell mehr dort rauskommst. Er wird alles daransetzen, dass du nicht entlassen wirst."

„Er wird den bekümmerten Ehemann spielen, der es gutheißen würde, wenn ich noch etwas bleiben dürfte", ergänzte ich traurig. Oh mein Gott, wo war ich da hineingeraten in meiner Ehe? Ich fühlte mich gerade wie in einem Krimi – an der Stelle, wo wir gerade herausgefunden haben, dass ich als Opfer geplant bin.

Ein paar Tage später saß ich mit M. am See. Ich hatte den Dienst abtauschen können und Sec wusste nicht, dass ich schon Feierabend hatte.

Die Geschichte mit der Psycho-Klinik saß mir noch immer in den Gliedern. Ich hatte zu Hause echt Mühe und war froh, weit weg von Sec mit M. am See zu sitzen. Viele Menschen saßen auf ihren Decken auf der Wiese und genossen den Spätnachmittag. Die Sonne stand schon ziemlich schräg am Himmel und strahlte sanft ins Wasser. Leute kamen mit Hunden vorbei. Ein paar spielten Frisbee und vergnügten sich dabei lautstark.

Heute war ich irgendwie nicht so redeselig. Ein Glacewagen kam vorbei, aber auch darauf hatte ich keine Lust. „Möchtest du einen Kaffee? Oder gleich einen Aperitif?" M. konnte anscheinend Gedanken lesen. Oder vielleicht auch meine Gefühle erkennen. „Ich glaube, ich fange gleich beim Aperitif an." Ich bestellte mir einen Hugo und versuchte nun doch noch unsere Zeit zu genießen. Denn nicht lange und ich müsste wieder zurück, in die Hölle.

„Prost!" M. grinste mich an. „Weißt du, dass du Megaaugen hast? Ich liebe deine große blaue Augen." Uiii, waren wir etwa wieder dabei, uns zu verlieben? „Danke, wenigstens du magst mich. Zumindest meine Augen. Wenigstens du willst mich nicht versorgen." Ich musste tief durchatmen und nahm einen Schluck von meinem köstlichen Drink. „Nein, dich würde ich nicht versorgen. Höchstens bei mir zu Hause." Er grinste mich an und legte seine Hand auf meine Beine. Er war echt klasse. Warum war ich so kalt zu ihm? Was hatte ich denn von dem Arsch zu Hause? Ich legte meine Hand auf seine und schaute ihn an. „Was hältst du von der Idee, wenn wir zusammen in die Ferien gehen?", fragte er. „Über die Krankenkasse?", gab ich zurück. Jetzt mussten wir beide lachen. „Nein, ich habe letztes Jahr mit meiner Tochter schon eine Kreuzfahrt gebucht. Ich buche immer ein Jahr im Voraus. Sie mag Kreuzfahrten sehr und ich könnte mir vorstellen, deinen Jungs auch."
	Jetzt ist er ganz verrückt, dachte ich. Erstens waren wir nicht zusammen. Zweitens kannten unsere Kinder einander und M. noch

gar nicht, drittens würde das für uns drei ein Vermögen kosten und viertens: Wie hätte ich Sec beibringen sollen, dass ich mit einem anderen Typen und unseren Kindern auf Kreuzfahrt gehe?!

Ich schaute ihn an. Was hatte ich damals gedacht, als ich meine Nr. 4 zu beobachten anfing? So einen hätte ich auch gerne! Ja, genau das dachte ich damals. Okay, warum eigentlich nicht?

„Ich würde sehr gerne", antwortete ich, „aber du weißt, ich habe das Geld dafür nicht." „Das lass mal meine Sorge sein. Also, kommst du? Wirklich?"

„Klar, wenn ich Ja sage, dann ist das auch ein Ja." Nun war ich wirklich verrückt geworden. Zwar nicht für die Klapse, aber etwas waghalsig war das schon. Eigentlich sprach alles dagegen. Zumindest die vier genannten Gründe. Aber ich war voller Energie und dachte mir, du hast ja etwas Zeit, um das Ganze einfädeln zu können. Bloß wie? Außerdem hatte ich Lust auf Ferien, auf gemeinsame Erlebnisse mit M. Er war wirklich etwas ganz Besonderes.

Noch am selben Abend buchte er für mich und die Kids dieselbe Route auf demselben Schiff. Die Tage vergingen und ich hatte nur noch eines im Kopf: *Wie schaffe ich es, unauffällig mit M. und den Kids in die Ferien zu gehen? Wie schaffe ich es überhaupt, mit den Kids von Sec loszukommen?* Momentan kam ich kaum an meine eigenen Kinder heran. Das Problem mit dem Wohnwagen und Sec existierte immer noch. Es wurde sogar immer schlimmer.

Mit der Schubkarre und der Mistgabel kurvte ich gerade um die Ausläufe, als Paula von der Arbeit kam.

„Du kannst dir nicht vorstellen, was mir in den letzten Tagen passiert ist."

„So wie du aussiehst, hat M. dir einen Heiratsantrag gemacht und Sec endlich erschossen."

Sehr witzig. Paula, die Furztrockene. Aber ja, das wäre auch cool gewesen.

„Nein, Scherz beiseite. Ich wurde auf eine Kreuzfahrt eingeladen. Mit den Jungs. In den Sommerferien."

Jetzt schaute Paula komisch aus der Wäsche.

„Krass, was bist du denn für eine geile Sau! Und der Arsch? Weiß er es schon?"

„Pst, nicht so laut. Er hängt wieder im Wohnwagen. Nein, natürlich nicht. Ich habe mir überlegt, dass ich ihm angebe, dass meine Mutter mir die Kreuzfahrt schenkt, weil ich es so notwendig habe. Dann kann er auch nicht wieder mit seinem Hotel kommen, das gar kein Hotel ist. Was denkst du?"

„Hm, gute Idee. Der Volltrottel könnte mich sowieso."

Ja, es war wirklich eine gute Idee. Jetzt musste ich es nur noch irgendwann meiner Mutter erklären. Sie wusste von der ganzen Geschichte noch gar nichts.

„Hey Paula, ich möchte dir unbedingt M. vorstellen. Wie wäre es, wenn du am Samstag zum Tag der offenen Tür kommst?"

Paula fand es sehr nett, dass ich so viel Wert darauf legte, und war selbstverständlich dabei. Auf sie war eben immer Verlass.

Wir hatten den ganzen Samstag Tag der offenen Tür. Alle Firmen hatten dafür einen besonderen Event vorbereitet. Es war bereits Nachmittag und plötzlich stand da ein Mädchen. Es schaute mich an. Es hatte dunkle Haare und ganz dunkle Augen. Zuerst dachte ich, es sei ein Kind einer Kundin, die irgendetwas am Empfang fragte. Doch dann kam M. dazu und meinte, das hier sei seine Prinzessin. Ich war sehr erleichtert, da ich auf Anhieb bemerkte, dass Lena nichts gegen mich hatte. Sie schien offen zu sein.

Der Nachmittag verging und Paula war noch nicht aufgekreuzt. Wo blieb sie denn? Es war schon fast 16.00 Uhr, dann würden wir schließen. Ich machte mich langsam ans Aufräumen, als Lena um die Ecke kam. „Kann ich dir helfen? Darf ich den PC herunterfahren?" Noch ehe ich antworten konnte, schon saß sie auch schon auf meinem Schoß und wollte alles über meinen PC wissen.

„Wie alt bist du denn?", fragte ich sie. „Elf, was machen wir nachher?", wollte sie wissen. Berührungsängste hatte sie anscheinend keine. Ich erklärte ihr, wie sie den PC herunterfahren konnte, als M. um die Ecke kam. Ganz schön erstaunt stand er da, als er Lena bei mir sah. „Kommt ihr nachher hoch? Wir haben noch Apéro-Reste."

Als wir fertig aufgeräumt hatten, kam endlich Paula zur Tür herein. Total gestylt und geschminkt wie stets. Sie hatte immer das Gefühl, dass sie ohne eine Tonne Schminke nicht hübsch sei. Na ja, so was kann man jemandem einfach nicht ausreden.

Lena machte sich schon mal auf den Weg nach oben, als ich Paula begrüßte. „Wo ist jetzt der geile Typ?", fragte Paula wie immer lautstark in der ihr eigenen Ausdrucksweise. „Lass uns nach oben gehen, es hat noch Apéros und ich kann dir M. vorstellen. Allerdings ist er etwas älter als ich." Paula schaute mich fragend an. „Was meinst du mit *älter*? Hast du mir etwa verschwiegen, dass du plötzlich auf Großväter stehst?" Sie verfiel in lautes Gelächter.

„Nein, aber er ist nicht gleich alt. Er ist 15 Jahre älter als ich." Paula schien das nicht zu interessieren, sie wollte einfach nur nach oben zum Apéro.

Oben angekommen, standen sie da. Einige Mitarbeiter, Lena, M. und Reto. Toll, war ja klar, dass der auch hier war. Ich hoffte, er würde heute nicht so an mir kleben. Doch zu meinem Erstaunen ließ er mich links liegen. Später erfuhr ich auch wieso. Seine Frau war auch in der Gruppe dabei. Nun, mir war's recht.

„Du bist also dieser geile Kerl." Paula gab M. Küsschen auf die Wangen. Toll, ich hatte Paula vergessen zu sagen, dass sie sich mit ihren Äußerungen eventuell etwas zurückhalten sollte. M. war erstaunt, passte sich aber ziemlich schnell an ihr Niveau an. „Dann bin ich also genehmigt?", grinste er und schaute zu mir. Paula machte sich schon an den Sekt und die Chips. „Und was sind das alles für Clowns?" „Gott, Paula, nicht so laut. Das sind Mitarbeiter." „Hm, ich weiß echt nicht, was du vorhin hattest. Er ist überhaupt nicht alt. Er ist voll fesch. Für mich wäre er sogar zu jung." Ja klar, Paula stand wirklich auf ältere Männer. Aber ich hatte nie einen Mann oder Freund gehabt, der mehr als sechs Jahre älter war als ich. Für mich war es schon was anderes. Wobei, für mich war plötzlich *alles* was anderes. Eine ganz andere Welt als zu Hause.

„Das ist also Paula" meinte M. zu mir. „Äh, ja. So wie sie liebt und lebt. Die einen mögen sie, die anderen nicht."

„Ich finde sie ganz okay. Ich bin ja auch ein geiler Typ", erwiderte er grinste und setzte sich aufs Sofa. Ich saß neben ihm; Paula kam zu uns und quetschte sich dazwischen. „Hey, haben wir nichts mehr zu trinken? Soll ich noch 'ne Flasche öffnen?" Kaum gesagt, griff sie zur Sektflasche und jagte ihr den Korken so heraus, dass der ganze Schaum herausspritzte und den Designerteppich volltropfte. Ach du Scheiße! Ich kam mir gerade vor wie ein Bauer im Designerabteil.

„Kein Problem." M. lachte und hielt die Gläser hin. „Weißt du eigentlich, was du da für eine geile Bitch am Start hast?" Paula schaute ihn fragend an. „Sie ist echt der Hammer." „Paulaaaa", versuchte ich sie zu bremsen. Schließlich waren wir nicht unter uns. Mal abgesehen davon, dass die seriösen Mitarbeiter herumstanden und uns ziemlich schockiert zusahen, wie wir auf dem Sofa die Sau rausließen, war da auch noch M.s Tochter Lena.

„Ich weiß, aber sie will nicht", erwiderte er und schaute mich dabei an. „Ach Quatsch, ich schaue schon, dass sie will", meinte Paula und griff zu den Chips. Gott, was war das für eine Situation! Ein eher ungewöhnlicher Apéro.

„So, wir müssen langsam die Bude dichtmachen", Paul stand plötzlich in der Runde. Herr Polizist war etwas irritiert, was wir zwei da mit M. auf dem Sofa veranstalteten. Wir räumten auf und verabschiedeten uns. Jetzt hatte Paul noch mehr Gerüchte, die er verbreiten konnte.

Als wir wieder im Stall standen und die Pferdebollen zusammenkehrten, war ich etwas selig. Es war schön gewesen, trotz der manchmal krassen Art von Paula. Ich hatte die Leute um mich herum gehabt, die ich wirklich mochte. Am liebsten würde ich ihn wiedersehen. Aber das konnte ich Paula jetzt nicht sagen. Sonst würde sie mich wieder ärgern, dass ich auf M. stehe. Aber eigentlich war es so. Ich war einfach nicht bereit für mehr. Stand man dann auf jemand? Mein Handy piepte. Es war ein SMS von M. „Vermisse Dich. Hätte den ganzen Abend Zeit. Kommt doch vorbei. Seid Ihr noch zusammen unterwegs?"

Ja genau, wie könnte ich mit Paula auf der Gasse sein, mit Sec im Nacken?! Nein, wir waren schön brav nach Hause gegangen, um den Stall zu machen. Sec käme so was ja gar nicht in den Sinn. Er sackte nur das Pensionsgeld ein und saß mit seiner Scheißfrisur, ein Mix zwischen Dutt und Palme, vor dem TV.

„War er das? Was hat er geschrieben?"

„Na ja, dass er mich vermisst. Und dass er es cool fände, wenn wir noch vorbeikommen würden." „Quatsch, das hat er nicht geschrieben?!" Paula schaute mich ungläubig an, bis ich ihr das SMS zeigte. Sie war Feuer und Flamme. Sie versuchte mich zu überreden. Wir sollten Sec sagen, dass es ihr nicht gut gehe und ich mit zu ihr kommen müsse, um ihr beizustehen.

„Dann nehmen wir noch einen Stumpen mit." Mit *Stumpen* meinte Paula *Gras zum Rauchen*. Ich musste lachen. Sie war echt eine Nummer für sich. Was für Ideen die immer hatte. Sie tat immer so, als wäre alles möglich.

„Okay, ich versuche es", ging ich auf ihren Vorschlag ein und machte mich auf den Weg zu Sec. Er war, wie immer, wenig begeistert. „Ihr habt euch doch gerade gesehen. Was musst du jetzt auch noch zu ihr gehen?"

„Wir konnten nicht in Ruhe reden. Zudem ist sie meine Freundin, okay? Ihr geht es gerade nicht so gut." Mit Ach und Krach willigte Sec ein. Allerdings gleich wieder mit der Bedingung, dass ich nicht lange bleiben dürfe, da er noch arbeiten gehen müsse. Sec arbeitete ab und zu als Security-Mann mit unserem Hund. Doch als ich ihn fragte, wann ich zu Hause sein solle und wann er denn zur Arbeit müsse, bekam ich keine Antwort.

Wenn er wirklich zur Arbeit gemusst hätte, dann hätte er doch die Zeit sagen können. Es kam mir vor, als würde er warten, bis es ihm zu bunt wurde, und mich dann zurückpfeifen.

Etwas später standen wir in M.s Wohnzimmer. Wow, was für ein schönes Haus. Ich hatte gedacht, dass er ganz anders wohnen würde. Ich dachte an Design, alles in Grau und eckig. Aber er hatte ein sehr schönes Landhaus mit richtigen Toskana-Böden. Sehr heimelig, aber mit viel Stil.

Es war ein sehr lustiger, aber auch schräger Abend. Paula fing ziemlich schnell an zu kiffen und M. machte plötzlich mit. Er steckte wirklich voller Überraschungen. Nichts mit verklemmtem Manager. Er war echt für jeden Quatsch zu haben. Warum eigentlich nicht? Also probierte ich es ebenfalls und machte auch mit. M. versuchte mir immer mehr näherzukommen. Als er in der Küche war, um uns einen Drink zu machen, hatte Paula plötzlich die Idee, nach Hause zu gehen und uns allein zu lassen. „Geht's noch? Ich möchte nicht, dass du gehst. Wir sind zusammen gekommen und wir gehen auch zusammen nach Hause. Außerdem, wie sollte ich denn dann nach deiner Meinung nach Hause kommen?" Ich war plötzlich gar nicht mehr im Kiffer-Relax-Zustand. „Bleib doch da", meinte sie provokativ. Doch sie merkte schnell, wie meine Stimmung kippte und dass ich das gar nicht lustig fand. Als die Sache geklärt war, konnte der lustige Abend weitergehen. Etwas später drehte sie den nächsten Stumpen und saß draußen auf der Terrasse. M. und ich lagen drinnen auf dem Sofa und er versuchte mir immer wieder näherzukommen. Plötzlich fing er an, mich am Hals zu küssen. Oje, meine Schwachstelle. Mir drehte sich der ganze Bauch. Eigentlich drehte sich so ziemlich alles in mir.

Ich merkte den Stumpen und dass ich solches Zeug nicht gewohnt war. Dann fing er an, mich zärtlich zu küssen. Seine Lippen waren ganz weich und sanft. Sie sahen eigentlich gar nicht so aus. Sie waren schmal und eher unscheinbar. Doch sie fühlten sich so was von mega an. Plötzlich war seine Zunge in meinem Mund. Es war schön, aber auch komisch. Wie viele Jahre hatte ich wohl schon keine Zunge mehr in meinem Mund gehabt, außer meiner eigenen? Ich merkte, dass es mir gefiel, ich merkte aber auch, dass es irgendwie doch nicht der richtige Moment war. Ich meine, Paula saß auf der Terrasse und wartete, dass wir wieder nach Hause fuhren. Lena war oben in ihrem Zimmer und musste schlafen und Sec hatte mir bereits mehrere unschöne SMS geschrieben. Also brach ich den Abend ab und fuhr mit Paula wieder nach Hause.

„Ich muss mir anders Zeit mit ihm verschaffen, so geht das nicht. Immer sitzt mir Sec im Nacken. Und du kannst auch nicht immer neben mir sitzen und auf mich warten, bis wir genug herumgemacht haben."

„Ihr habt herumgemacht? Geil, wurde ja auch Zeit. Warum gehst du nicht zu ihm, wenn Sec wegfährt? Es müsste dann halt spontan sein, da er dir ja nie im Voraus was sagt. Du könntest mir dann Bescheid geben und ich komme rüber und halte die Stellung bei den Kindern. Falls eins aufwacht, wäre ich da."
Paula war echt der Wahnsinn. Ja, das könnte klappen. Und M., er war spontan. Für mich sowieso, das wusste ich.

Es vergingen einige Tage. Die Situation war irgendwie anders geworden. Ich merkte nun ganz konkret, dass er sich nur mit mir beschäftigte. Vorher war es so, dass man vermutete, dass er auf mich stand und ich in seinem Kopf herumschwirrte. Aber seit wir uns geküsst hatten, war es wie fix. Es war irgendwie klar, dass wir zusammen waren. Ich war zu Hause und hatte alle Hände voll zu tun. Nicht nur der Stall sah aus wie Saustall. Sec war ein mieser und fieser Typ. Nicht einmal die Sauerei durch das klebrige Getränk, das er oder die Kinder neben dem Schüttstein ausgekippt hatten, wurde beseitigt. Nein, es lief nun auch noch in das untere Kästchen und auch außen hinunter bis zum Boden. Das war aber nur eines der vielen Dinge, die täglich vorkamen. Es war bereits Abend und ich kniete gerade am Boden. Ich kam mir wirklich vor wie Aschenputtel. Nur diesmal nicht im Schloss mit dem Prinzen, sondern zu Hause mit der bösen Schwiegermutter namens Sec. Die hatte auch extra Kerne auf den Boden geschüttet, damit Aschenputtel genug beschäftigt und bestraft war. Genau so kam ich mir gerade vor.

Sec ging ins Badezimmer, da durfte ich ihn auf keinen Fall stören. Er hasste es, wenn ich dann auch reinging. Vermutlich war er am Wichsen. Ich meine, welcher Mann hält es schon fünf Jahre ohne Sex aus?

Parfümiert und gut gelaunt kam er in die Küche. „Tschüssi", sagte er und drehte sich schon um. Nur schon wenn ich sein „Tschüssi" hörte, wurde es mir anders. War ich ein Kind? Dies klang so wie: Tschau, du Dummerchen. „Wohin gehst du?" „Na, arbeiten." Ja klar, bei Sec war alles „arbeiten". Vom Herumhängen über mit Kollegen Musik machen bis hin zum Flugsimulator spielen. „Hast du ein Konzert?", fragte ich ihn ungläubig. „Nein, Security-Job." Aha. Da war er schon weg. Immer noch auf den Knien, schaute mir Puk mitten ins Gesicht und schleckte mich ab. Ja genau, Security ohne Puk und ohne Dienstklamotten. Schließlich war er nur als Diensthundeführer gebucht. Ich knuddelte Puk, der sich dicht an mich heranwarf, sich auf den Rücken drehte und mit Genuss seine Bauchmassage entgegennahm. „Du hast recht. Man muss schauen, dass es einem gut geht und sich dies selbst holen." Das war der Zeitpunkt, um Paula zu kontaktieren. Ich brachte die Jungs ins Bett, ging unter die Dusche und machte mit Puk und Pix noch schnell Pipi. Paula stand bereits da, als ich meine Sachen zusammensuchte. „Danke, du bist ein echter Schatz." Ich knuddelte sie kurz und setzte mich ins Auto. „Möchtest Du mich sehen?", schrieb ich M., der kurze Zeit später mit vielen Herzen bejahte. Na, dann los.

Wir genossen den Abend, kuschelten auf dem Sofa und quatschten bei einem guten Wein. Es war echt schön und ich fühlte mich wieder gut. Den ganzen Tag war ich mir wie ein Stück Dreck vorgekommen. Aber nun war es so gewohnt anders. So toll. Ich wollte Paula nicht allzu lange warten lassen und machte mich deshalb bald wieder auf den Heimweg.

Als ich wieder auf der Kuppe des Landweges war und ein Dorf vorher schon mein Zuhause sah, kam wieder jenes üble Gefühl. Es war echt krass. Wie wenn man von der einen Welt in die andere fuhr.

Die Tage vergingen und ich machte mir Gedanken, wie und wann ich es meiner Mutter beibringen sollte. Schließlich würde der Sommer irgendwann kommen und somit auch das Problem mit der Kreuzfahrt.

„Morgen habe ich Bandprobe, da kannst du nicht schon wieder weg. Zudem finde ich, dass dir Paula nicht guttut. Sie ist nicht dein Niveau und ich mag es nicht, wenn du zu viel mit ihr herumhängst. Sie muss auch nicht immer hier herumhängen." Hallo, was sollte das jetzt?! Sie war die einzige Freundin, die ich noch hatte. Mein ganzer Freundeskreis war nach und nach verstoßen worden. Die einen hatten sich ganz „automatisch" verflüchtigt, da ich diese Freundschaften nicht mehr hatte pflegen können. Wie denn auch, mit der ganzen Arbeit und den kleinen Kids? Die anderen kamen mit Sec nicht zurecht und auch sie verflüchtigten sich.

„Ich wohne zufällig auch hier, falls dir das noch nicht aufgefallen ist. Und ich kann mit nach Hause nehmen, wen ich will. Und nur weil ich in letzter Zeit ein paarmal ausgegangen bin, musst du nicht gleich genervt sein. Ich bin die letzten 15 Jahre nicht ausgegangen!" Ich wurde richtig sauer und fühlte mich angegriffen. Was nahm der sich eigentlich raus? Das sagte ausgerechnet der, der zweimal in der Woche Bandprobe hatte und am Wochenende entweder Konzert oder Security oder sonst was. Dazu kam, dass er sich vier Wochen im Jahr in der Tschechei verkroch und Ferien machte. Tagsüber war er auch immer mal wieder weg und ging zu Mittag essen. Ja klar, das war natürlich *arbeiten*, wie Sec es nannte.

Puh, ich musste raus hier. So ein Ekelpaket. Ich wollte gerade mit den Hunden in den Wald gehen, als ich Paulas weißes Auto zum Hof flitzen sah. Sie beeilte sich und machte mit mir die Runde. Wir liefen durch den Wald und planten den morgigen Abend. „Sobald er losfährt, gibst du mir Bescheid. Geht er nicht immer so gegen 19.00 Uhr?"

Am nächsten Tag freute ich mich schon sehr auf den Abend. Wenn ich zu Hause bleiben musste, empfand ich das inzwischen richtiggehend als „Durststrecke". Sec war wieder im Bad und M. schrieb mir eine SMS und wollte wissen, wann ich komme. Wenn ich das wüsste! Ich bewegte mich ständig auf Nadeln. Es war bereits 19.00 Uhr und es schien nicht so, als ob Sec es eilig hatte. Die Jungs fingen schon an zu quengeln und ich machte sie frisch fürs Bett. Wenigstens hatte ich mit ihnen Kontakt, wenn Sec wegging. Sonst waren sie ja ständig mit ihm im Wohnwagen.

Ich brachte die Jungs ins Bett. Schon fast 20.00 Uhr. Was war los, warum ging Sec nicht? Alle waren auf Stand-by. Das war eigentlich nicht okay. Nur weil so ein Tyrann alles bestimmte und nichts erlaubte. In einer normalen Ehe hätte ich sagen können: „Ich habe meine Freundin als Babysitterin organisiert, weil ich mal ausgehen will." Aber mit Sec war das ein Ding der Unmöglichkeit. Sobald er merkte, dass es mir zu gut ging, zog er die Schlaufe zu. „Tschüssi", erklang es von Weitem und die Türe fiel ins Schloss. Endlich! Dieses vertraute „Tschau, du

Dummerchen!". Mal schauen, wie lange noch. Ich war zu lange das Dummerchen gewesen.

Es wurde schon dunkel, als Paula mich ablöste. Die Jungs schliefen bereits. Alles schien perfekt zu sein. Mit großem Herzklopfen fuhr ich die Straße vom Hof hinunter. Ich war froh, als ich bereits im Nachbardorf Richtung Autobahn war. M. wartete schon ungeduldig. Er hatte gekocht und seine Laune bewegte sich zwischen Freude und Ärger. „Alle tanzen immer um diesen Idioten herum." Ja, das wusste ich, aber es ging einfach nicht anders. Ich war froh, dass seine Freude doch um einiges größer war als sein Ärger. Wir waren gerade am Essen und begannen uns zu entspannen, da piepste mein Handy. Es war Paula. „Scheiße, du glaubst es nicht! Er ist wieder hier und war ziemlich komisch, dass du weg bist und ich hier stehe. Was nun? Er hat mich nach Hause geschickt. Sorry."

„Oh nein, scheiße!" Ich erklärte M, was zu Hause gerade ablief, und versuchte cool zu bleiben. Am liebsten wäre ich sofort nach Hause gerast. Es war wie ein Schalter bei mir. Ich weiß nicht, warum. Vielleicht aus Furcht oder aus Anstand. Keine Ahnung.

„Der kann jetzt warten, du bist doch nicht sein Spielball. Der verarscht dich!"

Mein Handy piepste schon wieder. Diesmal war es eine SMS von Sec. „Wo bist Du!!!!! Ich muss wieder los, habe was vergessen. Die Kinder warten!!!"

Warum hatte er dann Paula nach Hause geschickt? Ich hatte ja den perfekten Babysitter organisiert. Was sollte das? Es wurde mir ganz bang und ich wusste nicht, wie ich jetzt handeln sollte. Einerseits wollte ich M. nicht sauer machen. Ich wollte ihm auch nicht zeigen, dass ich mich immer gleich verunsichern ließ und Sec hinterhersprang. Aber anderseits war ich Mama und hatte Kinder und eine Verpflichtung.

„Was soll ich machen?", wiederholte sich Paula. „Nichts, er soll warten. Schließlich hat er den Babysitter weggeschickt, dann soll er jetzt diese Rolle übernehmen", schrieb ich Paula zurück. Ich blieb also bei M. und gab mein Bestes, um locker und relaxt zu wirken. Doch zwei Stunden später machte ich mich auf den Heimweg. Ich war im Zwiespalt. Es war nicht einfach. Diese zwei Welten ließen sich schwer miteinander kombinieren.

Am nächsten Tag auf der Arbeit erzählte ich Sue von dem Desaster. Sie konnte sich kaum einkriegen. Sie fand es echt krass, was mir ständig passierte und wo ich mich gerade befand. Den Mittag musste ich allein verbringen. Ich setzte mich an die Sonne neben den Hundesportplatz und aß mein Sandwich. So, nun war es an der Zeit. „Hallo Mama, was machst du gerade? Hättest du kurz Zeit?" Wir telefonierten den ganzen Mittag und meine Mutter fiel aus allen Wolken. „Ich möchte nicht, dass du schlecht von mir denkst. Aber Sec benimmt sich seit Jahren miserabel gegenüber mir."

Sie verstand mich überhaupt nicht falsch. Ich war sehr erstaunt, wie offen und hilfsbereit sich meine Mutter gab. „Klar kannst du ihm sagen, dass ich dir die Kreuzfahrt geschenkt habe. Stimmt ja auch, dass ich das Gefühl habe, dass du ziemlich kaputt bist."

Das war also schon mal geschafft. Ich fühlte mich gestärkt. Es tat gut, meine Mutter im Rücken zu haben. Zuvor war ich jahrelang auf mich selbst gestellt gewesen.

Nun musste ich die Strategie ändern. Ich fragte meine Mutter, ob sie am Wochenende zu uns kommen und nach den Jungs schauen wolle. So könnte ich Sec sagen, dass ich mit Paula unterwegs wäre. Wenn Paula den Babysitter spielte, dann war es auffälliger. Wo und mit wem sollte ich dann unterwegs sein?

Es war ein herrliches Wochenende. M. und ich hatten das erste Mal den ganzen Tag und den ganzen Abend Zeit füreinander. Egal was wir machten, es war alles angenehm und schön. Es konnte nie zu lange oder genug sein. Am Abend lagen wir wieder auf dem Sofa und kuschelten. Wie oft hatten wir das bereits gemacht. Schon einige Monate. Ich hatte bis jetzt noch nie das ganze Haus gesehen. Nur die Küche und das Wohnzimmer.

Es war mehr als Kuscheln, ich spürte ganz genau das Harte an meiner Hose, und als er mich wieder so zärtlich am Hals küsste, hielt ich es nicht mehr aus. Ich packte ihn an seinem Poloshirt, zog ihn die Treppe hoch ins Schlafzimmer und stieß ihn rückwärts aufs Bett.

So oft war ich bei ihm gewesen. So oft waren wir miteinander essen gegangen und es war nichts passiert. Doch ab diesem Abend gab es kein Zurück mehr. Es zog uns zusammen wie ein Magnet. Wir fühlten uns wohl miteinander und waren einander so vertraut, wie ich es nie zuvor mit jemandem erlebt hatte. Monatelang hatte ich mental dagegen angekämpft, alles tausendmal durchgespielt und mir mögliche negative Konsequenzen vor Augen gehalten. Doch heute war es anscheinend so weit. Heute war der Tag, an dem Kopf und Herz die Weichen für mein zukünftiges Leben stellen sollten.

Der Kopf allein hätte diesen wunderbaren Mann vermutlich zur Seite gestoßen und gesagt, dass ich zu dem Psychopathen gehöre.

Ich wusste auch nicht so recht, was mit mir geschah. Ich war doch keine Betrügerin, oder etwa doch? Ich war eine Ehebrecherin. Aber der Bauch bestätigte diesen Gedanken nicht. Ich hatte kein schlechtes Bauchgefühl. Ganz im Gegenteil.

Es war einfach unglaublich. Noch nie war ich mit einem Mann im Bett gewesen, der so leidenschaftlich war. Noch nie hatte ich mich so begehrt gefühlt. Und ich war mittlerweile schon 37 Jahre alt.

Die Schmetterlinge flogen und wir kuschelten noch eine Weile miteinander. Doch nicht nur die Schmetterlinge flogen.

Nein, auch die Zeit. Es war einer dieser doofen Momente, ich musste gehen.

Die Nacht war klar und lau. Die ganze Fahrt starrte ich auf das Licht des Autos, das auf die Straße schien. Ich versuchte, in mich zu horchen.

Wann würde das Gefühl der Reue kommen? Oder würde jetzt ein Schamgefühl kommen? Hm, nein, auch nicht. Aber irgendetwas musste doch kommen! Mensch, was ist nur mit dir los?, schnauzte ich mich selbst an. Es kann doch nicht sein, dass du dich nach so einem Ereignis so wohlfühlst?! Dass du überhaupt keine Schuldgefühle hast?! Aber da war nichts.

Ich dachte an Sec. Vielleicht würde ja dann mein schlechtes Gewissen hochkommen. Hm, auch nicht.

Das Einzige, was in meinen Gedanken herumschwirrte, war, dass Sec mich bestimmt schon oft betrogen hatte.

Ich meine, nicht umsonst fanden meine damals beste Freundin und ich in seinem verschlossenen Schrank Liebesbriefe und Nacktfotos von anderen. Das war auch so eine krasse Geschichte.

Sec hatte immer einen verschlossenen Schrank. Den hat er bis heute. Als er wieder einmal in die Tschechei fuhr, hatten Mona und ich die super Idee, den Schrank zu knacken. Ihr Vater war ein Trödelhändler und hatte eine ganze Sammlung von Schlüsseln. Ich war skeptisch. Warum sollte ausgerechnet ein Schlüssel von dieser Sammlung bei Secs Schrank passen?

Doch als wir merkten, dass ein Schlüssel wirklich passte, rutschte mir das Herz in die Hose. Einerseits war es super, doch anderseits hatte ich große Angst davor, etwas zu finden, was ich lieber nicht finden wollte. Und so war es dann auch.

Selbstverständlich hatte Sec für alles eine Erklärung. Die Liebesbriefe von einer 18-Jährigen hatte sie einfach so geschrieben. Ein Groupie halt, wie man den Fan eines Musikers nannte. Obwohl sie schrieb, dass sie ihn nicht vergessen konnte, spielte Sec alles herunter.

Auch die Nacktfotos hatten natürlich nichts mit ihm zu tun. Er bewahrte sie nur für einen Kollegen auf, damit seine Frau diese nicht zu sehen bekam. Und er wusste schon gar nicht mehr, dass diese alten Bilder noch irgendwo in seinem Kasten steckten. Aber es kam noch schlimmer. Statt dass Sec sich wie ein Arsch vorkam, machte er mir ein schlechtes Gewissen. Er sagte mir, wie enttäuscht er von mir sei, dass ich in seinem Schrank geschnüffelt hätte. Es würde ihm nun schwerfallen, mir zu vertrauen. Ich sei nicht mehr seine Traumfrau und unsere Beziehung beruhe nicht mehr auf Augenhöhe. Aber es könnte wieder gut werden, wenn ich mich sehr anstrengen würde. Er gab mir das Gefühl, er wäre das arme, geplagte Opfer und ich das krankhaft eifersüchtige, labile Mädchen.

Obwohl mir mein Bauch sagte, dass ich abhauen sollte und ich diesem Typen nicht vertrauen konnte, machte ich weiter. Und mitunter dachte ich wirklich, dass diese Aktion von mir doof gewesen war und Sec kein gutes Gefühl gegeben haben musste.

Ich hatte die Anhöhe der Landstraße erreicht. Den Punkt, wo ich von der einen Welt in meine andere Welt fuhr. Es war dunkel, keine Straßenlaternen, nichts. Ab und zu leuchtete etwas aus den Feldern. Die Wildtiere waren auch unterwegs. Und noch immer hatte ich ein warmes und gutes Gefühl.

Zu Hause war Sec. Meine Mutter war schon nach Hause gegangen. Seine Augenbrauen zogen sich zusammen. „Und, endlich wieder einmal zu Hause? Du solltest auch noch andere Interessen haben. Du hast Kinder!" Tolle Stimmung! Ich fragte mich, warum ich Dummkopf aus M.s Bett gekrochen war. Die begehrteste Frau auf der ganzen Welt – dieses Gefühl gab mir M. – kroch aus dem Bett und stand nun als die knapp geduldete Putzfrau vor ihrem Ehemann. Toller Rollentausch, echt toll.

„Ich habe auch ein Leben. Ich bin nicht nur die Putzfrau, die Pferdepflegerin, die Hundesitterin und die Mutter." Ich lief an Sec vorbei und drehte mich nochmals um. „Ach ja, und deine doofe, knapp akzeptierte Frau."

„Oje, ja, das habe ich mir schon gedacht. Paula tut dir nicht gut. Nun wirst du auch noch so zickig. Die hat echt nichts im Hirn."

Echt eine Frechheit, meine beste Freundin so zu betiteln. Was dachte der sich eigentlich? Sie war hundertmal schlauer als er. Und vor allem hundertmal aufrichtiger.

Puk und Pix freuten sich sehr, mich wiederzusehen, und schwänzelten um mich herum. Wenn ich euch nicht hätte …

Kurz darauf legte ich mich ins Bett und versuchte meine Gefühle zu sortieren. Das Display wurde hell. Eine SMS von M.

„Jetzt kann ich Dich nicht mehr vergessen. So eine Frau wie Dich habe ich noch nie erlebt!" Daraufhin folgten noch Herzen.

Ihm schien es also gefallen zu haben. Grinsend wie ein Breitmaulfrosch lag ich im Bett und schaute zum Fenster hinauf. Der Waldrand war schwarz, der Mond schien und die Sterne leuchteten am Himmel.

In der Arbeit waren M. und ich uns jetzt noch näher. Na ja, das war ja auch kein Wunder, nach so einer perfekten Nacht. „Ich musste es einfach meinem besten Freund erzählen, sorry." „*Was* musstest du deinem besten Freund erzählen?", fragte ich M. Er schaute mich mit leuchtenden Augen an. „Dass ich so was noch nie erlebt habe. Ich musste ihm erzählen, dass du die absolute Steigerung von allem bist, was ich je erlebt habe."

Toll, nun musste ich echt kämpfen, um nicht rot zu werden. Für M. war ich der absolute Traum. Das war wunderschön, aber auch so unreell. Für Sec war ich der absolute Albtraum.

„Wann sehen wir uns wieder? Ich würde so gerne mit dir zu Abend essen und dich spüren."

Doch zu organisieren, wieder Zeit mit M. zu verbringen, wurde immer schwieriger. Mein Job bei M.s Firma war momentan nicht mehr so das Thema. Er wollte noch etwas abwarten und hatte auch noch mit Umstrukturierungen zu tun, die einige Unklarheiten aufwarfen. Ich konnte dies Sec jetzt also nicht mehr verkaufen. Der Grund, dass ich das alles wegen dieser neuen Jobmöglichkeit machte, war somit hinfällig geworden.

Da Sec sowieso das Gefühl hatte, dass es mir momentan zu gut gehen würde und ich zu Hause alles vernachlässigen würde – mit anderen Worten, er musste jetzt sogar ab und zu abends die Stellung halten, wenn die Jungs schon schliefen –, konnte ich mir da fast nichts mehr rausnehmen. Er handelte es natürlich wieder geschickt. Als er bemerkte, dass er mir kein schlechtes Gewissen machen konnte mit Sätzen wie: „Du schaust nicht mehr nach deinen Kindern. Du interessierst dich nur noch für anderes. Du wirst auch so doof wie Paula!", musste er plötzlich jeden Abend weg. Er nannte es wie immer *arbeiten*.

„Bist du diese Woche mal zu Hause?", fragte ich ihn dann irgendwann.

„Ich weiß noch nicht, eher nicht. Rechne mal nicht mit mir. Und ich möchte wirklich nicht, dass Paula hier abends die Stellung hält."

In mir begann es zu brodeln. Er nahm mir die Möglichkeit, M. zu sehen, und hatte Spaß daran, mir meinen positiven Drive zu nehmen. Ich musste unbedingt etwas unternehmen, aber was? Ach herrje, da waren ja noch die Sommerferien. Ich kniff mir in den Allerwertesten. Wenn es mir nicht einmal gelang, *einen Abend* zu organisieren, wie sollte das dann mit der 2-Wochen-Kreuzfahrt funktionieren?!

Ich hatte schon alles mit meiner Mutter abgesprochen und stand nun vor Sec. „Hör mal, du hast ja immer davon gesprochen, dass ich eine Auszeit brauche. Ich möchte nicht in ein Hotel am See in der Schweiz. Du weißt, dass für mich nur das Meer zählt. Dies habe ich nun mit meiner Mutter besprochen und du glaubst nicht, was sie mir angeboten hat."

Klang das gut? Oder schon auffällig? Sec stand da und wartete, dass ich weiterreden würde. „Sie findet auch, dass ich eine Auszeit brauche, und sie fände es auch gut, dass ich mich wieder mehr um die Jungs kümmere." Nun schmunzelte Sec. Offenbar fühlte er sich gerade bestätigt. Selbstverständlich war meine Mutter *nicht* der Meinung, dass ich mich wieder mehr um die Jungs kümmern sollte. Ich war ja immer da. Und wenn ich mal weg war, dann wenn sie schon im Bett waren.

Aber die Worte waren mir gerade so spontan über die Lippen gekommen. Schließlich musste ich ihm ja irgendwie verkaufen, warum die Jungs auch mitsollten, wenn ich mir eine

Auszeit nehmen würde. Taktik war nun gefragt. Sein Schmunzeln zeigte mir, dass ich ins Schwarze getroffen hatte.

Ich sagte ihm, dass meine Mutter uns die Reise bezahlen würde. Erstaunlicherweise fand er das Ganze eine gute Idee. Solange er nichts bezahlen müsste und solange er nichts tun müsste. Ich war richtig stolz, wie ich diese heikle Sache gemeistert hatte.

Jetzt brauchte ich noch Ausweise für die Jungs. Leider bewahrte Sec die Identitätskarten von beiden in seinem verschlossenen Schrank auf. Ich musste grinsen. Schade, dass ich den Schlüssel von Mona nicht mehr hatte. Das waren noch Zeiten. Wie lange war das jetzt her? Jahre …

Paula und ich saßen im Stall. Der Regen hatte nachgelassen und der Auslauf der Pferde war endlich wieder mal trocken.
  „Kannst du die Identitätskarten nicht einfach neu ausstellen lassen?" Hm, gute Überlegung. Schließlich brauchte ich sie dringend und Sec würde sie nie herausrücken. „M. hat mir gesagt, dass es für einen Pass immer beide Unterschriften braucht. Also Mutter und Vater." „Aber Pass ist nicht ID", Paula zündete sich eine Zigarette an. „Gleich morgen gehe ich auf die Gemeinde und schaue, was sich machen lässt." Kaum hatte ich diese Worte ausgesprochen, fuhr mir ein kalter Schauer über den Rücken. Rasch schaute ich zu den Fenstern des Hauses. Ob Sec etwas gehört hatte? Blödsinn, alles war zu und weit und breit war nichts von ihm zu sehen.

Am kommenden Morgen machte ich die Stallungen und achtete währenddessen die ganze Zeit darauf, ob Sec womöglich mal wegfuhr. Leider war er immer noch im Haus, als ich mit der Arbeit draußen fertig war. So komme ich nicht weiter, dachte ich verärgert. Hm. Ich könnte sagen, dass ich einkaufen muss. Nein, das habe ich gestern erst erledigt. Und Klamotten kaufen würde er schon gar nicht unterstützen. Am Nachmittag würde es auch nicht gehen, da die Jungs dann wieder zu Hause sein würden. Mitnehmen konnte ich sie nicht auf die Gemeinde. Je weniger davon wussten, umso besser. Kurz vor elf hörte ich den BMW, Sec fuhr davon. Jetzt aber nichts wie los. Ich war gerade beim Abwasch. Schnell die Gummihandschuhe ausgezogen, die Schuhe an und ab zur Gemeinde.

Die auf der Gemeinde waren unkompliziert. Anscheinend ging es mit der Identitätskarte wirklich etwas lockerer zu und her. Jetzt hatte ich nur noch ein Problem. Es könnte ein paar Tage dauern oder es könnte ein paar Wochen dauern. So viel Zeit hatte ich aber nicht mehr bis zur Abreise.

Am Abend traf ich Paula beim Miststock. Sie saß genüsslich im Klappstuhl und trank ihr Bier. „Ich kann nur hoffen, dass die IDs rechtzeitig ankommen. Was mache ich, wenn nicht? Dann habe ich echt verschissen." „Was machst du, wenn Sec die Post zuerst aufmacht, weil du an diesem Tag gerade bei der Arbeit bist?" Toll, jetzt hatte ich noch ein Problem. Jetzt brauchte ich einfach Glück. Wäre schön, wenn dies auch mal bei mir vorbeischauen würde. Das Glück.

Knapp zwei Wochen vor dem Abflug teilte Sec mir mit, dass er nun doch nicht einverstanden sei. Ich könne allein gehen, aber nicht mit den Kindern.

„Ich gehe trotzdem mit den Jungs", war meine Antwort. Eine Reise nur zwei Wochen vorher zu stornieren, war unmöglich. Zudem wollte ich meine Kinder dabeihaben. Die Jungs freuten sich auch schon die ganze Zeit darauf, sie waren noch nie so in den Ferien gewesen. „Gib mir die Buchungsdaten, dann kann ich das mit der Versicherung klären und stornieren." Ich hätte ihn am liebsten, ach, ich weiß auch nicht, was ich am liebsten hätte. Wut, Trauer und Hass kamen in mir hoch. Was glaubt der eigentlich, wer er ist?, dachte ich voller Groll. Sitzt da mit seinem bescheuerten Palmendutt und seinen hinterlistigen, zusammengekniffenen Schlitzaugen und ist am Nichts-tun, wie immer.

Da M. alles gebucht hatte, hatte ich keinerlei Daten, meine Mutter selbstverständlich auch nicht. „Nein, ich storniere gar nichts. Du kannst nicht sagen, dass du einverstanden bist, und dann zwei Wochen vorher deine Meinung ändern."

Ich lief aus dem Zimmer, das als sein Büro galt. Ich dreh-te mich nochmals um. „Ach ja, und zudem sind es auch *mei-ne* Kinder!" Am liebsten hätte ich noch *Arschloch* angehängt, was ich dann aber ließ.

Kurz darauf ging er aus dem Haus und sagte mir beim Vor-beigehen noch drohend: „Vergiss die Unterlagen nicht. Ich habe diese morgen auf dem Tisch."

Meine Anspannung wuchs. Ich hatte noch keine IDs. Ich hat-te Angst, dass Sec die neuen IDs in Empfang nehmen könn-te. Und ob ich überhaupt reisen konnte, mit Secs letzter Dro-hung, wusste ich auch nicht. M. erzählte ich nichts davon. Er hätte mir dann auch noch Druck gemacht, was ich nun wirklich nicht gebrauchen konnte.

Am folgenden Tag fuhr ich gerade die Straße vom Hof zur Hauptstraße herunter. Ich musste zur Arbeit. Die Kids waren im Kin-dergarten und Sec wie immer zu Hause. Unten, wo sich die Straße gabelte, kam mir ein gelbes Auto entgegen. Die Post! Mir stockte der Atem. Ich stellte mein Auto etwas quer, sodass wir schlecht aneinander vorbeikamen. „Haben Sie Post für mich?", fragte ich den Postboten freundlich, der auch aus seinem Auto schaute. „Ah ja, genau, Moment", er griff neben sich auf den Beifahrersitz, wo anscheinend bereits unsere Post bereitlag. „Besten Dank."

Ich fuhr weiter und stöberte bereits während der Fahrt die Ku-verts durch. Da waren sie! Die IDs! Das Glück hatte mich end-lich wiedergefunden.

Eine Woche vor der Abreise legte Sec mir ein Papier auf den Tisch. Ich sah es an und glaubte, meinen Augen nicht trauen zu können. Es war ein ärztliches Attest, auf dem Folgendes stand: „Aufgrund der schlechten gesundheitlichen Verfassung von Frau Martins kann ich es als Arzt nicht verantworten, dass Frau Martins verreisen wird. Sollte sie dies trotzdem tun, muss ich als Arzt darauf hinweisen, dass sie definitiv nicht in der Verfassung ist, mit Kindern zu reisen und Verantwortung für diese zu übernehmen. Dies wäre sehr riskant. Frau Martins ist aufgrund ihrer momentanen gesundheitlichen Verfassung nicht in der Lage, Verantwortung für Drittpersonen zu übernehmen."

Ich sah ihn an und sah nur „Dreck"! Deshalb hatte er mich also nicht mehr mit der Reiseversicherung und den Daten gepiesackt! Er hatte einen neuen hinterlistigen Plan ausgeheckt. Meine Abneigung ihm gegenüber wuchs gerade ins Unendliche.

Er grinste mich an und tat so, als ob er besorgt um mich wäre. Ich glaubte es nicht. Wie zum Teufel hatte er das geschafft?

Ich war seit Jahren nicht bei meinem Hausarzt gewesen. Und wenn, dann nur wegen banaler Erkrankungen, wie Angina oder einer Erkältung. Wie hatte er es geschafft, einen Arzt dazu zu bringen, über eine Person, die er nicht in Behandlung hatte, so was zu schreiben? Sec war echt der Teufel.

Der Druck wegen der bevorstehenden Sommerferien stieg stündlich in mir. Ich wollte M. nicht enttäuschen. Er hatte so viel Geld für unsere gemeinsamen Ferien investiert. Überdies wollte ich die Kinder nicht enttäuschen, die sich schon so sehr freuten, genauso wie ich selbst. Aber gleichzeitig hatte ich große Angst vor dem, was sich Sec noch alles einfallen lassen könnte. Ich fragte mich oft: Schaffe ich das? Wie soll ich es am besten anstellen? Wie soll ich mit den Kids abhauen? Und wann? Zumal ich mittlerweile kaum noch an die Kinder herankam. Er nahm sie nun noch häufiger zu sich in den Wohnwagen.

Der Tag der Abreise rückte immer näher. Ich versprach M, dass wir da sein würden. „Wir sehen uns auf dem Schiff", sagte ich ihm. Nur hatte ich immer noch Zweifel, ob ich es schaffen würde. Zum ganzen Stress kam auch noch, dass M und ich uns in der Zwischenzeit nicht mehr wirklich treffen konnten. Mein Gefühlschaos und die Angst vor der Zukunft, waren heftig. Mein Glück war, dass Sec an diesem Wochenende ein Konzert hatte; also eigentlich nur am Freitagabend. Aber das reichte mir, um mit den Kids abzuhauen. Mein Plan war es, mit den Kids am Freitagabend abzuhauen und dann am Samstagmorgen zum Flughafen zu fahren. Da er ja am Freitag das Konzert hatte, konnte er die Kinder und sich nicht im Wohnwagen einschließen.

Ach herrje, ich hatte keine Koffer. Dann kam mir in den Sinn, dass das Schuhgeschäft über der Grenze immer gute und lässige Koffer anbot. Also fuhr ich los und besorgte mir einen großen und einen kleinen Koffer in derselben Musterung. Es waren zwei bunte Koffer mit Hot Dogs, Cafés, Dinner, Coca-Cola-Deckel und so weiter drauf. So ein richtiges USA-Design. „Die werden wir auf dem Gepäckband sofort erkennen", erklärte ich Vanilla, dem Pferd, das bei meiner Stallarbeit, gerade neben mir stand. Aber nun musste ich die Koffer vor Sec verstecken. Und wo wäre ein besseres Versteck als im Pferdestall? Sec kam ja nur selten hierher. Sonst müsste er ja eventuell noch was helfen, war immer seine Angst.

Im Internet recherchierte ich, wie ich die Koffer schon Tage vorher aufgeben konnte. Einfach vor dem Flug einzuchecken, wäre zu riskant. Ich musste damit rechnen, dass es am Freitagabend mit meiner Flucht nicht klappen würde. Ich wusste ja nicht, ob Sec mich veralberte und dann im letzten Moment am Freitag dann zu mir sagen würde, dass er doch nicht wegmüsse. Das wäre nicht das erste Mal. Und dann? Dann könnte ich nicht am Samstagmorgen sagen, dass ich mit den Kindern und den Koffern einkaufen gehe. Also fand ich eine Möglichkeit, die Koffer am Zug-Bahnhof abzugeben.

Mittlerweile war es Donnerstag und ich hatte gerade den Stall gemacht. Es regnete in Strömen und Sec war gerade wie ein Verrückter losgefahren. Jetzt ist der Zeitpunkt für die Koffer, sagte ich mir. Schnell und ziemlich durchnässt, nahm ich die Koffer aus dem Stall und rannte ins Haus und nach oben ins Kinderzimmer. So schnell ich konnte fing ich an zu packen. Ich war voller Adrenalin. Die Hunde tanzten nervös um mich herum. Jedes Geräusch machte mich hellhörig und ich rannte zum Fenster. Sec könnte jeden Augenblick wieder auftauchen. *Was mache ich bloß, wenn er zu früh auftaucht?*, dachte ich panisch. *Dann ist alles verloren.* Ich gab mir alle Mühe, einen kühlen Kopf zu bewahren. *Du hast deinen Plan. Du bist stark. Du gehst ab jetzt deinen Weg.* Redete ich mir ein.

Alles fertig gepackt, verstaute ich die Koffer im Auto und fuhr los. Ich war echt froh, als ich die Koffer am Bahnhof abgeben konnte. Puh, das wäre schon mal erledigt. So froh ich gerade war, so schnell kam auch wieder die Angst.

Was ist, wenn ich es nicht aufs Schiff schaffe? Dann sind die Koffer da und wir nicht. Denn die Koffer reisten nun selbstständig zum Schiff in der Türkei. Ich konnte mich gerade gar nicht mehr so richtig freuen. Die ständig aufblitzende Angst machte immer alles wieder kaputt und stellte alles infrage. Hatte ich richtig entschieden? Was machte ich hier überhaupt?

Im strömenden Regen fuhr ich wieder nach Hause. Die Scheibenwischer quietschten schnell hin und her. Meine Stimmung war gerade überhaupt nicht ferienmäßig. Was lief da in meinem Leben gerade ab? Ich ging heimlich mit einem fremden Mann in die Ferien. Doch endlich meldete sich mein Bauch. *Er ist nicht fremd. Er ist wunderbar. Was hält dich eigentlich noch an Sec?*

Stimmt. Was hielt mich überhaupt noch an ihm? Er ließ mir keine Luft zum Atmen. Jahrelang versuchte ich nun schon, die Frau für ihn zu sein, die er begehrt und verehrt. Für nichts und wieder nichts. Ich wurde nur kalt behandelt, abgestraft und ausgenutzt. Ich ging arbeiten, schaute nach allem und er hing nur herum, frönte seinem Hobby und ging allein in die Ferien.

Ich schaute den großen Regentropfen zu. Am Radio lief gerade Phil Collins: „I Wish It Would Rain Down". Es machte mich traurig. Warum hatte ich so ein Leben? War ich so schlecht?

Es war Abend und Sec stand in der Küche und kochte für sich was. „Wir sollten uns trennen." Sec sah mich genervt und ungläubig an. „Ich weiß, ich habe dir das schon oft gesagt. Aber ich meine es ernst. Du hast nichts von mir und ich habe nichts von dir."

Es schoss einfach aus mir heraus. Ich war ganz ruhig und nett. Mein Bauch wollte endlich Klarheit. Sec stand ganz ruhig da und kochte weiter. Einen kleinen Augenblick hatte ich das Gefühl, dass er sich nun umdrehen könnte und es für eine gute Idee befinden würde. Aber stattdessen drehte er sich zu mir und meinte nur sehr kalt: „Oje, du spinnst wieder. Zum Glück gehst du in die Ferien. Und zum Glück ohne Kinder. Die würden ja unter deiner labilen Psyche nur leiden."

So endete also mein weiterer Versuch, unsere Beziehung offiziell zu beenden. Am Ende war sie bereits seit Jahren.

Einen Abend später, um es genau zu sagen: Freitagabend. Der Abend vor dem Abflug war gekommen. Die Zeit verging und es wurde immer später. Ich wurde nervös. *Ich darf mir nichts anmerken lassen. Ich muss traurig und genervt die Stellung halten, wie immer. Ich kann jetzt nicht herumzappeln, das würden alle merken.* Die Kids wussten von nichts. Die Hunde spürten es vermutlich und Sec saß wieder einmal vor dem PC und spielte Flugsimulator. Er hätte schon vor einer Stunde weg sein müssen. Was war los? Fragen konnte ich ihn nicht, das wäre sicherlich zu auffällig gewesen.

Plötzlich parfümierte Sec sich im Badezimmer und kam dann raus „Tschüssi." Gut gelaunt stieg er ins Auto. Schön, dass wir uns so viel zu sagen hatten. Schön, dass wir uns so viel zu geben hatten. Ich meine, schließlich gingen wir morgen in die Ferien. Tolle Ehe. Aber das war mir jetzt natürlich egal. Ich konnte nun den Kids erzählen, dass wir schon morgen in die Ferien gehen. „Ein richtiges Schiff?", fragte Tim mit großen Augen. „Wie groß ist es?", wollte Ethan wissen. „Und Papa, kommt er auch mit?" Ich wurde regelrecht gelöchert. Die Jungs waren richtig aufgeregt. Ihre Augen funkelten, als ich sagte, dass wir schon jetzt losgehen würden. „So, wir müssen nur noch mit Pix und Puk Gassi gehen und dann geht's los." „Was machen dann die Hunde?", fragte Tim besorgt. „Papa ist ja nur heute Abend weg. Er kommt später wieder nach Hause und dann können sie wieder Pipi machen." So, die Hunde waren wieder drinnen und das Haus war verriegelt.

Doch als wir vor meinem Auto standen, passierte es. Das Auto war verschlossen und an meinem Schlüsselbund war plötzlich kein Autoschlüssel mehr dran. Ich hätte laut losheulen können. Dieses Schwein! Ich war jetzt schon am Ende. Die ganzen Wochen der Vorbereitung unter höchster Anspannung und nun das. Es machte mich einfach nur müde. Ich schaute in die Weite. In die Felder. In die wunderbare Natur. Alles war so wunderbar, nur wir Menschen nicht. Und meine Ehe war alles andere als wunderbar.

„Was machen wir jetzt? Ich möchte aufs Schiff!", Ethan zupfte mich am Jackenärmel. Ich hätte Sec umbringen können. Er muss es gerochen haben.

Ich nahm mein Handy in die Hand. „Hallo Mama, könntest du uns vielleicht abholen?" Kurz war es still. „Was ist passiert? Alles okay?" Ich erklärte kurz und sachlich, was gerade wieder mein Problem war. „Klar komme ich, ich fahr in zehn Minuten los."

So, jetzt mussten wir nur hoffen, dass in der Zwischenzeit Sec nicht auftauchen würde. Denn meine Mutter würde sicherlich 70 Minuten brauchen, bis sie bei uns war. Dieses Fürchten und Bangen machte mich fix und fertig. Immer „unter Strom".

Ich durfte nicht denken, was passieren könnte. Ich durfte nicht denken, was ich eigentlich machte. Und ich durfte nicht denken, was das für Konsequenzen haben könnte. Die Hunde musste ich wohl oder übel zu Hause zurücklassen. Mein Trost war, dass er irgendwann in der Nacht nach Hause kommen würde und sie dann rauslassen könnte.

Schnellstmöglich packte ich unsere Jacken und das Handgepäck in den Kofferraum meiner Mutter. Ich sah nicht nach, ob mein Handy drin war oder nicht. Durch diesen ganzen Stress hatte ich schon länger keinen Kontakt mehr mit M. gehabt. Na ja, was heißt *länger*. Vielleicht drei Stunden. Aber ich wollte nun einfach so schnell wie möglich vom Hof weg und in Sicherheit sein. Ich war viel zu aufgelöst, um nun auch noch M. zu benachrichtigen. Dies könnte ich auch noch machen, wenn wir bei Mama zu Hause angekommen waren.

Ich hatte gerade die Schuhe ausgezogen und mein Handy herausgekramt, da sah ich eine Sprachnachricht auf dem Handy. „Babee, was ist los? Kommst Du jetzt doch nicht? Werde ich jetzt verarscht? So was geht gar nicht. Ich lasse mich nicht einfach verarschen, das habe ich nicht nötig."
    Bitte? Was sollte das jetzt?! So hatte ich M. noch nie erlebt. Nur weil ich mich die letzten drei Stunden nicht gemeldet hatte? Ich hatte ja gesagt, wir sehen uns auf dem Schiff. Eine Frau, ein Wort. Oder besser gesagt, eine Nicky, ein Wort.

Und dann bekam ich auch noch gleich ein SMS von Sec. „Ich komme heute nicht mehr nach Hause. Habe organisiert, dass Du die Kinder morgen bei meinen Eltern abgeben kannst, bevor Du zum Flughafen fährst. Ich hole sie dann dort am Mittag ab. Erhol Dich, damit Du wieder fit bist."

Hiiilfffeee, was sollte das denn? Wenn ich das gewusst hätte, wäre ich bis Samstagmorgen zu Hause geblieben. Was war mit den Hunden? Mein Gewissen fraß mich gerade wie tausend Piranhas auf. Ich sah die treuen Augen von Puk und das freudige Wedeln des kleinen Pix. Scheiße. Und wofür hatte ich das Ganze mit den Koffern gemacht? Und was sollte das mit seinen Eltern? Ich hatte ihm gesagt, ich gehe mit den Kindern in die Ferien. Aber das war Standard. Er blendete mich immer aus.

Am liebsten hätte ich jetzt alles abgeblasen und wäre nach Hause gefahren. War doch eh alles Kacke. M. war plötzlich sauer, die Hunde könnten nicht beizeiten raus. Dieser Dauerstress machte mich langsam krank.

Und was war, wenn ich morgen früh die Jungs nicht bei seinen Eltern ablud? Hätte ich dann die Polizei am Hals? Sollte ich es lassen? War ich zu schwach für ein schönes Leben? Gehörte ich einfach als Aschenputtel in den Käfig?

Doch dann kam mir ein anderer Gedanke. Was, wenn das eine Falle war? Was, wenn er nach Hause gekommen war und gesehen hatte, dass wir weg waren? Er wusste genau, dass ich so verantwortungsbewusst war und die Hunde nicht so hängen lassen würde. Er machte solche Psychospielchen nonstop.

Mit schwerem Herzen ließ ich es dann. Ich durfte einfach nicht an die Hunde denken. Es fraß mich auf. Ich hätte nur noch heulen können. Ich stellte mir immer wieder kurz vor, dass die beiden zu Hause saßen und langsam, aber sicher rausmussten, um pinkeln gehen zu können. Es tat mir so leid. Ich musste diese Gedanken immer wieder schnell aus meinem Kopf löschen. *Die Hunde schaffen das schon.* Dieser Gedanke half mir zwar, nicht wieder zurückzufahren, er half aber absolut nicht, um meine schlechten Gefühle und mein schlechtes Gewissen zu dämpfen.

Und M. schrieb ich: „Hast Du Dich im Ton vergriffen? Hatte Stress. Jetzt alles okay. Bis morgen in der Türkei."

Die Nacht war sehr angespannt. Ich lag mit Ethan und Tim in einem Bett. Während die beiden friedlich vor sich hin schnaubten, war ich in tausend Gedanken versunken. Ich versuchte mich zu entspannen, was aber überhaupt nicht klappte. Mein Körper fühlte sich völlig steif an. Die Gliederschmerzen deuteten darauf hin, jetzt auch noch krank zu werden. *Hör endlich auf. Du wirst nicht krank, das ist nur deine Anspannung. Die Hunde werden es überleben und du hast diese Ferien verdient. Bald siehst du das Meer.* Ständig starrte ich auf die Uhr. Gott, immer noch vier Stunden, bis ich endlich aufstehen könnte. Und irgendwann waren dann auch diese vier Stunden vorbei.

Gott, das war eine Nacht gewesen! Und die nächsten Stunden würden vermutlich nicht entspannter werden. Ich mochte überhaupt nichts frühstücken. Meine Mutter machte sich Sorgen. Zu Recht, da ich ohne Essen Kreislaufprobleme kriege.

Ich sah auf dem Handy nach, ob Sec was geschrieben hatte. Nichts. Aber ein SMS von M. war drauf. „Gute Reise. Freue mich schon sehr." Dahinter Herzchen. Doch dieses SMS berührte mich überhaupt nicht. Vermutlich war ich einfach zu angespannt.

Endlich liefen wir mit unserem Handgepäck durch die Flughafenhalle. Wow, schon so lange hatte ich die nicht mehr durchquert. Wie lange war das jetzt her? Sicherlich acht Jahre. Allein dafür hätte ich Sec ohrfeigen können.

Es wurde nicht besser mit meiner Anspannung. Ständig hatte ich Angst, dass er irgendwo steht und uns abpasst. Doch wir passierten die Kontrolle ohne Probleme und saßen dann endlich im Flugzeug. Die Jungs waren noch nie geflogen und ich hoffte, dass sie nicht allzu ängstlich sein würden. Aber sie machten das ganz wunderbar.

Wir hatten keinen Direktflug mehr erwerben können, deshalb mussten wir in München zwischenlanden. Als wir bei der Zwischenlandung am Gepäckband standen, kam ein SMS. „Wo sind die Kinder? Hast Du sie bereits, wie besprochen und abgemacht, bei meinen Eltern abgegeben?"

Nichts war besprochen oder abgemacht. Sec hatte immer eine so ekelhafte Art, mir seinen Willen und seine Regeln aufzudrücken. Mit zittrigen Händen schrieb ich ihm zurück: „Die Kinder sind bei mir und wir sind in den Ferien." Mein Herz klopfte wie wild. *Was denkt der sich eigentlich! Ich bin auch ein Mensch. Einer mit denselben Werten und Rechten. Ich bin schließlich die Mutter und jetzt sage ich mal, wie's läuft.* Das erste Mal hatte ich für kurze Zeit das Gefühl, stark zu sein und das Richtige zu tun. Ich hatte aber auch ein schlechtes Gewissen, dass ich das erste Mal auf unser Recht und unser Wohl pochte. Ich ging das erste Mal einfach über ihn hinweg. Und das auch noch mit den Kindern. Aber gleichzeitig dachte ich, er macht das ja sogar mehrmals jährlich. Er geht mehrmals im Jahr allein in die Ferien, ohne auch nur mit der Wimper zu zucken.

Plötzlich ertönte der SMS-Ton. Oh, oh, er schrieb zurück. Die Polizei lief auf uns zu und ich erstarrte. Kommen die uns jetzt stoppen? Ich hatte das Handy in der Hand, konnte aber nicht draufschauen, da ich nur noch die Polizei sah. Freundlich grüßend gingen die Polizisten an uns vorbei. Ich drehte mich um. Sie liefen tatsächlich weiter. Puh, mein Herzschlag beruhigte sich wieder einigermaßen. Ich musste ja noch das SMS lesen. Ich wagte also einen Blick auf mein Handy. „Okay, super, so cool, dann macht viele Fotos."

Hä?! Wie bitte? Das ganze Theater für nichts? Ich konnte diese Reaktion nicht einordnen. Zuerst hatte er versucht, es mit aller Gewalt zu verhindern, hatte ein gefälschtes ärztliches Attest besorgt, mir meinen Autoschlüssel abgenommen, drohte mir und machte mir einen Riesendruck, kam nicht nach Hause und wollte mich so zwingen, dass ich zu Hause blieb, und jetzt das?! *Viel Spaß?! Macht viele Fotos?!* Der war doch echt krank, oder?

Nach vier Stunden Flug und zwei Stunden Zwischenaufenthalt standen wir endlich vor dem Kreuzfahrtschiff. Es war unglaublich groß und wirkte wahnsinnig imposant. Wow, einfach unbeschreiblich! Man fühlte sich wie eine kleine Fliege im Vergleich zu dem Schiff. Von so nahe hatte ich noch nie einen so großen Dampfer gesehen. Und da durften wir drauf! Ich war nicht nur beeindruckt; ich war wahnsinnig aufgeregt und superhappy.

Auf dem 10. Deck des Schiffes trafen wir dann auf M. und Lena. M. war sehr erfreut, mich zu sehen, und kam mit offenen Armen auf mich zu. Als er mich küssen wollte und ich zurückwich, bemerkte er es im letzten Moment. Er schaute mich verwundert an. „Später", sagte ich und deutete mit meinen Augen auf die Kids. Was war bloß in ihn gefahren? Hatte er etwa vergessen, dass die Jungs M. noch gar nicht kannten?

Wir machten uns auf zur Kabine. Es war schon spät und die Hinreise mit dem ganzen Drumherum hatte mich und die Kids müde gemacht.

In den folgenden Tagen versuchte ich, so gut es ging, den Spagat zwischen M. und den Kids zu machen. Wir saßen gerade, wie so oft, auf dem obersten Deck im Whirlpool. Die Kids hatten alle Spaß, mit ihren Tauchbrillen und den Schnorcheln im Whirlpool zu tauchen. M. wollte sich mir immer wieder nähern. Mal hielt er mich am Bauch, dann umarmte er mich. „Lass dich mal küssen, sie sind gerade unter Wasser." Ich hatte so gar keine Lust dazu. Mir war irgendwie alles zu viel. *Wann legt sich das endlich?*, fragte ich mich, während ich mit meiner Anspannung und mit meinem schlechten Gewissen kämpfte.

Für die Kids war M. ein fremder Mann. Und zu Hause saß unwissend ihr Vater … Auch M. wurde immer angespannter. Er konnte mit meiner „Haltung" nicht umgehen. Ich zog mich immer mehr zurück. Ich konnte nicht mit Kuscheleinheiten dienen. Die heimlichen Küsse waren schon eine Herausforderung.

Als ich zwischendurch mal auf Toilette war, sah ich in den Spiegel. *Was ist bloß los mit dir?! Du bist schon jetzt braun gebrannt und kannst dich so erholen wie noch nie! Du bist auf dem Meer! Du erlebst vermutlich gerade die schönsten Tage deines Lebens! Was ist los mit dir?* Wütend schaute ich in den Spiegel, als gerade eine weitere Person die Damentoilette aufsuchte.

Unauffällig kehrte ich zu den Liegen zurück, wo sich die anderen befanden. Mist, schon wieder hatte ich es nicht mit mir selbst klären können. Vermutlich war es wegen der Kids. Ich müsste ihnen schnellstmöglich erklären, dass ich mit M. zusammen bin. Dann könnte ich die Tage endlich genießen und mich frei bewegen. Aber so einfach war das nicht. Lena ging gerade auf Tour und schaute sich nach anderen Mädels um. „Hört mal, Jungs, mich würde interessieren, wie ihr M. findet." „Gut", meinte Tim. „Ja, gut, und Lena auch", fügte Ethan hinzu.

Okay, das war ja schon mal was. Aber wie sollte ich nun weitermachen? „Ihr habt ja bestimmt schon gemerkt, dass Papa und Mama nicht mehr richtig zusammen sind und Mama oft auch traurig ist." Ethan schaute mich an, während er gleichzeitig seine Tauchbrille für den Whirlpool bereitmachte. „Wie, nicht richtig zusammen?" Auch Tim schaute mich etwas verwundert, aber interessiert an.

„Na ja, wenn man richtig zusammen ist, dann hat man sich lieb. Man küsst sich, man hält Händchen, man spricht zusammen, man geht zusammen in die Ferien und so." „Und wieso macht ihr das nicht?" Fragend schauten mich die Jungs an. Was sollte ich darauf antworten? Tja, warum nicht? Weil euer Vater mich überhaupt nicht mag und mich wie Dreck behandelt, konnte ich ja schlecht antworten. „Ich weiß es nicht, ich weiß nur, dass ich sehr gerne einen Mann hätte, der das macht. Der Mama liebt und mit mir lacht und mich küsst."

„M. möchte dich ja immer küssen", mit einem schelmischen Blick schaute mich Ethan an. Was für ein Schlitzohr! Drei Jahre alt und hatte alles schon durchschaut?

„Ja, er wäre ein sehr guter Mann für mich. Er ist toll und würde alles für eure Mama machen."

Mittlerweile war Nachmittag und wir hatten alle Hunger. Da ich den Jungs beim Büfett immer helfen musste, war ich mit meinem Teller immer zuletzt am Tisch. Doch als ich zum Tisch zurückkam, waren da nur Ethan und Tim. Ethan weinte und Tim war auch sehr komisch drauf. „Was ist hier los? Wo sind die anderen?" In diesem Moment sah ich Lena an einem anderen Tisch sitzen und M. rasend auf mich zukommen. „Sorry, aber das geht nicht, ich musste den Tisch wechseln. Die benehmen sich wie Tiere. Ethan hat die Schuhe auf den Tisch getan, und als ich ihm sagte, dass er sie herunternehmen soll, wurde er beleidigend und laut."

M. drehte sich wieder um und ich setzte mich. Ich kann das Gefühl gerade nicht beschreiben. Ich fühlte mich wie, wie … Dreck. Holte mich dieses Gefühl jetzt auch hier wieder ein?! Ich versuchte, cool und nett zu den Kids zu sein, und vor allem versuchte ich, nicht um mich zu blicken. Ich wollte gar nicht wissen, wer rundherum den Schlamassel mitbekommen hatte. Lena grinste mich hinterlistig an, als ob sie es witzig gefunden hätte, dass ich und M. nun ein Problem hätten. Ich hätte laut losheulen können. Eine Weile später schaute ich dann nochmals in die Richtung, wo M. und Lena sich platziert hatten. Doch sie waren beide schon weg. „Ab in die Kabine, sofort." Die Jungs merkten, dass meine Laune gerade im Keller war.

In der Kabine angekommen, fragte ich Ethan: „Was zum Teufel sollte das? Warum hast du dich so benommen? Was ist los?" Ethan schaute nach unten. Er schien selbst keine Antwort darauf zu haben. Ich war mit meinen Nerven am Ende. „So eine Scheiße, echt! Jetzt treff ich mal den Superman und ihr benehmt euch wie Schweine."

Einige Zeit später beruhigte ich mich wieder. Vermutlich war es den Jungs zu schnell gegangen, es war alles zu viel für sie. Es war eine blöde Idee gewesen. Ich hatte nur die tollen Gefühle und die Ferien im Kopf gehabt. Aber dass die Jungs noch gar nicht am selben Punkt waren, das hatte ich irgendwie ausgeblendet. Ich hatte die Situation unterschätzt. Es tat mir leid. Von nun an wollte ich die Zeit mit den Jungs auf dem Schiff genießen. Sie sollen tolle Ferien in Erinnerung haben.

Zwei Tage waren seither vergangen und ich ging M. und Lena aus dem Weg. Das Schiff war groß genug, sodass dies kein großes Problem darstellte. Aber das Gefühl war schlimm. Ich fühlte mich so mies. M. hatte alles bezahlt. Er hatte sich gefreut. Er wollte mit mir Zeit verbringen und die Jungs kennenlernen. Und nun das. Alles war schiefgelaufen.

An diesem Abend war große Party auf dem Oberdeck, die ich mir auch nicht entgehen lassen wollte. Etwas Stimmung, Sound und Ablenkung würden uns guttun. Doch kaum auf dem Deck angelangt, sah ich ihn. M. Er stand da mit weißen Hosen und einem weißen Oberteil. Er hätte gut nach Ibiza gepasst. Er sah nicht gut aus. Also äußerlich schon, aber ich sah ihm an, dass er litt.

„Hey", mit dem Glas in der Hand stand er vor mir. „Hey, prost", mehr kam mir auch nicht in den Sinn. „Was ist bloß los? Ich brauche dich. Ich vermisse dich. Die Ferien sind schon fast zu Ende und wir sind wie Fremde. Wir haben uns kaum geküsst. Geschweige denn was miteinander gehabt." M stand fragend vor mir.

„Wie stellst du dir das vor?! Ich kann nicht einen Dreijährigen und einen Fünfjährigen einfach in ein anderes Zimmer stecken und alleine lassen, damit wir schöne Nächte miteinander verbringen! Schließlich hast du auch Lena dabei. Du kannst ja auch mit ihr ein bisschen was machen und die Reise genießen." M zog seine Augenbrauen hoch. „Was soll ich mit Lena?! Ich will mit dir, du interessierst mich. Dich brauche ich." Die Musik wurde immer lauter.

„Und für was habe ich so viel Geld ausgegeben? Ich wollte mit dir, mit euch zusammen sein. – Ich habe da noch was für dich." Er streckte mir ein kleines dunkelblaues Schächtelchen hin. „Zu deinem Geburtstag." Aber ich hatte doch erst übermorgen Geburtstag?! Was war das jetzt?! „Tschüss." M. drehte sich um und lief durch die Menge davon. Ich sah ihm nach, bis das Weiße verschwand. Die Musik wurde noch lauter. Die Menschenmenge tobte und amüsierte sich. Eine super Lasershow strahlte in alle Richtungen in die dunkle Nacht auf See.

Ein Stein? Es war nicht nur ein Stein, es war ein Teil eines Sterns und dazu eine Karte. „Du bist mein Stern. Mein Licht in der Dunkelheit. Meine Sehnsucht. Meine Faszination. Etwas Wunderbares … Ich wünsche mir, dass wir zusammen sind und für immer zusammen bleiben. Dein M." Dazu ein paar Herzchen gezeichnet.

Wow, so ein romantisches Geschenk hatte ich noch nie bekommen! Jetzt stand ich da in der Menschenmenge und M. war weg.
 Für immer?

Märchen
aus?

Auf dem Heimweg überlegte ich mir, was ich Sec erzählen sollte. Schließlich hatten die Kids zwei Wochen mehr oder weniger mit M. und Lena verbracht.

Sec stand schon da, auf der Treppe vor der Hauseingangstür. Wie immer mit Dutt, einer Zigarette und seinen zusammengekniffenen, misstrauischen Augen. „Und, war's schön?" „Ja, es war toll …" Bevor die Kids die anderen zwei erwähnen konnten, ergänzte ich: „Du glaubst nicht, was uns passiert ist! Weißt du, wer auch auf dem Schiff war? M., weißt du, der von der Stelle. Die Welt ist echt klein." Nun schaute Sec mich wirklich misstrauisch an. „Per Zufall, ganz alleine, oder mit dir?" Ich versuchte, cool zu bleiben, was mir erstaunlicherweise recht gut gelang. Die Hunde tanzten um mich herum und ich war einfach nur froh, dass es ihnen gut ging. „Nein, nicht alleine. Er war mit seiner Tochter da. Anscheinend gehen die zwei regelmäßig auf Kreuzfahrt. Und du, was hast du so gemacht?"

„Ich habe hier gekrampft, während du dich erholt hast und dich prächtig amüsiert hast, wie es scheint." Toll, kaum zu Hause, ging es auch schon wieder los. Immer machte er mich herunter und versuchte mir ein schlechtes Gewissen aufzudrücken. Vermutlich würde ich nun die nächsten zehn Jahre in seiner Schuld stehen.

Am Abend stand ich gerade im Auslauf von Vanilla und füllte das Wasser auf, als Paula mit ihrem kleinen weißen Flitzer auf den Hof sauste. „Hey, du geile Bitch, wow, du bist ja braun! Wie war's? Hattest du heiße Nächte auf hoher See?" Schelmisch und provozierend wie immer stand sie da und wollte alle Einzelheiten wissen. „Lass und zum Miststock gehen." Dies war unser Besprechungsplatz, denn der war hinter der Scheune und von da aus konnte Sec uns unmöglich zuhören, ohne dass wir ihn gesehen hätten. „Es ist aus. Aus und vorbei." Paula schaute mich an, als hätte ich einen Aprilscherz gemacht. „So ein Scheiß, nicht im Ernst, oder?"

Ich versuchte, Paula zu erklären, was vermutlich das Problem war und was passiert war. „Es war auch unüberlegt von mir. Ich meine, ich habe die Kids überhaupt nicht darauf vorbereitet. Ich hätte mindestens ein paarmal mit ihnen und M. was unternehmen müssen, damit sie sich hätten kennenlernen können. Man geht ja nicht einfach mit Fremden in die Ferien."

„Na, hör mal, M. ist ja wohl kein Fremder! Er ist der Superman." Paula wollte mich aufmuntern. „Ja, *für mich* ist er kein Fremder, aber für die Jungs schon! Ich weiß echt nicht, was mich da geritten hat und warum ich das so angegangen habe."

Paula nahm die Schubkarre und leerte sie auf den Miststock. „Ich schon, du hattest ja keine andere Möglichkeit mit diesem Psycho. Er hat sich ja so oft es nur ging mit den Jungs in den Wohnwagen gesperrt. Was macht er eigentlich dort drin?"

Wir liefen zum Stall und begannen, die Pferdeäpfel des Auslaufes zusammenzukehren. Ich war irgendwie einfach nur leer. Ich fühlte gerade gar nichts, keine Emotionen, nix. „Übrigens habe ich hier die ganze Arbeit gemacht. Sec war gar nicht da."

„Was? Er war gar nicht da? Wie meinst du das?"

„Er fragte mich, ob ich den Stall machen würde. Wie ich halt bin, habe ich Ja gesagt. Und dann war er tagelang weg. So wie ich das sagen kann, war er auch in der Nacht weg. Die Hunde waren zumindest nicht da."

Nun wurde es spannend. Wo war er denn bitte schön gewesen? Und vor allem, was hatte er mit den Hunden gemacht? Ich merkte, wie die Abneigung in mir wieder wuchs. „So ein Mistkerl! Und mir hat er gleich in den ersten Minuten, kaum dass ich zurück war, zu verstehen gegeben, er hätte sich hier zu Tode geschuftet, während ich mir ein schönes Leben gemacht hätte." Immer schön auf mich draufhauen. Mir bloß nichts gönnen.

Nun war ich echt irritiert. Wie konnte ich herausfinden, was er in dieser Zeit gemacht hatte? Fragen brauchte ich Sec gar nicht erst. Er hätte mir nie die Wahrheit gesagt. Ich hatte sowieso das Gefühl, dass dieses Wort ein Fremdwort für ihn war.

Zu Hause blieb alles beim Alten. Ich war entweder im Stall oder auf der Arbeit. Die Kinder verwüsteten weiterhin das Haus. Wenn ich zu Hause war, putzte ich morgens bis abends. Sec rauchte, saß vor dem PC, verschloss sich im Wohnwagen oder war weg. Die Zigarettenstummel warf er überall, wo er gerade ging und stand, auf den Boden. Es war wie immer, nicht zum Aushalten.

Ein paar Tage später, als ich von der Arbeit nach Hause fahren wollte, musste ich noch an die Tankstelle. Zwischen den Raviolibüchsen und den Spaghetti schaute mich plötzlich jemand lächelnd an. Es war Rita, eine alte Bekannte von Sec. Um es genauer zu sagen, seine Friseurin, die er schon seit sicherlich 20 Jahren hatte. Ihr Mann war ein Jugendkumpel von Sec.
„Hey, schon lange nicht mehr gesehen." Sie lief mir mit offenen Armen entgegen. „Schade, dass ihr nicht zum Geburtstag meines Mannes kommen konntet." Ich musste überlegen. Wann hatte Ritas Mann wieder Geburtstag? Ach ja, erinnerte ich mich wieder, es war der 1. August. Ganz einfach zu merken, da der 1. August in der Schweiz ein großer Feiertag ist. „Ja, ich war mit den Kids in den Ferien. Aber Sec war eigentlich zu Hause." „Komm, lass uns doch kurz hier einen Kaffee trinken, schließlich haben wir uns schon ewig nicht gesehen." Warum nicht?, dachte ich mir. Ich mochte sie, obwohl ich sehr wenig Kontakt mit ihr hatte. Ihren Mann mochte ich auch sehr, obwohl er eher Secs Freund war. Und was erwartete mich schon zu Hause? Riesenchaos im Haus? Schweinerei im Stall? Genau das. „Okay, aber ich kann nicht zu lange, ich muss noch in den Stall und die Hunde müssen auch noch raus."

Wir setzten uns in die Kaffeeecke der Tankstelle. „Nein, Sec kam auch nicht. Wir haben ihn eingeladen, aber er hat geschrieben, dass er in der Tschechei ist." Der Kaffee wurde serviert und ich schaute in den schönen weißen Schaum mit der Herzform. Hm, Herz. In mir war alles kalt.

„In der Tschechei? Schräg. Er hätte eigentlich die Stellung halten sollen. Die Hunde, der Stall, das Haus, das wäre sein Job gewesen." Rita schaute mich mit einem Schaumschnauz an. „Euch geht es gerade nicht so gut miteinander, oder?"

Das konnte man wohl laut sagen.

„Nein, nicht wirklich." Ich holte tief Luft und erzählte Rita von unseren Problemen. Dass wir getrennt voneinander Ferien machten, dass zwischen uns keine Gespräche mehr stattfanden, keine Zärtlichkeiten, der Wohnwagen und so weiter.

„Das sind keine Kinkerlitzchen. Meine Güte. Ich dachte schon immer, dass er irgendwie schräg drauf ist, aber gleich so?!"

„Glaub mir, es ist noch viel schlimmer. Das kann man gar nicht beschreiben."

Rita erzählte mir, dass ihr Mann vor einigen Wochen nach Hause kam und anscheinend Sec in der Stadt gesehen habe. „Er spazierte mit einer Frau durch die Einkaufsgasse. Sie hatte ganz lange schwarze Haare. Sec hat meinen Mann aber nicht gesehen."

Nun kämpfte ich mit dem Schaum um den Mund. Was hatte das zu bedeuten?

„Das war allerdings sicherlich vor zwei oder sogar drei Monaten", ergänzte Rita.

Warum hatten Rita und ich uns aus den Augen verloren? Sie schien echt nett zu sein. Und was sie über Sec erzählte, war mir inzwischen echt egal. Wir quasselten noch ein Weilchen, aber dann musste ich wirklich los.

Später standen Paula und ich wieder beim Miststock. „Das muss ich dir erzählen", ich konnte es kaum abwarten loszulegen. Ich erzählte Paula von der schwarzhaarigen Frau. „Das ist ja sonnenklar. Der Psycho betrügt dich sicher schon seit Jahren. Wobei ich mich frage, wer den Typen will …" Paula machte eine abschätzige Geste und zündete sich eine Zigarette an. „Was für ein Arschloch! Der war ganz sicher in der Tschechei. Oder bei dieser Tussi. Ja genau, wahrscheinlich hat er den anderen nur gesagt, er wäre in der Tschechei, als Täuschungsmanöver." Paulas redete sich in Rage. Sie konnte gar nicht mehr damit aufhören, die wildesten Theorien aufzustellen.

Ich fühlte mich immer noch leer. Aber langsam machte sich ein anderes Gefühl in mir breit. Ich fühlte mich verarscht. Warum machte ich dem Psycho überhaupt noch den Stall?

Verärgert verschwand Paula in einer Pferdebox.

So hatte also meine beste Freundin, ohne es zu wissen, Sec den Rücken frei gehalten. Von wegen er hätte sich total verausgabt mit dem Ganzen hier. Zudem machte ich das tagtäglich und dies das ganze Jahr, nicht nur zwei Wochen. Aber er machte es ja nicht mal zwei Wochen. Was lief da hinter meinem Rücken?

Sec rief, dass ich ins Haus kommen solle. Er müsse weg und die Kinder müssten ins Bett. „Geht er wieder *arbeiten*? Ja klar, so ein verlogener Typ! Der geht mir dermaßen auf den Sack!" Paula regte sich noch mehr auf.

„Paula, ich würde so gerne herausfinden, was da los war."

„Wenn die Pfeife weg ist, durchsuchen wir sein sogenanntes Büro", fauchte Paula.

So kam es, dass wir einige Zeit später mit Pferdegeruch in seinem Büro herumsuchten. Die Kids waren im Bett und wir hatten freie Bahn.

„Wir können nicht das große Licht anmachen. Wenn er irgendwo ist, sieht er das Licht in seinem Büro von Weitem."

Stinkend, mit zwei Dosen Radler und Taschenlampen, machten wir uns an die Arbeit. Plötzlich mussten wir lachen. „Was machen wir hier eigentlich? Können wir kein Licht machen? Erschießt er uns dann?" Paula hatte recht. Ich machte die Taschenlampe aus und zündete das Licht an. Es war schon sehr grell, dafür sah man aber auch einiges mehr.

„Was ist das hier? Schau mal, irgendwas mit so einer komischen Schrift, irgendeine andere Sprache …" Sie hielt mir einen kleinen Zettel hin. „Das ist es. Dieses Schwein!" „Was? Erzähl …" Paula schaute mich fragend an. „Das ist eine Quittung von einem Hotel in der Tschechei. Was ich lesen kann, ist, dass es für zwei Personen ist. Hier steht ‚mit Frühstück'." Wir sahen einander an. „Und weißt du, was das Beste ist?" Ich konnte es kaum erwarten, es Paula zu erklären. „Das Datum! Es war der Zeitraum vom 28.07.–04.08.!"

Nun brauchte ich etwas Stärkeres zum Trinken. Wir setzen uns in die Küche und redeten noch eine Weile.

„Wie irre ist das denn?! Du hast wegen jeder Kleinigkeit mit M. ein schlechtes Gewissen. Und er? Er hat vermutlich diese doofe Nuss schon länger, als du M. kennst." Nun, das wussten wir nicht so genau. Was wir allerdings wussten, dass Sec heimlich zu zweit im Hotel gewesen war. Und das an meinem Geburtstag.

Plötzlich wurde ich traurig. M. Das war das Stichwort gewesen. Was er wohl gerade machte? Wie toll wir es miteinander gehabt hatten. Dieses unglaubliche Gefühl mit ihm zusammen … Und ich hatte mich auf dem Schiff wie ein Eisklotz benommen. Wofür? Für Sec, der mich betrog? Für Lena, die es nicht gerade schlimm fand, dass wir uns aus dem Weg gingen? Oder für die Jungs, die M noch nicht so gut kannten? Jetzt hatte ich die Schnauze so richtig voll und wollte einfach nur noch ins Bett.

Der Arbeitsalltag war wieder in vollem Gange. Ich sah M. so gut wie gar nicht mehr. Und wenn er mal irgendwo herumlief, dann winkte er mir nur noch von Weitem. Freundlich, aber ohne jegliche Nähe standen wir plötzlich einander gegenüber. *Ich muss mich an diese plötzliche Distanz zu M. gewöhnen*, dachte ich wehmütig.

Zu Hause war ich Aschenputtel. Die böse Schwiegermutter (Sec) leerte mit Absicht zwei Teller mit verschiedenen Samenkörnern auf den Boden. So hatte Aschenputtel wieder genug unnötige Arbeit und somit keine Zeit für sich oder für den Ball mit dem Prinzen.

Na ja, das mit dem Prinzen hatte ich wohl selbst versaut. Das Märchen mit M. war vorbei und ich war wieder bei der bösen „Schwiegermutter". Dieser Gedanke stimmte mich Tag für Tag trauriger. Ich war froh um Sue und Rose, die mich auf der Arbeit ablenkten und aufmunterten. Es wäre sonst nicht zum Aushalten gewesen.

Zu Hause musste ich so tun, als wäre nichts passiert. Sec durfte nicht merken, dass ich mehr wusste. Ich wollte schließlich noch mehr herausfinden. Und so kam es, dass ich einige Tage später bemerkte, dass in jenem berühmten Schrank in Secs Büro der Schlüsselbund im Schloss steckte. Ich traute kaum meinen Augen. Wie fahrlässig! Das war seit 15 Jahren noch nie der Fall gewesen! Ich schaute mich kurz um, wo Sec war. Im Badezimmer schien Licht. Jetzt oder nie. Ich war aufgeregt. Doch es war nicht dasselbe Gefühl wie damals mit Mona. Damals wollte ich auf keinen Fall etwas finden, was uns hätte schaden können. Jetzt war es aber eher so, dass ich froh wäre, wenn ich etwas finden würde. Ich machte vorsichtig die Türe auf. Es hatte so viel Zeug da drin. Das nützte mir jetzt gerade sehr wenig, wo ich auf der Suche war. Mir fehlte die Zeit. Doch dann sah ich es. Es waren Kondome im Schrank. Ein noch nicht geöffnetes und ein angefangenes Pack. Ich wollte die Schranktür gerade wieder zumachen, da sah ich etwas Rotes. Das Familienbüchlein! Man weiß nie, wofür man dieses gebrauchen könnte. Ich nahm es also heraus und schob die Schranktür wieder zu. Die Toilettenspülung ging. Scheiße, Sec!

Ich hielt die Luft an und lief aus dem Büro hinaus in den Stall. Puh! Das Familienbüchlein versteckte ich in meiner Putzbox im Pferdeschrank. Was für ein Tag! Das konnte ich in letzter Zeit andauernd sagen.

Dies war Beweis genug! Schließlich hatten wir schon seit Jahren keinen Sex mehr zusammen. Wozu brauchte ein verheirateter Mann dann Kondome?

Dies reichte mir, um mich zu befreien. Zumindest hatte ich nun endlich kein schlechtes Gewissen mehr. Nun fühlte ich mich nicht mehr wie ein Stück Dreck. Ich sah Sec als Dreck. Dies half mir sehr, mich emotional über Wasser zu halten.

Zuvor hatte ich immer um seine Gunst gekämpft, obwohl wir es nicht gut miteinander hatten. Ich wollte irgendwie beweisen, dass ich auch was wert bin. Vielleicht wollte ich mich auch nicht immer wie ein Stück Dreck fühlen.

Wie ein Stück Dreck fühlte ich mich auch, als auf der Arbeit plötzlich eine alte Frau vor mir stand. Schwarze, kurze Haare, sehr faltiges Gesicht. Die Falten waren nicht nur horizontal, sondern auch vertikal. Sie musste ziemlich alt sein, zumindest vom Gesicht her. Ihre schwarzen Haare waren so schwarz, wie es nur Chinesen haben. Also ziemlich unecht. Sie lächelte mich an, doch ihr Lächeln kam bei mir nicht positiv an. Ihre Augen waren sehr speziell. Eine spezielle Farbe mit vielen braunen Punkten drin. Sie hatte die Augen einer Schlange. Ich wollte sie gerade fragen, wie ich ihr helfen könne, denn ich dachte, es handele sich um eine Besucherin, die eine Firma im Gebäude suche. Doch so weit kam es gar nicht.

„Ja, das war wohl nichts!" Ihr Grinsen wurde noch breiter. „Das hat wohl nicht geklappt mit M. Er hält solche Kinder nicht aus. Das ist gar nichts für ihn. Da musst du halt weiterschauen."

Ich war schockiert. Was laberte die Alte da? Wer war sie überhaupt? In diesem Augenblick sagte sie: „Ich bin die Mami von M. Er hat ganz schön schlecht über dich und deine Kin-

der gesprochen. Du musst das vergessen. Das klappt nicht."
Immer noch grinsend stand sie da. Ich war völlig vor den Kopf
gestoßen. „Tja, mal schauen. Also schönen Tag", erwiderte
ich, drehte mich um und tat so, als müsste ich sofort etwas erledigen. Ich war einfach nur schockiert. Einerseits schämte ich
mich; anderseits spürte ich, wie eine große Wut in mir hoch-
kroch. Wenn ihre Aussagen stimmten und M. so gemein war,
unsere misslungenen Ferien auch noch zu verbreiten, pha …
dann war er bei mir unten durch. Ich war auch nicht gerade
der Meinung, dass es gut gelaufen war mit unserer Kreuzfahrt.
Aber es öffentlich so schlecht darzustellen, das war auch nicht
gerade die feine englische Art. Ich meine, M. und ich hatten
eine sehr spezielle Beziehung zueinander. Die war nicht gespielt. Die war gerade einfach nur durch die Kreuzfahrt ge-
löscht geworden.

„Wer war das denn? Der Teufel?" Sue kam mit einem Sack voller Prospekte um die Ecke. „Nein, die Mutter von M." Sue verdrehte die Augen. „Einen Trost hast du! So eine möchte man
wirklich nicht als Schwiegermutter haben." Ich musste grinsen.
Sie hatte recht. Ich sollte mich beruhigen und es einfach ignorieren. Allerdings hielt ich den ganzen Tag Ausschau nach M.
Wenn ich ihn sehen würde, dann … Dann würde ich ihm die
Meinung sagen. Doch M. tauchte nirgends auf.

Die Tage vergingen. Drei Wochen später, als ich gerade am
Empfang arbeitete, kam M. aus dem Lift. Mit derselben tollen
Ausstrahlung wie früher. Ich merkte, wie ich ihn vermisste. Das
mit seiner Mutter stand zwar noch im Raum, aber ich konnte
mir einfach nicht vorstellen, dass M. dies so vermittelt hatte.
Er wirkte mir gegenüber nicht negativ. Na ja, mal abgesehen
davon, dass wir nicht mehr miteinander plauderten, uns ver-
abredeten oder flirteten.
    Ab und zu ertappte ich ihn, wie er telefonierend in meiner
Nähe herumstand. Ich fragte mich manchmal, ob er es extra

machte und meine Nähe suchte. Ich meine, das Gebäude war groß genug und er hatte ein eigenes Büro. Warum also sollte er in meiner Nähe herumstehen und telefonieren. Aber wir zogen es durch. Keine Nähe mehr. Unter den gegebenen Umständen schien es wohl oder übel das Beste für uns zu sein. Ich redete mir alles Mögliche ein, um die Situation als richtig zu empfinden. Es fiel mir schwer, von M. und dieser Traumwelt wieder zurück in meine dunkle Welt zu gehen. Ich hatte immer gedacht, das Hin und Her sei schwer, also von der dunklen Welt in das Paradies und wieder zurück. Aber es war noch schwerer, wenn man merkte, dass es wieder nur noch die dunkle Welt gab.

Zu Hause fühlte ich mich noch miserabler als zuvor. Es war für mich nicht auszuhalten mit Sec, diesem Tyrannen. Und mir ging jene Quittung nicht aus dem Kopf.

„Lass uns in den Wald gehen, es ist so schönes Wetter", sagte ich zu den Hunden. Der Wald war wieder einmal herrlich. Er fing schon langsam an farbige Blätter zu bekommen. Schon bald würde es wieder richtig Herbst sein, wie die Zeit verging … Der Klingelton meines Handys riss mich aus meinen Gedanken. „Hey, ich bin's, Rita. Hör mal, ich habe gestern mit meinem Mann gesprochen und weißt du was? Du glaubst es nicht!"

Ich war sehr gespannt. Wenn Rita mich anrief und dann auch noch so klang, musste es ein neues Stück des Puzzles sein. „Ich bin ganz Ohr."

„Er hat mir gesagt, dass die zwei damals in der Stadt Hand in Hand spaziert sind." Okay, das war jetzt nicht gerade weltbewegend. „Und jetzt kommt's. Sie hatte einen großen Bauch."

Es wurde still. „Wie jetzt? War sie fett oder schwanger?" Diese Frage war mir einfach so herausgerutscht. „Nein, Nicky! Schwanger!"

Nun haute es mir die Sicherungen raus. „Echt? Ich meine, ist er sich da ganz sicher?!" Rita brummelte daraufhin: „Natürlich ist er sich da ganz sicher. Wir haben selber drei Kinder, schon vergessen? Mein Mann weiß, wie ein Schwangerschaftsbauch aussieht. Glaube mir."

Ich war froh, dass ich allein im Wald war. Ich musste meine Gedanken neu ordnen. Ich fing an zu rechnen. *Wie viel Geld brauche ich, damit ich allein mit den Kids überleben kann? Wie könnte ich das anstellen? Brauche ich einen Mittagstisch? Könnte ich am Empfang meine Anstellung aufstocken?* Unzählige Fragen und Gedanken gingen mir durch den Kopf …

Was mich aber am allermeisten beschäftigte, immer und immer wieder, war, dass ich es auf der Kreuzfahrt vermutlich wegen Sec versaut hatte. Mein Gewissen hatte mich damals nicht losgelassen. Und wofür? Dafür, dass Sec vermutlich schon längst eine andere hatte? Es war zum Heulen.

Ich schrieb Paula an: „Treffpunkt Miststock in 15 Minuten?"
Kurze Zeit später kam zurück: „O. K."

Beim Miststock angekommen, erzählte ich von dem Telefonat. „Krass, wie in einem Film." „Sag mal, Paula, was denkst du darüber? Jetzt mal ganz neutral. Ich weiß, du magst Sec nicht. Aber wie sieht das Ganze für dich als Außenstehende aus?"

Paula musterte mich und nahm einen Schluck aus ihrem Prosecco-Döschen.

„Klarer Fall. Er läuft Hand in Hand mit einer Schwangeren. Sieht so aus, als hätte er diese Tussi schon lange. Ich meine, ein paar Monate schwanger, dann zuvor noch mindestens ein paar Monate Kennenlernphase."

Ich unterbrach sie. „Denkst du, es ist von ihm? Ich meine, das Kind? Ich kann mir nicht vorstellen, dass man eine Schwangere datet, die ein Kind eines anderen im Bauch trägt. So sozial ist kein Typ. Und Sec als Allerletzter!"

Paula trank die Dose leer. „Du sagst es. Außer er hätte es extrem nötig. Das wäre aber völlig unlogisch. Ich denke, die Möglichkeit, dass es von ihm ist, besteht auf alle Fälle."

Doch wer war sie? War sie von der Tschechei? Oder wohnte sie gleich um die Ecke? Wohl eher nicht. Denn welche schwangere Frau teilt ihren Typen mit einer anderen Familie und stellt keine Ansprüche? Außer sie wohnt weit weg und ist nur auf Besuch hier.

Später im Haus traf ich auf Sec, der sich mit seiner Palme auf dem Kopf irgendeine Suppe vor dem Fernseher reinlöffelte.

„Unsere Beziehung ist doch einfach nur scheiße. Warum beenden wir sie nicht einfach." Ich wollte dies nun endlich regeln. Wie oft soll ich noch Schluss machen, bis wir Schluss machen können? Aber Sec ignorierte mich und tat so, als wäre nichts geschehen.

Er wandte den Blick vom Fernseher ab und schaute mich an. „Was ist jetzt wieder? Spinnst du wieder? Vielleicht solltest du dir wirklich Hilfe holen. Ich dachte, nach den Ferien bist du endlich normal. Schließlich habe ich hier die Pferde, Hunde und sonst alles gemacht und trotzdem ist kein positives Resultat ersichtlich."

In mir fing es an zu kochen. *Alles gemacht!* Dass ich nicht lache! Vermutlich eine andere Frau geschwängert, das hatte er *gemacht!* Und mit ihr schöne Ferien im Hotel verbracht, das hatte er *gemacht!* Einfach eine Frechheit, wie er wieder mit mir umging. Aber hatte ich allen Ernstes etwas anderes erwartet?

„Das hat weder etwas mit Paula noch mit meinen angeblichen Schwächen zu tun. Ich habe es dir schon x-mal gesagt: Ich mag nicht mehr. Ich möchte nicht mehr. Lass uns das freundschaftlich regeln." Vielleicht war er ja sogar froh. Vielleicht wollte er nicht der Schwarze Peter sein und war nun froh, dass er die Trennung nun mir anhängen konnte.

„Red nicht so dummes Zeug. Kümmere dich besser um die Kids." Sec nahm den Suppenteller und ging in die Küche. Ich lief ihm nach. „Ich meine es ernst. Du kannst mich nicht einfach monatelang ignorieren. Es ist vorbei und lass uns das jetzt regeln und organisieren."

Doch Sec ignorierte mich, ging vor die Hauseingangstür und zündete sich eine Zigarette an.

Ich hätte schreien können. In mir brodelte es. Dieses Nichternst-Nehmen und Ignorieren, das brachte mein Blut zum Sieden. Verdammt, wie konnte ich einen Ehemann loswerden, der alles ignorierte?! Ich wollte nicht vom Hof weg. Sonst wäre es leichter gewesen. Ich hätte einfach einen guten Moment abwarten müssen und hätte mit den Kids verschwinden können. Aber so … So müsste ich ihn zwingen, auszuziehen. Aber wie?

Für mich war es klar. Sec ist Vergangenheit. Ob mit oder ohne M.

Der Herbst begann und der Wald zeigte sich in seinen schönsten Farben. Einfach herrlich! Das Leben könnte so schön sein … Ich fuhr zur Arbeit.

Der Nachmittag verlief ziemlich ruhig. Es hatte nicht viele Besucher und Rose ging auf ihre Kontrolltour. Ich stand also da und versuchte, die Zeit totzuschlagen. Plötzlich ging der Fahrstuhl auf und M. kam amüsiert mit einer Kundin aus dem Lift und ging ins Bistro. Ich *hoffte* zumindest, dass es eine *Kundin* war. Als mich der Gedanke erfasste, dass es auch seine neue Flamme sein könnte, rutschte mir das Herz in die Hose. Ich konnte die beiden etwas beobachten und merkte schnell, wie toll die Kundin M. fand. Um ehrlich zu sein, ich merkte nicht nur das. In diesem Moment wurde mir bewusst, wie viel Gefühle ich für ihn hatte. Ich hätte die Kundin, oder was auch immer sie war, umbringen können. Immer wieder testete ich mich, um herauszufinden, ob ich M. so toll fand, weil es einfach ein schöner Traum war. Ein Reiz, weil ich es zu Hause nicht gut hatte und er mir alles bot, was ich all die Jahre vermisst hatte. In diesem Augenblick wusste ich endlich die Antwort: Nein, ich hatte jemanden gefunden, der einzigartig zu mir passte. Wer findet schon so jemanden in seinem Leben? Manche finden den „richtigen Menschen" nie im Leben.

Es beunruhigte mich den ganzen Tag. Als ich zu Hause war, wusste ich es. Es wäre für mich unerträglich, wenn er eine andere Frau kennenlernen würde und sie an sich heranließe.

Am nächsten Tag nahm ich meinen ganzen Mut zusammen und schrieb M. ein SMS. Was hatte ich schon zu verlieren? Außer dass er nun schon mit der von gestern anpaddelte? Ich war sehr nervös. Schlimmer als vor jeder Prüfung. Ich saß da, am Empfang, mit meinem Handy in der Hand. Ich fing schon leicht an zu zittern. Ich musste. *Jetzt oder nie! Beweg deinen Arsch!*, schnauzte ich mich selbst an.

„Wie geht es Dir? Würde Dich gerne wiedersehen." Ich drückte auf SENDEN. Oh Gott! War das jetzt falsch gewesen? Hätte ich das mit dem Wiedersehen besser nicht schreiben sollen? War das zu viel? Zu einengend? Zu konkret?

Rose kam um die Ecke. „Könntest du bitte die Kundin dort bedienen? Ich muss auf den Rundgang." Auch das noch! Lieber wäre ich am Handy festgeklebt, bis ich eine Antwort bekommen hätte. Und wenn's Stunden gegangen wäre. Aber das hätte ja auch nicht geholfen. Also machte ich mich freundlich auf den Weg zur Kundin. Als ich vor der Kundin stand und ihr meine Hilfe anbot, erkannte ich sie. Es war die Frau von gestern. Die, mit der M. gestern im Bistro gesessen hatte. Sie sah nicht schlecht aus. Sie war aber um einiges älter als ich, trotzdem sehr gepflegt. „Herr Benz ist nicht zufällig da?"

Würde sie jetzt jeden Tag zu M. kommen, oder was? Ich hatte keine Ahnung, ob M. da war, aber ich wollte sie jetzt nicht schon wieder zusammen sehen. „Nein, Herr Benz ist heute außer Haus. Kann ich Ihnen vielleicht weiterhelfen?"

„Nein danke, ich brauche ihn nicht mehr." Sie drehte sich um und lief davon.

Ich ging zu meinem Platz zurück und stürzte mich auf mein Handy. Ob er schon geantwortet hatte? Was sollte ich machen, wenn M. mich ins Leere laufen ließ? Wenn er einfach nicht mehr zurückschrieb? Vielleicht hatte er mich auch blockiert. Aber es half nichts, ich musste nachschauen.

Gott, war ich nervös! Meine Hände zitterten und ich konnte kaum das SMS lesen. Ich hatte große Angst vor einer Abfuhr. Vor einer Antwort wie: „Mir geht es gut. Danke." Was so viel heißen würde wie: „Vergiss es, Du Problemtante."

Ein SMS war drauf. Und sie war von M. Ich spürte, wie mir das Herz bis zum Halse schlug.

„Ja, gerne. Mittagessen?" Das war seine Antwort und ich war wieder das „Honigkuchenpferd".

Wir fuhren zum See. M. umarmte mich. „Ich habe dich so vermisst." Ich konnte nicht glauben, was ich da gerade hörte und was ich da gerade erlebte.

Ich war der glücklichste Mensch auf der ganzen Welt. Und so ging es weiter mit dem Märchen. Wir konnten einfach nicht ohne einander. Und vor allem: Wir *wollten* nicht mehr mit jemand anderem.

Wir verbrachten viele Mittage und auch ab und zu Abende miteinander. Die gegenseitige Anziehungskraft und die Gefühle füreinander wuchsen stetig. Wir müssten das mit den Kids in Angriff nehmen. Aber wir entschieden uns, diesmal alles ganz langsam anzugehen.

Der Psychopath
schlägt zu

Einige Tage später, als ich zur Arbeit fahren wollte, war das Auto wieder verschlossen und die Autoschlüssel waren wieder plötzlich nicht mehr an meinem Schlüsselbund. Doch dieses mal fand ich auch mein Handy nicht mehr. Mein Laptop hatte Sec ein paar Tage zuvor neu installieren wollen und Back – ups machen wollen. Das war für mich nichts Neues. Er machte als ehemaliger Informatiker solche Sachen in unserem Haushalt. Doch ich hatte ihn bis jetzt nicht zurückbekommen. Jetzt merkte ich, dass mir der Zugang zur Außenwelt abgeschnitten worden war.

Konnte das wirklich sein? Ich meine, vielleicht waren das auch alles Zufälle … Okay, das mit dem Schlüssel nicht. Den musste man mühsam von dem engen Ring meines Schlüsselbunds abschrauben. Aber mein Handy. Na ja, das hatte ich auch schon mal verlegt. Und wie es so ist, meistens ist dann die Lautlosfunktion drin. Doch so harmlos war es leider nicht. Ich versuchte alles herunterzuspielen und machte mich mit den Hunden auf zum Dorfladen. Wenigstens einkaufen konnte ich hier um die Ecke. Später würde ich diese komischen Umstände mit Sec klären. Doch als ich im Dorfladen bezahlen wollte, ging die Karte nicht mehr. Wie doof kam ich mir an der Kasse vor, als ich die Ware zurücklassen musste! Etwas Gutes hatte es dennoch: Die Hunde waren schon mal bewegt worden. Auf dem Heimweg kreischten die Kinder auf dem Pausenplatz des Schulhauses, die Kühe kauten genüsslich am Gras und die Hunde stolzierten vergnügt vor mir her.

Ich durfte nicht mehr alles herunterspielen. Mensch Nicky, wach auf! Sec hatte mir alles entzogen. Aber damit nicht genug. Sogar auf unser gemeinsames Konto, auf das dummerweise mein Lohn überwiesen wurde, hatte ich keinen Zugriff mehr. Zufall? Nein. Nicht einmal der Osterhase glaubt an so viele Zufälle.

Ich stand da mit Tränen in den Augen und merkte, wie hilflos und dumm ich war. Aber ich musste jetzt stark bleiben. Ich wusste nur eins: *Ich darf Sec nicht mehr hinterherkriechen. Ich darf mich nicht mehr von ihm einschüchtern und unterdrücken lassen.*

Ich musste für meine Freiheit kämpfen. Ich merkte nun endlich wieder, was richtig und was falsch war. Monate-, nein, sogar jahrelang hatte ich mir eingeredet: „Ich muss wegen der Kinder bei ihm bleiben. Wir müssen eine Familie bleiben. Das ist das Beste für die Kinder."

Aber das war falsch. Ich realisierte immer mehr, wie psychisch krank mein Mann war und was für eine psychische Gewalt von ihm ausging. Ich wusste plötzlich ganz klar, dass ich für meine

Kinder von ihm wegmusste. Aber wie? Er war so „stark" und ich war nichts mehr. Weder stark noch selbstständig.

Ich rief in der Firma an und meldete mich krank. Was sollte ich machen? Es war zwar die letzte Woche, wo ich dort angestellt war, aber so ein Abgang ist nicht in Ordnung. Mit dem Bus und mit dem Zug hätte ich jedoch ewig gebraucht und ich hatte ja kein Geld.

In der Zwischenzeit hatte ich die Stelle bei M.s Firma angetreten und versuchte mich zu konzentrieren und einzuarbeiten. M. gab mir ein Handy und versprach mir, dass ich ein Geschäftsauto bekommen würde.

Als ich dann eines Abends mit gar nichts mehr dastand, rief ich M. an. Wir machten aus, dass er mich abholen kommen würde und ich dann mit meinem neuen Geschäftsauto wieder nach Hause fahren könnte. Auch ein Handy wollte er mir dann mitgeben. So wäre ich wieder mobil. Handy und Auto waren für mich eine große Erleichterung.

Also ging ich in der Dunkelheit die Straße unseres Hauses hinunter, um am vereinbarten Treffpunkt auf M. zu warten. Da kommt unverhofft ein schwarzer großer Van die Straße hinauf. Es ist Sec, mein Mann, der mit den Kindern nach Hause kommt. Er verlangsamt und lässt das Fenster auf der Fahrerseite hinunter. „Alles klar? Gehst du zum Bus?" Er wartete gar nicht auf meine Antwort und rollte weiter. „Also bis dann." Dreckig grinsend fuhr er die Straße hoch zum Hof. Wie ein „geschlagener Hund" stand ich nun da im dunklen, kalten Abend unter einer hell leuchtenden Straßenlaterne. Wie auf einer Trauerkarte. Eine schwarze Gestalt mit hängendem Kopf in der Dunkelheit unter einer verlassenen Straßenlaterne.

Ich vermisste meine Kinder so sehr, die an mir vorbei fuhren und ohne mich nach Hause gingen. In diesem Moment fuhr eine Kollegin, die bei mir ihr Pferd abgestellt hatte, mit dem Auto vorbei. Sie hielt an und stieg aus. „Hey, kann ich etwas für dich tun? Du tust mir so leid. Er ist so ein Teufel."

Ich machte einen auf gut gelaunt. „Nein danke. Das ist lieb von dir, aber es ist alles in Ordnung. Ich warte hier nur auf meinen Chef. Ich bekomme heute mein Geschäftsauto." Ich lächelte ihr zu und sie stieg ins Auto und fuhr weiter.

Ich habe einige solche Momente erlebt. Ich litt so viele Jahre unter meinem Mann. Aber irgendwie habe ich ihn trotzdem immer entschuldigt und in Schutz genommen. Er war so unerreichbar Ich wusste nicht, was er hatte, aber normal war das alles wirklich nicht.

Einige Tage später konnte ich den Abend mit M. genießen. Sec war weg und Paula schaute nach dem Rechten. M. saß gerade mit dem Laptop auf dem Bett. Plötzlich schaute er mich verdutzt an. Was ist jetzt los?, fragte ich mich. „Lies das mal." Er schwenkte den Laptop zu mir rüber und war einfach nur still.

Auf dem Bildschirm war ein 15 Seiten langer Artikel über psychische Gewalttäter. Unglaublich. All die Jahre wusste ich nicht, was los war, und nun las ich einen Artikel über psychische Gewalttäter und Soziopathen, der wie auf meinen Mann zugeschnitten war. Satz für Satz las ich langsam durch. Und in jedem Satz und in jedem Beispiel erkannte ich Sec.

„Die schreiben über Sec!" M. setzte sich wieder gerade aufs Bett. „Hier, nimm ein Glas Sekt. Weißt du, wenn ich das alles nicht miterlebt hätte, hätte ich dir das nie geglaubt. Aber jetzt weiß ich, was dein Alter ist. Ein Psycho!" „Er ist eben kein Psycho. Na ja, schon, aber das Wort *Psycho* gilt in unserer Umgangssprache einfach als Beschimpfung. Aber er ist eben mehr als das." M. fiel mir ins Wort. „Ja, er ist ein Soziopath, der psychische Gewalt höchstgradig auslebt. Und weißt du, was mich sauer macht?" „Dass dem Opfer niemand glaubt?", fragte ich nach. „Ja, das auch. Aber vor allem, dass überall im Internet steht, dass die psychische Gewalt über der körperlichen Gewalt stehe und sehr schlimm sei. Aber gemacht wird nichts dagegen und geholfen wird auch nicht."

Ich konnte es immer noch kaum glauben. Ein so genialer Artikel. Irgendwo da draußen wusste jemand, was ich erlebte. Ich hatte nicht einfach Eheprobleme. Ich wollte mich nicht trennen, weil wir uns auseinandergelebt hatten. Nein, ich war jahrelang gefangen in den Klauen eines gefährlichen Psychopathen. Ich musste den Artikel gleich Paula senden. Ich war so aufgeregt. Endlich hatte ich die Antwort auf die Frage: *„Was ist eigentlich los mit ihm?"* gefunden!

Es verging eine Weile, dann kam ein SMS von ihr. „Das ist Sec, 99 %!" war ihre Reaktion darauf.

Ja, so war es traurigerweise wirklich.

Was ist psychische Gewalt?

Hier ein kleiner Ausschnitt aus diesem Artikel von re-empowerment.de

Was genau ist psychische Gewalt? Jeder kennt dieses Wort, aber was verbirgt sich konkret dahinter? Wo fängt sie an? Was löst sie aus? Wie kann man sich davon befreien? Kann man einen psychischen Gewalttäter „heilen"?

Psychische Gewalt ist ein feindseliger Angriff auf das Denken, die Psyche, die Wahrnehmung und das Sein des Opfers. Je länger man dieser Gewalt ausgesetzt ist, desto größer werden die Selbstzweifel des Opfers. Die Botschaften und das Verhalten des Täters führen dazu, dass Betroffene an der eigenen Wahrnehmung und am eigenen Verstand zweifeln. Es gehört zur Strategie des „Partners", dem Opfer einzureden, dass es diese Grausamkeiten verdiene; dass es an ihr, also an der Partnerin liege; dass die Beziehung in der Schieflage sei, und es daher auch ihre alleinige Verantwortung sei, dass die Partnerschaft für ihn zufriedenstellender und befriedigender läuft. Dann – und nur dann – könnte er sie anders behandeln.

Destruktive Partner – egal ob sie zuschlagen oder die Partnerin „nur" psychisch/emotional/seelisch oder verbal missbrauchen, misshandeln, quälen, manipulieren etc. – tun dies aufgrund von Selbsthass.

„… aber er liebt mich doch!" Dieser Gedanke hält zahlreiche Betroffene gefangen in einer Beziehungskonstellation, in der die Misshandlungen immer mehr zunehmen.

Erwarten Sie niemals Mitgefühl von einem solchen Partner; dazu ist er nicht willens und nicht fähig!

Wagen Sie bloß nicht, ihn als Gewalttäter zu „outen", auch nicht unter vier Augen. In mehr als neun von zehn Fällen geht der „Schuss" nach hinten los.

Warnung: „Er hat eine Psychotherapie begonnen" heißt in der Regel keine Besserung, sondern das genaue Gegenteil! Etliche Gefühlstäter nehmen zwar professionelle Hilfe in Anspruch, nutzen diese aber als Selbstzweck. Entweder, um ihre manipulativen Tricks zu verfeinern oder, ganz einfach, um den Anschein zu erwecken, sie würden Verantwortung für ihr Verhalten übernehmen und daran arbeiten.

Er „bewaffnet" sich förmlich mit Aussagen und Hilfsstrategien seines Therapeuten, pervertiert sie und setzt sie gegen seine Partnerin ein. Auch eine Paartherapie ist für ihn nicht ein Versuch, die Beziehung aus Liebe wieder ins Lot zu bringen.

Er wird in der Therapie alles so manipulieren, dass der Therapeut Ihnen Ratschläge zur Verbesserung gibt und Sie nun zwei gegen sich haben. Sie werden so irregeführt und denken am Schluss wirklich, dass es doch an Ihnen liegt.

Die subtilen Formen der emotionalen Gewalt, wie z. B. ständiges Kritisieren und/oder Isolation, werden von Betroffenen häufig nicht als solche wahrgenommen. Dies kann daran liegen, dass die Partnerin das Verhalten nicht als emotionale Gewalt identifiziert oder es als Teil der Beziehung in Kauf nimmt.

Es ist ein weitverbreiteter Irrglaube, dass emotionaler Missbrauch nur in Form von Wutausbrüchen und ständigem Geschrei, Abwertung und Dauerkritik auftritt. Respektlosigkeit, Unhöflichkeit, Herablassung, Bevormundung, ständige Kritik, Verurteilung usw. gehören ebenso dazu.

Außenstehende erleben den Gefühlstäter meist als anständigen, erfolgreichen, sensiblen, ruhigen und bestenfalls unauffälligen Menschen. Gegenüber seiner Partnerin ist er jedoch häufig kontrollierend, egozentrisch, überkritisch, zwanghaft, kindisch und bösartig. Seine emotionalen Gewaltakte selbst sind sogar häufig durchsetzt mit der Beteuerung seiner Liebe.

Eines der größten Hindernisse, einen Gefühlstäter zu entlarven, liegt darin, dass ein „erfolgreicher" Gefühlstäter in der Regel hochintelligent und in der Lage ist, seine missbräuchlichen Akte zu verdecken. Viele Gefühlstäter besitzen eine umfangreiche Sammlung von Selbsthilfebüchern und Ratgebern. Oft sind sie belesen und eloquent. Sie wissen, wie sie Menschen und Sprache verbiegen und manipulieren können. Ihr Äußeres wirkt gelassen, sie strahlen eine rationale Selbstkontrolle aus, obwohl sie in Wirklichkeit keinerlei Kontrolle über ihren Schmerz und ihren chaotischen Selbsthass haben. Aus diesem Grund streben sie danach, andere zu kontrollieren und dazu zu bringen, die Kontrolle zu verlieren.

Ein Gefühlstäter kann dich dazu bringen, auszurasten, um zu beweisen, wie gesund er ist, und er kann dir implizit oder explizit eine Nachricht wie die folgende vermitteln: „Siehst du, du rastest schon wieder aus, schreist und heulst. Ich brauche keine professionelle Hilfe. *Du* brauchst sie."

Eine sehr beliebte Strategie dieses Typus ist das „Komm-her-geh-weg"-Spielchen. Er droht subtil damit, dir seine Zuneigung zu entziehen, und lässt entsprechende Sätze fallen, deren Zweck es ist, dich aus dem seelischen Gleichgewicht zu bringen.

Zwar vermittelt der Gefühlstäter den Eindruck, als sei er am Wachstum und an der Entwicklung seiner Partnerin interessiert, als würde er es begrüßen, wenn sie neue Fähigkeiten erlernt und ihren Horizont erweitert. Dennoch ergreift er diverse

Maßnahmen, um ihr Wachstum und ihre Entwicklung auszubremsen oder gänzlich zu verhindern.

Das Problem daran ist, egal was du tust oder sagst, es wird nie genug sein, und es wird ihn nie zufriedenstellen.

Da Missbrauch auf Kontrolle basiert, weiß er, dass er letztendlich die Oberhand dadurch behält, dass er sie in Unsicherheit und Instabilität schmoren lässt.

Gefühlstäter überkompensieren ihren Selbsthass mit einem verdrehten Narzissmus.

Gefühlstäter sind bestrebt, dir jede einzelne deiner Schwächen bewusst zu machen, oft unter dem Deckmäntelchen der vermeintlichen Hilfestellung.

Ein missbräuchlicher Partner wird versuchen, dich von deinen Freunden und deiner Familie zu isolieren. Hierzu kann er sich verschiedener Taktiken bedienen.

Emotionale Täter erwarten weitaus mehr von ihren Partnerinnen, als sie selbst zu geben gewillt sind. Dabei ist es aber letztendlich egal, wie viel er von seiner Partnerin bekommt, es wird nie genug sein.

Das Ungleichgewicht ist, dass sein Beziehungskonzept nicht auf Liebe, sondern vielmehr auf Kontrolle basiert.

Ein solcher Mensch kann nicht lieben. Es klingt hart und unvorstellbar. Es ist aber so. Ein Gefühlstäter liebt weder seine Frau noch seine Kinder noch seine Haustiere.

Sollte die Partnerin beginnen, sich abzugrenzen und unabhängiger zu werden, wird er in der Regel seine missbräuchlichen

Verhaltensweisen verstärken, da ihre Unabhängigkeit für ihn damit gleichzusetzen ist, dass er langsam immer mehr die Kontrolle über seine Partnerin verliert.

Gefühlstäter erwarten, dass sich ihre Partnerinnen für sie ändern. Allerdings ist es völlig egal, wie sehr sie sich ändern (verbiegen), es wird nie genug sein und er wird ihr immer mehr abverlangen.

Dies führt dazu, dass ihr Selbstvertrauen untergraben wird.

Eine weitere beliebte und vor allem ultimativ destruktive Strategie ist es, die Gefühle der Partnerin entweder zu ignorieren, abzuweisen oder desinteressiert zu reagieren.

Sollte ein Gefühlstäter in einer Situation „gefangen" sein, in der es keinen manipulativen oder verbal-aggressiven Ausweg gibt, wird er wahrscheinlich notgedrungen die Mitleidsmasche anwenden.

Vergiss nicht, er tut nichts ohne Grund und ohne Selbstzweck.

Missbräuchliche Partner scheinen bisweilen ein ganzes Reservoir an unterschiedlichen Persönlichkeiten zu besitzen. Wenn du genau hinschaust, wirst du wahrscheinlich feststellen, dass er sich je nach Situation komplett wandelt und sich nicht nur anders verhält, sondern eine gänzlich andere Tonlage und Körpersprache benutzt.

Stalking dient häufig dazu, auch nach einer Trennung noch einen Kontroll-Fix zu erhalten, einfach nur dadurch, dass er ihr weiteres Unbehagen bereiten kann.

Das und vieles mehr ist psychische Gewalt und emotionale Misshandlung.

Endlich hatte ich eine Bestätigung. Endlich durfte ich mir selbst wieder glauben und wusste, dass ich ganz okay bin. Dagegen war Sec kränker, als ich es dachte.

All dies erlebte ich, alles das war mein Mann. Mir wurde immer bewusster, dass ich an der Seite dieses Mannes kein normales Leben leben konnte.

Ich hatte keine normale Partnerschaft. Und auch die Kinder konnten so kein normales Leben führen. Sec war kein normaler Mensch, auf allen Ebenen, dies betraf auch die Vaterrolle.

Nun hatte ich es schwarz auf weiß vor mir. Die ganzen Machenschaften und Eigenschaften meines Mannes standen da geschrieben. Aber nicht nur das stand da geschrieben, sondern auch, dass dieser Typ Mensch als sehr krank, gefährlich und unheilbar gilt.

Adiós

Der Herbst war vorbei und der Winter hielt langsam Einzug. Zu Hause hatte sich nichts geändert. Sec ließ mich immer noch nicht an meine Kinder ran. Er fuhr weg mit ihnen und wenn er nach Hause kam, stieg er sofort mit ihnen wieder in den Wohnwagen. Er brachte sie sogar heimlich seinen Eltern, wenn er keine Zeit oder was anderes vorhatte, aber mir hat er sie nicht überlassen. Jahrelang war ich diejenige gewesen, die in der Nacht für die Kids aufstand. Diejenige, die sogar während des Putzens die Kinder in der Babytrage herumgetragen hat. Tag und Nacht habe ich alles für meine Kinder gemacht. Und plötzlich drehte er es um und ließ mich nicht mehr an sie heran. Wenn ich mich wehrte und zu den Kindern wollte, brauchte es nur ein starkes Zurückstoßen von Sec. Ich hatte keine Chance. Er war einfach stärker und ich fürchtete den Konflikt. Dies machte mich nicht nur traurig, sondern auch sauer. Was dachte der eigentlich, wer er war? Der liebe Gott oder was?, dachte ich wütend.

Als Sec wie stets die Kinder in den Schulbus setzte und wieder ins Haus zurückkam, nahm ich meinen ganzen Mut zusammen und ging zu ihm ins Büro im oberen Stockwerk des Hauses.

„Hör mal zu: Das akzeptiere ich nicht mehr! Ich werde das melden! Du nimmst mir meine Kinder weg! Du sperrst sie in den Wohnwagen! Was weiß ich, was du da mit ihnen machst! Jetzt ist Schluss! Ich gehe zur Polizei. Lass uns einfach in Ruhe. Akzeptiere, dass es vorbei ist!" Mutig stellte ich mich ihm in den Weg.

Sec schaute mich mit zusammengekniffenen Augen an, die Augenbrauen zusammengezogen. Ich konnte ihn nicht einschätzen. Es war ein sehr unangenehmer Moment. Einerseits war ich froh, dass ich den Mund aufgemacht hatte; andererseits hätte ich mich am liebsten gleich wieder zurückgezogen; ein Gefühl der Reue überfiel mich. Nein, Reue ist das falsche Wort. Angst, Furcht kamen in mir hoch.

In diesem Moment packte Sec mich an beiden Oberarmen. Mein Adrenalinspiegel schnellte in die Höhe. „Pass mal auf: Wenn du mir ihm Weg stehst, wirst du mich kennenlernen, und zwar besser, als dir lieb ist!" Sein Gesicht verzerrte sich. Seine Augen, alles an ihm sah plötzlich böse aus. Er musste gar nicht weitersprechen. Sein Gesicht sagte mir gerade Folgendes: *Du bist Abschaum. Undankbarer Abschaum und überhaupt nicht mein Niveau.* Und diesen Gedanken fügte er bestimmt noch hinzu: *Ich hätte dich in der Klinik entsorgen sollen. Ich war so dumm!*

Sein Gesicht bestand nur noch aus Hass und Ekel mir gegenüber. Und in diesem Moment passierte es. Etwas, das unsere ganze Zukunft veränderte. Der Tag war gekommen, an dem eine neue Zukunft begann.

Sec, der mich immer noch an beiden Oberarmen festhielt, schubste mich nach hinten, um mich „aus dem Weg zu räumen". Ich verlor das Gleichgewicht und fiel die lange Holztreppe mit den blauen Teppichaufsetzern hinunter. Zuerst rückwärts – ungefähr in der Hälfte der Treppe konnte ich mich etwas drehen und landete seitlich, dann unten auf der Treppe.

Ich schaute nicht zurück. Ich stand einfach auf und lief den unteren Gang mit den weiß-grauen Platten am Boden entlang. Beim Hauseingang nahm ich meine schwarze dicke Jacke, zog mir die Schuhe an, nahm Puks Leine und ging noch in derselben Minute mit den Hunden aus dem Haus.

Ich hatte nicht einmal meine Schuhbändel gebunden.

Ich lief am Weizenfeld entlang zum Wald hinauf. Ich drehte mich kein einziges Mal um. Ich hatte zu große Angst, dass ich Secs Gestalt hinter mir sehen könnte. Ich wusste, jetzt ist es so weit. Ich darf nicht mehr alles in mich hineinfressen, nur um nach außen hin das Bild einer intakten Familie darzustellen.

Ich wusste auch, dass ich jetzt sowieso nicht mehr zurückkonnte. Es war jetzt nicht mehr möglich, mich – so wie sonst – später Sec wieder unterzuordnen und zu hoffen, dass er mir dies alles verzeihen möge. Ich wusste, dass ich dafür den Bogen zu sehr überspannt hatte.

So dachte ich damals. *Ich habe den Bogen überspannt.* Dabei war es Sec, der den Bogen überspannt hatte! Was sollte er mir denn eigentlich verzeihen?! Diese Masche griff nun nicht mehr. Ich hatte nichts falsch gemacht. Er ist ein Soziopath. Dass wusste ich mittlerweile. Das Einzige, was ich jemals falsch gemacht hatte, war, zuzulassen, dass er Macht über mich hatte.

Ich musste es endlich jemandem erzählen. Und dies war nun die Polizei.

Ich lief bis zum Wald hoch, da ich Angst hatte, er könnte vom Haus aus sehen, dass ich das Handy am Ohr hatte. Im Wald oben angekommen, wählte ich sofort die Nummer der Polizei. „Guten Tag, hier ist Martins. … Nicky Martins." Ich musste schlucken und blickte nervös hinter mich. „Mein Mann hat mich gerade die Treppe hinuntergestoßen." Meine Güte, wie weit war es gekommen? „Wo sind Sie jetzt? Ist er noch bei Ihnen? Können wir Sie treffen?"

Als das Telefonat beendet war, lief ich noch eine ganze Weile mit den Hunden durch den Wald. Es war ein krasses Gefühl.

Ich befand mich inmitten der schönsten Natur. Der Wald roch nach nassem Holz. Die Baumstämme waren teils mit grünem Moos bedeckt. Auf den Blättern sahen die Wassertropfen wie Diamanten aus. Und an den Sträuchern hingen viele wunderschön gesponnene Spinnennetze, die mit winzigen kleinen „Diamanten" benetzt waren.

Puk trug stolz seine Rute hoch und genoss wie immer mit mir den Wald. Auch Pix, sein kleiner Kollege, trabte vergnügt neben uns her und schnüffelte interessiert in den vielen Nischen und Ästen des Waldbodens herum. Die Natur ist so großartig. Und wir Menschen sind so niederträchtig …

Ich nahm alles wie in Zeitlupe wahr, wie aus einer fernen, surrealen Welt. Ich registrierte, dass ich mich gerade in einer wundervollen Umgebung aufhielt und mich gleichzeitig in der Hölle befand. So schlimm und so dunkel war es bis jetzt noch nie in meiner Hölle gewesen.

Plötzlich klingelte mein Handy. Ich fuhr zusammen und hatte einen gefühlten Herzstillstand. Nein, es war nicht Sec. Es war eine Nummer, die ich nicht kannte. Ich nahm ab. Es war die Polizei.

Der Polizist berichtete mir, dass sie in der Zwischenzeit auf dem Hof gewesen seien, aber niemand dort anzutreffen gewesen sei. „Sind Sie unterwegs? Wann sind Sie an unserem Treffpunkt?" Er klang sehr ernst. „Ich schätze mal in zehn Minuten. Ich bin noch im Wald."

Ich lief ein großes Stück durch den Wald, bis ich an dem abgemachten Treffpunkt ankam. Es war ein krasses Gefühl. Der Wald war so friedlich und ich war auf dem Weg zu meinem Ende. So fühlte es sich an. Ich hatte die Polizei gerufen … Dass es so weit hatte kommen müssen … Mir wurde immer bewusster, dass meine Ehe nun wirklich zu Ende war. Ich war so voller Adrenalin, ich hätte heulen und schreien können.

Am Standort angekommen, warteten bereits zwei Polizisten auf mich. Sie kamen auf mich zu und stellten mir im Anschluss viele Fragen.

Kaum war ich mit den Hunden auf dem Heimweg, plagte mich schon wieder mein schlechtes Gewissen. War ich vielleicht doch einen Schritt zu weit gegangen? Er hatte mich die Treppe hinuntergestoßen. Er hatte mich ja nicht umgebracht. Hatte ich überreagiert?

Falls die Polizei ihn nun zu Hause antreffen würde, müsste Sec in den Polizeiwagen einsteigen und mit aufs Revier. Sie fuhren gerade an mir vorbei zum Hof. Ich lief so langsam wie möglich, ich wollte ja nicht auch noch dazukommen.

Wie Sec wohl danach auf mich reagieren würde?

Es war krass, ich sah immer nur meine Schuld. Oder besser gesagt, die Schuld, die mir Sec auflasten würde. Er tat was Böses und ich hatte Angst, dass er auf mich wütend sein würde. Das ist doch schräg, oder? Aber wenn man so tief und so lange drinsteckt, verliert man den klaren Blick. Man verliert auch seinen Selbstwert.

Es nutzte jedoch alles nichts, ich musste endlich wieder lernen, für mich und die Kinder einzustehen. Mich zu wehren, wenn man mir oder den Kindern unrecht tat. Aber die Furcht vor seinen Reaktionen war einfach immer noch sehr groß. Die konnte ich nicht einfach wegzaubern.

Als ich mit den Hunden zu Hause ankam, war niemand mehr zu Hause. Die Zeit verging und es wurde schon langsam Mittag. Ich musste etwas für die Kinder kochen, die schon bald aus dem Kindergarten und der Spielgruppe kommen würden. Doch dafür musste ich zuerst in den Dorfladen. Und da geriet ich in eine weitere unangenehme Situation.

Ich stand vor dem Dorfladen, der sich direkt an der Ortsstraße befindet. Vor dem Eingang waren Vogelfuttersäcke und Holz für den Feuerofen gestapelt. Ein Auto fuhr vorbei.

Aus dem Reflex heraus drehte ich mich um und schaute, wer da vorbeifuhr.

Mein Gesicht erstarrte. Es war ein Polizeibus und im hinteren Teil des Wagens, der mit Gittern ausgestattet war, saß Sec und sah mich ebenfalls an.

Es war schrecklich. Was würde wohl passieren, wenn ich Sec wiederbegegnen würde?

Später rief mich die Polizei an und teilte mir mit, dass sie mich abholen und in die Rechtsmedizin bringen würden. Ich hatte nichts dagegen, aber ich befand dies nicht als notwendig. Ich spürte immer noch nichts. Ich hatte keine Schmerzen vom Sturz und deshalb fand ich das alles etwas übertrieben. Aber wenn die Polizei mich dazu aufforderte, dann musste ich da wohl hin.

Als mich die Ärztin in der Rechtsmedizin untersuchte, war da allerdings doch ziemlich viel. Sie nahm Maß von meinen Blutergüssen und Schürfungen und machte Fotos davon. Es war inzwischen schon 17.00 Uhr und ich hatte den ganzen Tag weder etwas gegessen noch etwas getrunken. Erst als der Untersuch vorbei war, merkte ich langsam, dass mein ganzer Körper zu schmerzen anfing.

Sec war in der Zwischenzeit wieder zu Hause, damit er auf die Kinder und Hunde aufpassen konnte. Der Polizist fuhr mit mir wieder zurück in Richtung Polizeiposten.

Auf der Fahrt rief mich die Kinderschutzbehörde an und teilte mir mit, dass ich mir einen anderen „Unterschlupf" suchen solle. Mein Mann könne mit den Kindern zu Hause bleiben. Da fühlte ich mich das erste Mal von den Behörden veräppelt. Wieso musste ich als „Opfer" von zu Hause weg? Warum konnte er als „Täter" mit den Kindern zu Hause bleiben?!

Ich erklärte der Dame am anderen Ende der Leitung: „Nein, damit bin ich nicht einverstanden. Ich möchte nach Hause zu meinen Kindern und zu den Hunden. Ich möchte nach dem Rechten schauen. Mein Mann kann ja weg und zu einem seiner Freunde. Die Kinder, Pferde und Hunde brauchen mich. Ohne mich läuft es dort sowieso nicht gut."

Da erwiderte sie ganz schroff: „Hören Sie, wenn es Ihnen nicht passt, können wir die Kinder auch fremdplatzieren. Zum Beispiel im Spital oder in der Kinderklinik."

Ich traute meinen Ohren nicht! Wie sprach die mit mir? Diese Aussage fuhr mir durch Mark und Bein! So etwas wollte ich meinen Kindern auf keinen Fall antun. Also gab ich ohne große Diskussion nach.

Ich fühlte mich echt mies. Ich hatte einen schlimmen Tag hinter mir, hatte Gewalt erlebt und als Strafe wurden mir nun wieder meine eigenen Kinder entzogen und meinem Mann übergeben?! Was für eine Sch…

Spätabends kam ich zu Hause bei M. an. Wir aßen was Feines und redeten und redeten. Ich hatte ein komisches Gefühl. Es war das erste Mal, dass ich bei M. war und gar nicht froh darüber war, mit ihm allein zu sein. Ich fühlte mich so leer. Ich fühlte mich, wie wenn ich meine Kinder verlieren würde. Zuvor war ich immer froh gewesen, dass M. und ich mal Zeit für uns allein genießen konnten. Aber heute war alles anders. Auch die Blutergüsse an meinem Körper wurden immer blauer und fingen nun so richtig an zu schmerzen.

An den darauf folgenden Tagen regelte die Polizei alles. Da die Gerichtsmedizin bestätigt hatte, dass die Verletzungen und meine Aussagen zum Treppensturz zueinanderpassten, bekam ich für ein Jahr Polizeischutz. Sec durfte sich mir und dem Hof nicht näher als in einem Umkreis von 300 Metern nähern. Die

Polizei begleitete ihn auch, als er seine Koffer packen musste, um auszuziehen.

Nun konnte ich endlich nach Hause. Die Kinder in Empfang nehmen, die nach dem Kindergarten nach Hause kamen.

Plötzlich war ich allein „Herr" des Hofes. Interessanterweise vermissten die Jungs ihren Papa nicht.

Nun war alles einfacher. Ich konnte mit den Jungs und M. etwas unternehmen. Er konnte sogar zu uns kommen. Endlich konnten wir die Kinder und unsere Familien aneinander gewöhnen.

Es lief richtig gut. Ethan fing endlich an, in der Nacht durchzuschlafen. Noch nie hatte er mehrere Stunden am Stück geschlafen. Ganze dreieinhalb Jahre nicht. Auch Lena fühlte sich mit uns wohl und es entwickelte sich eine richtige Patchworkfamilie. Wer hätte das gedacht, nach jener missglückten Kreuzfahrt!

Das erste Treffen
mit Sec

Das war das Ende einer missbräuchlichen Beziehung, die auf Herablassung basierte und mich sehr einsam machte. Es war aber auch der Anfang eines unerbittlichen und unfairen Kampfes.

Vor unserem ersten Treffen bei Gericht hatte ich ziemlich Bammel. Die Auswirkungen seiner psychischen Gewalt waren so groß, dass ich immer noch das Gefühl hatte, *ich darf nichts, ich bin nichts* – und das obwohl ich in der Zwischenzeit einige Monate von ihm getrennt lebte.

Ich parkierte bei der Post, da ich noch genügend Zeit hatte, um ein Paket aufzugeben. Da stand ich nun, in der Warteschlange im Postgebäude. Ständig musste ich auf die Uhr schauen. *Was geht denn da so lange? Ich muss schließlich zum Gericht,* wurde ich nervös. Zu spät zu kommen, würde überhaupt nicht gut ankommen. Draußen tönte ein Auto. Den Klang erkannte ich sofort. Es war Sec. Mir fuhr ein kalter Schauer über den Rücken. O nein, ich hatte so gar kein Lust, ihm zu begegnen. Seit dem Treppensturz hatten wir uns nicht mehr gesehen. Endlich war ich an der Reihe und gab mein Paket auf. Gleichzeitig merkte ich, wie es mir immer weniger wohl war. Mir war sogar schlecht.

Ich regte mich aber über mich selbst auf. *Warum hast du immer noch so große Angst vor diesem Typen? Du bist frei! Zumindest bist du ihm keine Rechenschaft mehr schuldig. Du kannst tun und lassen, was du willst.* Er durfte nicht mal mehr in meine Nähe kommen. Er konnte mir auch nicht mehr seinen Willen aufdrücken. Nichts konnte er mehr. Keine Unterdrückung.

Und doch fühlte ich mich in seiner Gegenwart immer wie ein kleines Kind. Klein und zerbrechlich. Das nervte mich sehr.

Verdammt, reiß dich zusammen!, schnauzte ich mich selbst beim Hinausgehen an. „Wie meinen Sie?" Eine kleine ältere Dame lächelte mich fragend an. „Äh, einen schönen Tag wünsche ich Ihnen." Sichtlich erfreut, nickte die Dame mir zu. In Gedanken vertieft lief ich Richtung Gericht.

Sei stolz auf dich! Du hast ein Luxusleben mit einem Traumtypen! Du hast einen guten Job und zwei immer tollere Jungs! Mittlerweile wussten auch sie, wie sie sich zu benehmen hatten.

Mit erhobenem Haupt und so cool wie möglich lief ich von der Post über die Straße in das Gerichtsgebäude, wo auch schon mein Anwalt auf mich wartete.

Da stand nicht nur mein Anwalt. Da stand auch Sec. Er hatte einen Anzug an. Denjenigen, den er vor 20 Jahren in einem Warenhaus mit fünfzig Prozent Rabatt gekauft hatte. Die Haare hatte er zu meinem Erstaunen abgeschnitten. Nichts mehr mit Palme auf dem Kopf. Dafür konnte man jetzt nicht erkennen, ob er fettige Haare hatte oder ob er sie mit Gel nach hinten gekämmt hatte. Er sah aus wie ein ungepflegtes Mafiamitglied. *Was hab ich bloß an ihm gefunden?*

Wir sprachen nicht miteinander und schon kurze Zeit später konnten wir in den Gerichtssaal, wo wir ziemlich weit auseinandersaßen. So schlimm war unsere erste Begegnung also gar nicht.

In der Gerichtsverhandlung kamen dann die schlimmsten Lügen und Forderungen vonseiten Secs. Wie hätte es auch anders sein können? Mein Wunsch, die Trennung so unkompliziert wie nur möglich zu vollziehen, war eine Illusion von mir.

Mein Anwalt schlug als Erstes vor, dass die Kinder bei mir lebten und ich eines der beiden Autos nutzen konnte. Für die Kinder erhob er Anspruch auf die minimalen Alimente. Auf alles Weitere würden wir verzichten. Fairer und unkomplizierter hätte man es nicht angehen können. Wenn Sec diese Vereinbarung unterschrieben hätte, wären wir getrennt gewesen.

Doch seine Forderungen waren so dreist, dass eine unkomplizierte und schnelle Scheidung in weite Ferne rückte.

Zum Beispiel forderte er:
- Er übernimmt die Kinder und ich muss ihm monatlich 5'000.– CHF Unterhalt bezahlen.
- Ich darf meine Kinder 1 × im Monat einen Nachmittag lang sehen, und das nur unter Aufsicht.

Völlig irre waren diese ganzen Auflistungen. Dies war alles andere als realistisch. Mich wunderte es, dass der Richter sich überhaupt mit so irrationalen Forderungen abgab.

Tragisch an diesem Gerichtstermin war des Weiteren, dass der Richter nicht wusste, wem er die Obhut der Kinder zuteilen sollte. Sec hatte sich so eine verlogene Geschichte erdacht, dass der Richter unsicher wurde. „Ich habe hier Tonbandaufnahmen, die beweisen, dass meine Frau die Kinder würgt und schlägt." Wie bitte?! Was laberte Sec da? Er übergab dem Richter ein Paket und ein dickes Kuvert voller Unterlagen. „Ich habe die ganzen Tonbandaufnahmen als Text auf Papier geschrieben. Sie können dies hier also auch lesen, wenn sie es nicht hören können." Dreckig grinsend lief er vom Richterpult wieder zurück zu seinem Platz.

Was für ein mieses Schwein! Nie hatte ich meine Kinder auf irgendeine Weise misshandelt.

Jetzt wusste ich, was er nächtelang im Wohnwagen gemacht hatte. Er schnitt Tonbandaufnahmen zusammen, die er täglich von mir und den Kindern machte. Er hatte sich ein ganzes Tonstudio im Wohnwagen eingerichtet. Als Musiker und Produzent, wie er sich selbst nannte, hatte er die Mittel und das nötige Wissen, um Aufnahmen zusammenzuschneiden, wie es ihm passte. Diese heimlichen Aufnahmen mit seinem Handy hatte er über ein Jahr lang gemacht. Ganz bewusst provozierte er mich, um damit eine Person aufnehmen zu können, die genervt war. Die auch mal ausflippte und ihm sagte, was sie von ihm dachte. Die Kinder waren unter Dauerstress und weinten täglich mehrmals. Somit war es für ihn ein Leichtes, weinende Kinder aufzunehmen. Mit dem Zusammenschneiden ergab das alles dann Aufnahmen, wo man mich ausflippen und schimpfen und danach die Kinder weinen hörte.

Er hatte sich also heimlich über ein Jahr die Mühe gemacht, selbst gefertigte Beweismittel herzustellen. Wie krank er doch war! Ich hätte ihn anspucken können. Wie krank muss man sein, über so lange Zeit einen solchen Aufwand zu betreiben? Vor allem, wie krank muss man sein, jemandem so was antun zu wollen? Und ich blöde Kuh hatte ein schlechtes Gewissen, weil ich der Polizei den Treppensturz gemeldet hatte! Ich war schon drauf und dran gewesen, es zu Secs Schutz wieder zu verharmlosen. Und jetzt das!

Ich saß da wie eine Psychopathin. Wie eine Schwerverbrecherin.

„Einspruch, Herr Richter. Dies sind nicht zugelassene Beweismittel. Weder meine Mandantin noch die Kinder meiner Mandantin wussten über das Aufnehmen Bescheid. Somit sind diese Beweismittel nichtig."

Der Richter runzelte die Stirn. „Wie viele Aufnahmen sind das?"

„Sechsunddreißig", berichtete Sec stolz. Der Richter schaute in die Luft und dachte weiter nach. „Und in welchem Zeitraum sind diese gemacht worden?"

„Circa eineinhalb Jahre. Also bis da, wo ich wegen Frau Martins ausziehen musste." Ich spürte, dass Sec zu mir herüberschaute. Ich schaute weiterhin geradeaus zum Richter. *Zum Glück musstest du endlich ausziehen, sonst hättest du nochmals 36 Aufnahmen gebastelt. Du, du …* Ich musste aufpassen, dass ich nicht die Beherrschung verlor.

„Sie wussten nichts davon?" Der Richter schaute nun zu mir. „Nein, natürlich nicht." So eine doofe Frage. Stellte der Richter sich nun doof?

„Was sagen Sie dazu? Wie können solche Aufnahmen entstehen?"

„Keine Ahnung, aber für jemanden, der zu Hause ein Tonstudio installiert hat und weiß, wie man Musik schneidet und verändert, sollte das kein Problem sein." Wieder machte der Richter eine Geste, wie wenn er darüber nachdenken müsste. „Mit anderen Worten: Sie behaupten, dass er diese Tonbandaufnahmen manipuliert hat?"

„Dies behaupte ich nicht nur, dies ist so."

Sec schnaubte drei Stühle weiter drüben. „Aber immer noch, Herr Richter. Diese Beweismittel sind nicht zugelassen, da die Betroffenen nichts davon wussten", klärte mein Anwalt zum zweiten Mal auf. „Ja, ja, schon gut. Aber wie kommt es denn überhaupt zu solchen Aufnahmen, Frau Martins?"

„Mein Mann ist ein Künstler der Provokation. Unsere Beziehung war sehr mies. Er ließ zum Beispiel die Kinder ihre Suppe ausleeren, sodass die ganzen Stühle und der Fußboden verklebt waren. Dies ließ er dann so, bis ich müde von der Arbeit heimkam. Da gab es dann schon Situationen, in denen ich ausgerastet bin. Er behandelte mich wie Dreck. Und dann so was aufzunehmen und das Kinderweinen anzuhängen …" Ich musste nicht weiterreden. Der Richter klemmte ab. Als Beweismittel wurden die Aufnahmen dann tatsächlich nicht zugelassen. Aber es verunsicherte den Richter trotzdem und so kam es, dass er entschied, dass wir vier Monate lang von einer Institution begleitet werden sollten, die am Schluss einen Bericht an das Gericht schreiben und ihre Empfehlung abgeben würde, wer die Obhut bekommen sollte.

Ich dachte, ich bin im „falschen Film". Einerseits kam ich mir wieder einmal vor wie ein Stück Dreck und anderseits wie eine „Schwerverbrecherin". Vier Monate lang sollte ich begleitet werden und am Schluss sollte irgendein Fremder entscheiden, ob ich meine eigenen Kinder behalten darf?! Ich war geschockt!

Ich durchschaute Secs Muster ganz klar. Wozu diese Begutachtung nach vier Monaten? Sec wollte die Obhut der Kinder nur, damit er weiterhin herumhängen könnte und ich ihn weiterhin „durchfütterte". Schließlich war es die letzten Jahre so gelaufen. Und jetzt sollte es eben „aus der Ferne" geschehen. Er wollte die Obhut der Kinder nicht aus Liebe, sondern wieder aus Faulheit. Das wäre perfekt für ihn. So könnte er weiter seinem Hobby, dem Nichtstun, frönen, während ich mir den Arsch aufreiße und ihn finanziere. So sah seine Strategie aus. Aber da es als Vater nicht so einfach war, die Obhut zu bekommen, die normalerweise automatisch an die Mutter geht, musste er schwereres Geschütz auffahren.

Ich dachte an seine Eltern, die ihn vergötterten. Was für eine Schande! Wenn jemand ihnen doch mal erzählen könnte, wie die Wahrheit wirklich aussah! Dass ihr geliebter Sohn schon seit 15 Jahren nicht mehr arbeitete. Dass er im Haus und außerhalb des Hauses ein Büro hatte, um groß anzugeben und ihnen den erfolgreichen Mann vorzutäuschen, den es in Wirklichkeit gar nicht gab. Erfolgreicher Mann! Dass ich nicht lache! Ein faules, verlogenes, bösartiges Schwein war er. Die ganzen Jahre hatte ich Sec gedeckt, wenn er seinen Eltern vorlog, wie toll seine Geschäfte laufen würden und wie stressig das alles für ihn wäre.

Jahrelang war ich es, die uns finanzierte. Ohne die Pferde hätten wir nicht gratis wohnen können. Die Arbeit mit ihnen hatte aber nur ich. Mit meinem 50-Prozent-Job konnten wir die restlichen Kosten abdecken. Und er? Er war beschäftigt mit seinem Hobby, ein „Rockstar" zu sein, den niemand kennt. Mit Nichtstun an Geld zu kommen, war sein zweites Hobby. Deshalb war er auch schon einen Monat in Untersuchungshaft gewesen und war vor dem Bundesgericht wegen Betrugs verurteilt worden. Aber all das interessierte die Eltern nicht. Sein drittes Hobby war anscheinend, auch mich zu betrügen und andere zu schwängern. Zumindest zeigten dies sein verschlossener Schrank, die Hotelquittungen, die Kondome und die Liebesbriefe. Sec konnte alles schönreden und war am Schluss immer das arme Opfer. Der Arme, der für Nicky alles gemacht hatte. Der Arme, der zu Unrecht verurteilt wurde.

Die Wahrheit interessierte seine Eltern gar nicht. Sonst hätten sie vielleicht auch mal meine Geschichte hören wollen. Wegzuschauen und sich seine eigene Wahrheit zu basteln, ist natürlich bequemer.

Sec war wirklich ein sehr kranker Mensch. Ich weiß nicht, ob er schon immer krank war und es mit den Jahren immer schlimmer wurde. Aber dass er so krank war, dass es zulasten seiner eigenen Kinder gehen würde, dessen war ich mir nun bewusst.

Das Zweitschlimmste an diesem Gerichtstag war, dass entschieden wurde, dass die Kinder täglich von mir zu ihm wechseln mussten, um jedem von uns fünfzig Prozent gewährleisten zu können. Das Gericht wollte keine Partei ergreifen und befand dies als eine gute Lösung.

Was für eine doofe Entscheidung! Ich kenne keine Verfügung, die Kinder jeden Tag in ein anderes Zuhause jagt. Ein Tag hier, den anderen Tag dort. Wäre es wenigstens eine Woche bei mir und eine Woche bei Sec gewesen, wäre das nicht ganz so zermürbend gewesen. Alles in allem, nicht gerade ein optimales Ergebnis.

Wer bekommt
die Obhut?

Dieses ständige Hin und Her, das über ein halbes Jahr andauerte, war sehr nervenaufreibend. Die Kinder konnten gar nicht „zur Ruhe kommen" und wurden auch ständig gegen mich aufgehetzt. Dazu kam, dass immer die Hälfte der Sachen nicht zurückkam. Ich konnte den Kindern neue Schuhe kaufen und zurück kamen sie mit den zerlöcherten. Oder ich kaufte den Kindern warme Winterjacken und zurück kamen sie mit den alten dünnen Herbstjacken. Und wenn ich Sec sagte, er solle bitte den Kindern zuliebe diese Sachen wieder mitgeben, behauptete er immer, er habe diese nicht.

Dies waren immer Momente, in denen ich eine große Abscheu gegenüber Sec empfand. Ich konnte überhaupt nicht nachvollziehen, wie man seine eigenen Kinder im Winter ohne Pullover, ohne Socken und nur mit einer dünnen Herbstjacke herumlaufen lassen konnte, nur damit er die neuen Pullover, die neuen Socken und die neuen Jacken behalten konnte. Es ging ihm nie um andere. Nicht einmal um seine eigenen Kinder.

Das Hin und Her war wirklich sehr anstrengend. Die Kinder hatten das Gefühl, sie müssten mir nicht gehorchen und könnten gegen mich rebellieren. Wenn ich sie hin und wieder „korrigieren" musste, kamen dann so Sprüche wie „Ja, ja, du lügst eh immer" oder „Papa hat gesagt, bei dir müssen wir blöd tun und nicht zuhören." Die Kinder gegen mich aufzuhetzen, war Secs neustes Hobby.

Dann waren da auch noch die 16 Wochen mit dem Gutachter. Ich kam mir so was von doof vor. Ein fremder Mann saß bei mir zu Hause und beobachtete, was ich mit meinen Kindern machte und was ich mit ihnen redete. Das Schlimme war, dass ich ständig Angst hatte, dass die Kinder mir nicht gehorchen würden und alles im Chaos enden würde, zumal Sec immer ganze Arbeit leistete, damit die Jungs gegen mich waren. Dies war für ihn ja auch ein Leichtes. Er hatte die beiden schließlich jeden zweiten Tag. Dazu kam noch, dass er ein Meister darin war. Nicht umsonst hatte er eine zweijährige Ausbildung zum „Master of Psychology" gemacht.

Natürlich hatte ich auch Angst, dass gegen mich entschieden werden könnte. Es war eine Mischung aus Angst und Wut. Ich konnte es einfach immer noch nicht fassen, dass fremde Personen entscheiden sollten, ob ich meine eigenen Kinder haben durfte! Wenn der Gutachter bei Sec auf Besuch war, machte der einen auf Bilderbuchvater. Er bereitete sich stets vor und kaufte pädagogisch wertvolles Bastelzeug, womit er sich dann während des Besuches mit den Kids beschäftigte. Dies war das erste Mal, dass er überhaupt etwas mit ihnen machte. Sonst war er entweder weg oder einfach nur „anwesend" gewesen. Als ich das nun hörte, kam mir das Würgen. Er stellte sich so dar, dass alle glaubten, er wäre der gute, verlassene, fürsorgliche Ehemann und Vater, der aus großer Liebe und Verantwortungsbewusstsein um seine Kinder kämpfte.

Morgen würde die Kinderpsychologin kommen, die mit dem Gutachter zusammenarbeitete. Als wäre das nicht schon nervig genug, hatte ich in der Zwischenzeit noch ein anderes Problem: Gestern war uns das Heizöl ausgegangen und ich hatte kein Geld, um neues zu kaufen. Sec bezahlte uns die Alimente nicht. Er erhob Rechtsvorschlag und ich kämpfte gerade darum, das Geld bevorschusst zu bekommen. Und wie halt unsere Gesetze so sind, es geht immer im Schneckentempo;

oft dauert es Monate, wenn nicht gar Jahre, bis endlich ein Ergebnis erzielt wird. In der Zwischenzeit interessiert es niemanden, ob man verhungert.

Aber das half ja alles nichts, ich musste schnellstmöglich Heizöl organisieren. Im Haus waren es in der Zwischenzeit nur noch acht Grad Celsius! Ich musste nur herauskriegen, wo Sec das letzte Mal das Heizöl bestellt hatte, dann würde ich dort anrufen.

„Guten Tag, hier ist Martins. Ich würde gerne Heizöl bestellen. Wie immer auf Rechnung. Wann können Sie liefern? Es ist dringend!"

Die Dame am Telefon war sehr freundlich. „Das kann ich heute noch veranlassen, das ist kein Problem. Ich rufe Sie zurück und gebe Ihnen Bescheid, wann der Fahrer kommt."

Yes, das wäre geschafft! „Haben Sie meine Nummer?"

„Ja, alles klar. Bis später."

Ich war erleichtert. Das war ja gerade noch mal gut ausgegangen. Wenn morgen die Psychologin kommen würde, wäre hoffentlich wieder schön warm hier drin.

Doch als der versprochene Anruf nicht kam, fasste ich nach. „Guten Tag, hier ist nochmals Martins, wegen der Bestellung. Ihr Chauffeur hat mich noch nicht kontaktiert."

„Oh, Frau Martins, ich habe Ihren Mann wegen der Lieferung angerufen. Er hat uns aber gesagt, dass er nicht mehr dort wohnt und auch nichts bestellt hat."

Ich hatte es geahnt … „Ja, das stimmt schon, aber ich wohne noch hier und habe es bestellt. Warum rufen Sie nicht mich an? Ich habe Sie doch gefragt, ob Sie meine Nummer haben. Ich war davon ausgegangen, dass Sie diese auf Ihrem Display hatten und notiert haben. Denn Sie haben mit Ja geantwortet."

„Nein, ich habe dann einfach in den alten Bestellungen nachgeschaut und da war anscheinend die Nummer Ihres Mannes drin."

„Okay, aber wann kommt jetzt der Fahrer?"

„Wir können ihn nun nicht mehr heute vorbeischicken. Es ist zu spät. Aber morgen kann er kommen."

Na toll. Echt toll. Und das alles, weil Sec die Bestellung storniert hatte.

„Okay, hören Sie, es ist echt dringend, wir haben es hier sehr kalt im Haus und ich habe kleine Kinder. Kann er wenigstens morgen früh kommen?"

„Ich werde schauen, was ich machen kann. Bitte bedenken Sie aber, dass wir nun die Lieferung nicht auf Rechnung machen können. Da Sie als Neukundin gelten, müssen Sie es dann vor Ort bar bezahlen. Also 1'650.– CHF würde es machen."

Nun wurde ich sauer. Was sollte das jetzt? „Was soll das, bitte? Ich bin keine Neukundin. Ich bin immer noch die Frau von Herrn Martins. Und es ist auch immer noch dieselbe Adresse! Klar?"

„Tut mir leid. Aber ich muss Sie im System als Neukundin registrieren und da können wir keine Rechnung ausstellen. Möchten Sie nun die Lieferung oder nicht?"

Nun stand ich wieder einmal da wie ein „geprügelter Hund". Ich befand mich gerade mit den Hunden mitten im Wald und hätte ein weiteres Mal laut durch den ganzen Wald schreien können – aus Wut und aus Ohnmacht. *Zog dieses Arschloch alle auf seine Seite?* Das fragte ich mich in dieser Zeit sehr oft. Ich beendete das Gespräch ohne Bestellung. Was nun? Die Jungs mussten mit der Winterjacke schlafen und die Bettdecken fühlten sich nicht nur kalt, sondern auch feucht an. Das war echt kein Zustand. Aber Sec interessierte nicht, wie es seinen Kindern ging. Ihm hatten wir diese miserable Situation zu verdanken. Allein ihm. Er wusste genau, was er damit anrichtete.

„Papa, hallo. Du, ich habe ein Problem."

Mein Vater wusste in solchen Situationen immer, was zu tun war. „Hier gibt es nur eine Lösung. Du bestellt jetzt das Heizöl so schnell wie möglich und ich fahre zu dir und bringe das Geld."

Solche Situationen waren mir immer zuwider. Ich war 37 Jahre alt und musste meine Eltern „anpumpen" – sowohl finanziell als auch emotional.

An dem Tag, an dem die Kinderpsychologin zu mir kam, war das Heizöl jedoch erst geliefert worden. Heißt im Klartext: Im Haus herrschte immer noch eine Temperatur von acht Grad Celsius!

„Guten Tag, kommen Sie doch herein. Möchten Sie etwas zu trinken?" Sie hatte kurze Haare und sah eher wie ein halb verhungerter Mann aus. Mit anderen Worten: nicht gerade sehr sympathisch. Sie verschränkte ihre Arme und rieb sie kräftig. Okay, ihr war also nicht entgangen, dass wir es hier drin kalt hatten. „Nein danke."

Wow, gesprächig war sie auch noch. Toll. „Ja, tut mir leid, wir haben leider kein Heizöl mehr gehabt." „Dann müssen Sie es halt rechtzeitig bestellen", fauchte sie mich gleich zu Beginn an. Das war einer dieser Momente, wo ich mich wirklich zusammenreißen musste.

„Das habe ich! Aber Herr Martins hat die Bestellung verhindert. Und somit haben wir jetzt nur mit Ach und Krach – mithilfe meines Vaters – wieder Heizöl." Am liebsten hätte ich dieser Schrulle gesagt, wo der Ausgang ist. Was musste ich mir eigentlich alles gefallen lassen?

Und dann kam wieder einmal „die Höhe". Ich hätte in diesem Moment von ihr Verständnis, vielleicht sogar etwas Mitgefühl erwartet. Oder dass sie ein wenig „hinter die Kulissen" schauen würde. Dass sie sah, dass Sec bösartig war, und sich einen Dreck um seine Kinder scherte. Ja, so etwas hätte ich von ihr erwartet.

Aber nein, sie sagte allen Ernstes zu mir: „Also das ist kein Zustand für die Kinder hier drin. So kann das nicht bleiben. Sonst müssen wir die Kinder dem Vater übergeben."

Und da war es wieder. Dieses Würgen. Ich hatte das Gefühl, keine Luft mehr zu bekommen. Sah denn eigentlich keiner, dass *ich* hier die „arme Sau" war und er der „Teufel"?

„Hören Sie, es ist seine Schuld, okay? Er hat das extra gemacht. Möchten Sie ihm nun als Belohnung auch noch die Kinder bringen? Zudem wird es heute Abend sicherlich schon warm sein. Die Heizung arbeitet bereits."

Was für eine verdorrte Kuh! Der Tag verging relativ schnell und dann war sie endlich wieder weg.

Der neue Alltag war im Gange. Ich hatte es wirklich satt! Ich rannte von Termin zu Termin. Entweder kamen die Begutachter zu mir oder ich musste zu ihnen oder aber ich musste die Kinder zu ihnen bringen. Das war für mich immer eine Qual, da ich merkte, wie belastend das für die Kinder war. Sie hatten auch keine Lust mehr darauf. Und dann war es endlich so weit. Ich konnte es kaum glauben. Das Gutachten war fertig. Die vier Monate waren endlich vorbei.

Das Handy klingelte. Alle im Geschäft schauten mich an. Es war nicht mehr die lockere Stimmung eines Mädelsteams, die ich zuvor gewohnt gewesen war. Ich vermisste Sue und Rose. Ich sah sie zwar am Empfang, aber ich gehörte nun zu einer anderen Firma und das war einfach nicht dasselbe. Obwohl es M.s Firma war, war die Stimmung hier recht stier und kühl. Kein Pep, keine Scherze, kein herzlicher Umgang untereinander.

Am Telefon war mein Anwalt. „Ei, ei, die Empfehlung ist da. Zweiundzwanzig Seiten lang. Das ist selten." Ja, schön für ihn. Aber ich wollte endlich wissen, was drinstand. „Ich sende es Ihnen per Post, dann können Sie es auch lesen. Fakt ist jedenfalls, dass die Empfehlung der Obhut an Sie geht. Gratuliere!"

Puh, in diesem Augenblick fiel mir nicht nur ein Stein vom Herzen. Es war eher ein Felsbrocken. Obwohl ich wusste, dass dies nur eine Empfehlung war, so war ich doch guter Hoffnung, dass der Richter dieser Empfehlung folgen würde.

Leider war in der Zwischenzeit das Gesetz geändert worden. Ab sofort galt, dass das Sorgerecht beiden Elternteilen zu gleichen Teilen zugesprochen wurde, beide hatten also gleichermassen das Sagen. Ein wirklich dummes Gesetz. Wie sollen zwei zerstrittene Eheleute gemeinsam alles regeln, wenn es nicht mal funktionierte, als sie noch zusammen waren? Das war echt ein herber Schlag: von nun an Sec am Hals zu haben, der alles absegnen müsste. Was für Aussichten! Eine Kooperation mit einem Psychopathen, der sich davon ernährt, den anderen leiden zu sehen.

Zumindest war nun dieses Hin und Her vorbei. Die Kinder mussten nicht mehr jeden Tag hin und her wechseln und wohnten ab sofort bei mir. Von nun an wurde es so geregelt, dass sie jedes zweite Wochenende zu ihrem Vater gingen.

Ich musste gleich mit M. in unser Haus-Bistro gehen, um dort auf ein Glas Champagner anzustoßen. Es war ein gutes Gefühl. Ein Etappensieg in einer riesigen Schlacht. Und irgendwie war es doch ein großer Gewinn.

Ich hätte es mir nicht vorstellen können, ohne meine Kinder zu leben. Es war zwar schön und erholsam, mal ein Wochenende „kinderfrei" zu haben, endlich mal Zeit für Zweisamkeit oder für seine Hobbys zu haben; aber wenn ich nicht die Obhut bekommen hätte, wäre ich vermutlich zusammengebrochen. Es hätte sich angefühlt, wie wenn man mir die Hälfte meines Herzens aus dem Leib gerissen hätte. Doch einer Sache war ich mir in diesem Moment noch nicht bewusst: dass der Kampf noch lange nicht zu Ende war! Ich würde noch jede Menge Energie brauchen.

Natürlich waren die Schikanen meines Mannes längst nicht vorbei. Fast täglich schlug ich mich mit übelsten inszenierten Handlungen meines Mannes herum.

Einmal kam eine Mutter eines Jungen, der in denselben Kindergarten wie mein großer Sohn ging, und fragte mich: „Ist das wahr, dass du so lange in einer psychiatrischen Klinik warst? Und wie geht es dir denn jetzt? Ich kann mir vorstellen, dass es für dich nicht gerade einfacher wird als alleinerziehende Mutter."

Wie bitte?! Ich dachte, ich höre nicht richtig. Was für eine psychiatrische Klinik?!

Sie erzählte mir, dass mein Mann dies überall im Dorf und in der Schule verbreitete. Er hatte sogar dem Lehrer die gebastelten Tonbandaufnahmen abgespielt. Ich als krankes Monster! Wieder einmal merkte ich, dass dieser Typ weder ein Gewissen noch ein Herz hatte. Er hatte weder Niveau noch einen Funken Wahrheit in sich.

Ich sagte ihr, dass dies absolut erfunden sei. Sie konnte sich nicht vorstellen, warum er solche Unwahrheiten erzählen sollte. Jetzt war der Moment gekommen, wo es mir zu blöd wurde. Nicht schon wieder wollte ich mich wie ein Stück Dreck fühlen. Schon gar nicht wegen dieses Typen. „Ich muss los. Glaub, was du willst. Eigentlich geht es dich ja auch gar nichts an." Sie verzog das Gesicht.

Viel zu oft hatte ich mich in der Vergangenheit „aus Anstand" zurückgehalten. Damit war jetzt Schluss. Ich würde solche Unterstellungen nicht mehr einfach hinnehmen. Ich bin eine Löwin. Zumindest war ich mal eine und die würde jetzt wieder zu neuem Leben erweckt werden.

Eins war auch klar: Wäre er ein normal arbeitender Vater gewesen, hätte er nie und nimmer so viel Zeit für diese unsauberen Spielchen und diese ellenlangen belästigenden und zusammengedichteten Mails gehabt. Einen ganzen Ordner konnte ich von Secs Mails füllen, wenn ich sie alle ausgedruckt hatte. Alle Aussagen waren verdreht und unwahr.

Neue Beziehung und
Altlasten

Unter der Woche sahen M. und ich uns in der Arbeit, sonst eher nicht. An den Wochenenden, an denen wir die Kids hatten, unternahmen wir immer tolle Sachen. Je nach Wetter gingen wir schlitteln, schwimmen, in den Spielpark und so weiter. Oder wir machten so lustige Sachen wie Schlafen im Heu oder verkleidet im Dunkeln mit den Taschenlampen durch den Wald laufen. Wir hatten eigentlich stets tolle Wochenenden, auch wenn diese für mich immer wieder mit einer großen Anspannung einhergingen. Ich wollte immer, dass sich meine Jungs anständig benahmen. Es war nicht so einfach, zwei Kinder zu handeln, die zuvor ein unkoordiniertes, wirres Leben ohne große Erziehung gewohnt waren. Dies war zwar, seit ich allein mit ihnen wohnte, viel besser geworden. Aber die Zeit davor, wo sie jeden zweiten Tag bei ihrem Vater waren und von ihm aufgestachelt wurden, war auch nicht gerade hilfreich. Auch war die Anspannung zwischen den beiden Jungs oft groß und sie kämpften gegeneinander. Ich wollte mit allen ein angenehmes, stressfreies und harmonisches Wochenende. Und das war sehr schwierig.

Teils war ich zum Wochenende hin so k. o., dass ich einfach nichts abmachen konnte und wollte. Mit den Jungs allein zu Hause zu bleiben, war für mich stressfreier. Zu Hause war ich nicht angespannt, dass sie sich hoffentlich gut benähmen. Überdies genoss und nutzte ich die Zeit mit ihnen. Ich nahm mir viel Zeit für sie. Wir hatten viele schöne gemeinsame Stunden mit guten Gesprächen, Spaziergängen, Ritualen, Knuddeln und endlich etwas mehr Struktur und Harmonie.

Doch es war nicht immer leicht. M. wollte und konnte manchmal nicht verstehen, dass ich nach einer Woche Alltagsstress nun auch noch das Wochenende mit den Kindern allein und ohne ihn verbringen wollte.

„Babee, hör mal. Ich möchte keine Schönwetterbeziehung. Nur alle zwei Wochenenden uns alleine zu treffen und uns sonst nur bei der Arbeit zu sehen – das reicht mir nicht."

Einerseits fand ich seine Aussage sehr schön. Und ich schätzte es sehr, dass er mehr wollte und ihm das nicht reichte. Aber anderseits brauchte ich diese Zeit. Obwohl ich mich dann an diesen Wochenenden oder auch unter der Woche oft „allein" fühlte und ihn vermisste. Mich beschäftigte häufig auch der Gedanke, dass ich das irgendwie trotzdem machen müsste. Ich könnte nicht ewig so weitermachen. Irgendwann müsste ich uns alle zusammenbringen, sonst würde es ja keine gemeinsame Zukunft geben. Aber ich war nun mal völlig ausgelastet und sah momentan keine andere Lösung, auch wenn ich wusste, dass M. unzufrieden mit der Situation war, und ich befürchtete, er könnte das Ganze irgendwann beenden. Mir war bewusst, dass ich irgendwie ein wenig vor dem Ganzen davonlief, aber ich konnte einfach nicht anders und folgte meinem Bauchgefühl.

Dafür „tankten" wir an den Wochenenden, an denen wir nur zu zweit waren, immer kräftig auf. Die waren wirklich alle einfach fantastisch. An diesen Wochenenden, M. nannte sie Inseln, merkten wir immer, wie gut wir miteinander harmonierten. Wir quatschten stundenlang, lachten Tränen, hatten super Sex oder unternahmen tolle Dinge. So etwas kannte ich natürlich nicht. Wir fingen mit einem Champagner-Frühstück an, liefen um den See, fuhren mit dem Schiff zurück und aßen auf dem Schiff zu Mittag. Danach gingen wir ins Wellnessbad und führten schöne Gespräche im Sprudel oder im Dampfbad. Und abends gingen wir ab und zu auch mit Freunden durch die Gassen und genossen Musik in einer coolen Bar.

Meine neue Beziehung war wie ein Märchen. Oft dachte ich: *Kann mich mal bitte jemand zwicken?*

Wir genossen unsere gemeinsame Zeit immens. M. lud mich sehr oft zum Essen oder sogar in die Ferien ein. Einmal waren wir mit vielen Freunden auf Mallorca und feierten M.s Geburtstag. Anfangs dieser tollen Tage auf Mallorca hatte ich Magen-Darm-Probleme. Ich lag im Bett, während alle Freunde unten im Garten der Finca feierten. Ich litt oft unter körperlichen Symptomen Der Druck in mir war einfach immer noch sehr groß. Ich hatte einerseits ein schlechtes Gewissen, dass ich nicht bei meinen Kindern war, und anderseits hatte ich mitunter immer noch das Gefühl, dass ich das alles eigentlich nicht durfte. Ich hatte manchmal immer noch den Druck in mir, dass ich mich ursprünglich für jemanden anderen entschieden hatte. Und dann war ich davongelaufen und führte nun ein besseres Leben.

Es war kein Gefühl, Sec wiederhaben zu wollen. Es war auch keine Reue und auch kein Bedauern. Es war mir auch egal, ob Sec eine Frau hatte und wie die aussah. Es war mir schon damals egal, als Rita mir von dieser Schwangeren erzählt hatte. Es war damals reine Neugier gewesen. Es war sehr schwierig, das M. zu erklären. Er konnte einfach nicht verstehen, dass ich noch an diesem Thema herumgrübelte und es so sehr an mich heranließ, dass ich fast jedes Mal auf irgendeine Weise krank wurde und so unsere gemeinsame Zeit oft auch handicapierte. Ich konnte nichts dafür. Mir war meistens nicht einmal bewusst, dass ich grübelte und dass sich in mir etwas anbahnte. Deshalb machte es mich dann auch traurig und etwas wütend, wenn M. mir immer gleich vorwarf, dass mein Mann mich unterbewusst immer noch in seinen „Klauen" hätte, wenn ich krank wurde. Das nervte mich, weil ich wirklich das Gefühl hatte, dass ich diesmal eine „normale" Grippe oder eine „normale" Magen-Darm-Erkrankung hatte.

M. wiederum war genervt und gekränkt, weil er das Gefühl hatte, dass er alles für mich tat und ich es jetzt tausendmal besser hatte als zuvor, ich aber irgendwie immer noch am „Alten" hing. Ich konnte mir zwar vorstellen, dass dies so aussehen musste. Es war aber nicht so. Nicht eine Sekunde hing ich am Alten. Ich hatte einfach sehr viel zu verarbeiten, und das brauchte Zeit.

Und was ich hier auch erwähnen möchte: Ich meisterte das Ganze ohne psychische Unterstützung (Therapien usw.). M. und einige Kollegen fanden auch, dass ich eine sehr starke Person sei. Sie meinten oft: „Andere wären schon längst in der Klapse mit deinen Problemen und deinen vergangenen 15 Jahren!"

Komischerweise fand ich selbst mich nicht so stark. Das lag vermutlich daran, dass ich zu diesem Zeitpunkt schon sehr erschöpft war. Schließlich war ich von den letzten 15 Jahren Beziehung völlig ausgelaugt. Ich hatte mich sowohl zu Hause mit Haushalt und Pferden als auch im Beruf völlig verausgabt, um unseren Unterhalt zu bestreiten. In diesem Zustand auch noch einen Kampf zu beginnen, wenn man bereits völlig geschafft und nervlich total am Ende ist, ist nicht wirklich ein guter Zeitpunkt. Ein weiterer Grund, dass ich mich nicht so stark fühlte, war sicherlich die Tatsache, dass ich mich zuerst wieder spüren musste. Ich hatte so viele Jahre über mich hinweggelebt, dass ich manchmal das Gefühl hatte, mich gar nicht mehr zu spüren.

Wenn ich das merkte, machte mich das traurig. Was war nur los mit mir? Warum hatte ich mich so kaputtmachen lassen? Warum hatte ich mich nicht genug geliebt, um zu merken, wann ich genug Leidensweg hinter mir hatte? Warum stand ich nicht für meine Rechte und Bedürfnisse ein? Warum nur? Vor dieser Beziehung war ich eine typische Löwin gewesen. Ich stand gerne im Mittelpunkt, ließ mich gerne verwöhnen, konnte gut meinen „Tarif durchgeben" und ließ mir nicht auf der Nase herumtanzen. Was war mit dieser Person geschehen? Wo und wann war diese Person verloren gegangen? Und warum?

Im Nachhinein denke ich, wäre es nicht so weit gekommen, wenn ich einen „normalen" Mann geheiratet hätte. Einen Partner, der „normal" gestrickt ist, vielleicht mit einem handwerklichen Beruf, der auch gerne mal mit Freunden und der Familie im Garten sitzt und ein Bier trinkt. Einen, der auf ein Auto sparen muss und die Ferien gerne mit der Familie verbringt und genießt. Einen, mit dem man streiten und den man lieben kann. Einfach ein ehrlicher und verantwortungsvoller Mann.

Ich denke, wenn man mit so einem Partner auseinandergeht, dann kommt man sich zwar auch in die Haare, aber es besteht eine gewisse Streitkultur und man verträgt sich hinterher auch wider.

Mein Mann war immer sehr bestrebt, überall Geld zu verdienen, ohne etwas dafür zu tun. Er wollte nicht auf ein neues Auto sparen. Nein, er wartete lieber, bis jemand zu nah an seinem Auto vorbeiging, um dann so eine hohe Rechnung für einen nicht vorhandenen Schaden einzufordern, sodass er sich ein neues Auto kaufen konnte.

Oder wenn eine gute Kollegin mit ihrem Pferd aus unserer Pferdepension auszog, schaute er, dass sie noch drei Monate mehr bezahlen musste (Kündigungsfrist) und für Schäden in der Boxe bezahlen musste. Rein rechtlich war das gar nicht korrekt. Bei einem Pferdestall gibt es keine Kündigungsfrist wie bei einer Wohnung. Und welche Schäden? Ging er im alten Stall Kratzspuren suchen? Einfach eine miese Masche.

Einmal ließ er eine andere Kollegin einen großen Schaden am Pferdeanhänger bezahlen. Der tatsächliche Schaden war nur halb so groß, dennoch hätte er dringend behoben werden müssen. Aber mit diesem Geld reparierte er dann nicht den Hänger, sondern verwendete das Geld für sonst was. Vermutlich für seine Hotels in der Tschechei. Oder für eine seiner zwölf Gitarren.

Auch wenn jemand einen Schaden im Stall bezahlte, sackte er das Geld dafür ein und der Stall blieb so, wie er war. Dies hatte zur Folge, dass mit den Jahren langsam alles verkümmerte. Die Pfähle auf der Weide wurden morsch und fingen an zu verfaulen und abzubrechen. Die Tränken waren kaputt oder teils nicht mehr vorhanden. Im Winter wie auch im Sommer war dies schrecklich für mich. Ich musste viel Wasser schleppen und auffüllen oder war am Eispickeln mit meinen kaputten Bandscheiben, während er drinnen vor dem Computer oder Fernseher saß. Die Besitzer der Pensionspferde bezahlten gutes Geld für die Boxen. Natürlich verbrauchte er das Geld für etwas anderes. Und als das Heu ausging, sagte er zu mir: „Tja, ist ja *dein* Stall, *du* wolltest den immer. Da musst du jetzt halt auch schauen, wie du das Geld dafür aufbringst." Einfach ekelhaft! Dass er hierfür eigentlich das Geld von den Einnahmen der Pferdepension investieren sollte, kam ihm überhaupt nicht in den Sinn.

Ein weiteres Beispiel war mein letztes Pferd. Es war ein tolles reininggezogenes Quarterfohlen. Ich habe viel Herzblut in den Kleinen investiert. Gekauft hatte ich ihn, als er sieben Tage alt war. Ich hatte all meine persönlichen Pferdesachen, die ich nicht mehr brauchte, verkauft und mir so das Geld für ihn zusammengespart. Als er dann mit knapp zwei Jahren erkrankte und nur mit tierärztlicher Betreuung hätte überleben können, was mit zusätzlichen monatlichen Ausgaben einhergegangen wäre, wusste ich nicht mehr weiter. Ich ließ ihn zu Hause und auch im Tierspital untersuchen und hatte infolgedessen sehr hohe Rechnungen.

Sec legte mir immer mit einem hämischen Grinsen die Rechnungen auf den Tisch. Wie zum Teufel sollte ich die bezahlen, zumal ich meinen Lohn von meiner 50% Arbeitsstelle und die Einnahmen von der Pferdepension auf unser gemeinsames Haushaltskonto überweisen ließ?! Schließlich brauchten wir dieses Geld zum Überleben, denn Sec steuerte finanziell nichts bei. Im Gegenteil.

Also musste ich mir überlegen, ob ich den Kleinen an die Metzgerei oder an einen guten Menschen verkaufen sollte. Zum Glück fand ich so einen guten Menschen, der mir für das Pferd genau den Betrag gab, den ich brauchte, um die bestehenden Tierarztrechnungen zu bezahlen.

Solche Situationen waren kein Einzelfall. Sie entflammten in mir Gefühle des Hasses, aber auch der Trauer, und sie lösten Sehnsüchte in mir aus. Das war keine Liebe, was mein Mann da seit Jahren mit mir machte. Und das Perverse daran war: Er hatte immer große Freude daran, mich so zu quälen.Mit der Zeit kam noch viel mehr dieser psychischen Gewalt bei meinem Mann zum Vorschein.

Ich denke, dass es so weit mit mir gekommen war, liegt darin begründet, dass er mich jahrelang auf subtile Art und Weise demontierte. Er erhob – und erhebt heute noch – einen Machtanspruch auf mich und die Kinder!

Einerseits wurde ich immer schwächer; anderseits wollte ich an dem Mann festhalten, den ich für die Ehe und meine Kinder „auserlesen" hatte. Ich weiß nicht, ob das löblich oder dumm ist?! Wohl doch eher dumm!

Wieder einmal auf der Insel –
Ferien in Dubai

M. und ich flogen im November nach Dubai. Da war ich noch nie gewesen! Klar, wo war ich denn in meinem „vorherigen Leben" schon?

Am Flughafen angekommen, standen schon die vielen Limousinen da. Ein Araber mit einem anthrazitfarbenen Anzug kam direkt auf uns zu. „Hello, how are you?", begrüßte er uns mit nicht gerade amerikanischem Akzent und packte M.s Koffer. „Follow me, please", fuhr er unverzüglich fort und lief mit eiligen Schritten davon. Äh, was war das denn jetzt gewesen? Ich schaute zu M. hinüber und wir konnten uns vor Lachen fast nicht mehr halten. So etwas hatte ich ja noch nie erlebt! Mein Koffer stand immer noch da. „Das ist hier so. Hier wird nur der Herr bedient. Die Frau kann ihr Zeug selber schleppen", grinste M., nahm meinen Koffer und lief dem Typen hinterher. Dass in diesem Land der Mann immer noch was Besseres ist und die Frau nur „geduldet" wird, hatte ich nicht auf dem Schirm.

Das Wetter war herrlich und auch das Hotel mit dem tollen Meerblick überzeugte uns, als wir endlich unser Zimmer betreten konnten. Ich musste M. einfach mal umarmen. „Juhu, endlich haben wir Zeit füreinander! Zeit ganz für uns alleine, ich freue mich so sehr!", jubelte ich. Er schmunzelte. „Was glaubst du, wie *ich* mich freue! Wir haben es uns auch wirklich verdient. Lass uns noch was Feines essen gehen und die Hotelanlage beschnuppern. Was hältst du davon?" „Yep, das ist eine sehr gute Idee! Ich mache mich nur kurz frisch und aufs Klo muss ich auch."

Kurze Zeit später, mittlerweile war es schon dunkel geworden, saßen wir zu zweit an einem kleinen schmucken Tisch, draußen auf der Terrasse. Das Büfett war gigantisch. Es reichte durchs ganze Restaurant und bot eine Riesenauswahl bis hin zum Dessert. Büfett war mir immer schon das Liebste. Diese Riesenauswahl, alles, was das Herz begehrte! Nicht einen Teller Spaghetti. Nein, vielleicht ein bisschen Spaghetti und dann wieder ein bisschen Risotto und so weiter. Für mich musste es nicht zusammenpassen. Ich wollte essen, wonach es mir gerade gelüstete.

M. bestellte einen Wein und wir machten uns ans Büfett.

Am liebsten hätte ich beim Dessert begonnen und wäre dann vermutlich auch beim Dessert geblieben. Dies wäre allerdings schon etwas auffällig gewesen und zum Rotwein hätte es dann doch nicht so gut gepasst.

Überall waren diese kleinen Tischchen aufgestellt mit bunten Servietten, die wie Schwäne gefaltet waren. Dazu ein kleines Windlicht, das romantisch flackerte. Herrlich, diese Stimmung, und dazu noch so laues Wetter.

Wir hatten endlich wieder einmal Zeit für uns. Und Zeit, um Energie zu tanken. Eben eine „Insel", wie wir es nannten.

Am nächsten Tag mieteten wir einen großen weißen Katamaran. „Herrlich! Schau dir das an!" M. drehte sich um und wollte nun wissen, was ich da so genial fand. „Sieh mal hinter uns, diese riesigen modernen Gebäude, die immer kleiner werden." „Ja, das sieht schon imposant aus. Ach Babee", M. nahm mich in den Arm, „ich genieße es einfach sehr mit dir. Wir haben so ein schönes Leben." Geborgen in seinen Armen und seinen Parfumduft einatmend, dachte ich gerade daran, wie es früher gewesen war. Warum hatte ich das bloß so lange mitgemacht? Ich verstand es immer noch nicht. Stellt man jemanden vor die Wahl „Schokolade oder Zitrone", dann ist ja auch klar, wofür man sich entscheidet. „Alles okay? Bist du wieder in Gedanken?" M. schaute mich etwas skeptisch an. „Nein, ich genieße es gerade." Ich wollte ihn nicht verunsichern, es waren ja auch nur kurze Gedanken, die mir durch den Kopf geschossen waren. Wir saßen am hinteren Ende des Katamarans und stießen mit Champagner an. „Auf uns und unsere Liebe!" M. konnte wirklich romantisch sein. Etwas später ankerten wir vor dem berühmten „Burj al Arab Hotel". Wir grillierten verschiedene Spieße, tranken Champagner und sprangen ins Meer. „Es ist so gigantisch! Wir sind hier im warmen Wasser und etwas weiter befinden sich diese krassen Hotels und riesigen Gebäude. Es fühlt sich alles so irreal an." M. schmunzelte und tauchte ab. Als er wieder hochkam, sagte er: „Das heißt, es gefällt dir?" Was für eine Frage! Abends genossen wir dann wieder die Teelichter-Stimmung auf der Restaurantterrasse.

Am folgenden Tag war es so weit. Wir gingen mit den Delfinen schwimmen. Das war ein Megaerlebnis! Noch nie zuvor hatte ich so was Tolles erlebt! Wunderbar, die Delfine! Diese Gesichter! Wenn sie sprechen könnten, würden sie sicher viel zu erzählen haben. Und wie toll sie sich anfühlten! Wir bekamen Anzüge und Schwimmwesten. Im Anzug kam ich mir irgendwie wie der Delfin vor. Rund und kompakt. Aber es störte mich nicht lange, ich war so mit den verschiedenen Delfinen beschäftigt. Der eine hatte viele Kratzer und Narben. Er musste auch schon viel erlebt haben. Nicht nur uns Menschen passiert viel. Der Erlebnisführer quasselte ziemlich viel auf Englisch. Unter anderem erzählte er uns, dass Delfine die einzigen Tiere seien, die Selbstmord begehen. Das ließ mich schon etwas nachdenklich werden. Wir Menschen sperren sie ein und machen sie psychisch kaputt. Wie schrecklich! Solche Attraktionen sollten überall im offenen Meer angeboten werden. Und wir Touristen sollten Geduld mitbringen und uns darüber im Klaren sein, dass wir vielleicht nicht gleich beim ersten Mal etwas Sensationelles erleben.

Am Abend saßen wir gemütlich auf dem Balkon unseres Zimmers. „Morgen könnten wir in den Wasserpark gehen", schlug ich M. vor und sah ihn fragend an. Ich war gespannt. Wie würde er jetzt reagieren? Wir waren ja keine Kinder mehr und Kinder hatten wir auch keine dabei. „Echt? Möchtest du? Ja, warum nicht?" Dort sollte es eine krasse Rutsche geben, die durchs Haifischbecken ging. Also verbrachten wir den folgenden Tag im Wasserpark. Mit Bikini und Badehose ging's munter los. All die verschiedenen Rutschen hinunter. Es hatte nicht übermäßig viele Menschen, was das Ganze noch amüsanter machte. Kein langes Anstehen. Der Tag verging wie im Flug. „Möchtest du noch einmal rutschen? Ich bin schon ziemlich kaputt." Ich musste zugeben, mir ging es genauso. Ich schlang meine Arme um M. „Lass uns zurück zum Hotel fahren, für mich reicht es auch."

Im Taxi lehnte ich mich auf die Türablage und bestaunte die vielen hohe Gebäude. Ein Gebäude nach dem anderen. Die Sonne strahlte und der Himmel war blau. Einfach nur blau. Keine Wolke. So fühlte ich mich auch gerade. Also nicht blau, aber ohne Wolken. Es ging mir richtig gut. Keine Sorgen, keine Verantwortung. Im Wasserpark hatte ich mich wieder wie 20 gefühlt. Einfach nur Spaß haben. Die Zeit miteinander nutzen und genießen. Kein Gequengel der Kinder, die einem damit mehr oder weniger den Tag versauen. Der eine möchte nicht auf diese Rutsche und der andere möchte nicht allein auf die Toilette. Der eine hat schon wieder Durst und der andere möchte nicht das essen, was es gerade in diesem Restaurant gibt. Ich denke, jeder, der Kinder hat, kennt das. Man geht für viel Geld in einen Park und dann fängt das Theater an. Von der Autofahrt dorthin über die Quengelei im Park bis hin zur Rückkehr zum Auto. Die Taschen wieder ausladen, waschen und so weiter und so fort.

Es war wirklich herrlich! Und das schon die ganzen Tage. Da war nichts und niemand, der ständig etwas von mir wollte oder an meinen Nerven zehrte, sondern einfach nur ich. Ich und meine Bedürfnisse. Wow, wie sich das anhörte! *Meine Bedürfnisse!* Ich spürte tatsächlich wieder, dass ich Bedürfnisse hatte! Wenn dann doch dieses doofe schlechte Gewissen in mir hochkam, musste ich es immer ganz schnell aus meinem Kopf verbannen. *Du hast auch ein Recht darauf, verdammt!*

„Alles okay?" M. schaute mich an, als hätte er mein Murmeln gehört.

„Ja klar. Einfach herrlich, nur wir zwei."

Ich lehnte mich an M.s Schulter und schaute zur anderen Seite aus dem Fenster hinaus, wo die vielen großen Gebäude im Eiltempo an uns vorbeizogen. Warum hatte ich so etwas früher nicht genossen? Als ich noch nicht in den Fängen dieses Psychos war? Warum hatte ich mir das angetan? Immer hatte ich das Gefühl, dies wäre Standard. Es gäbe nichts Besseres. Was war das für eine Irreführung meines Selbst gewesen? Es gibt immer etwas Besseres. Sogar allein zu sein, wäre tausendmal besser gewesen.

Am zweitletzten Abend hatten wir ein Candle-Light-Dinner auf einem Boot gebucht. Doch es kam nicht dazu. An diesem Nachmittag testeten wir den Hotelpool, der direkt am Meer lag. So einen Pool hatte ich auch noch nie gesehen. Na ja, vielleicht im TV. Aber geschwommen war ich in so einem Pool noch nie. Es war mitten im Sand gebaut und nebenan gleich der Strand. Wenn man im Pool war, schaute man direkt aufs Meer. „Schau dir mal die Karte an. Ich weiß schon, was du nimmst", sagte M., der sich gerade mit der Poolbar-Karte beschäftigte, augenzwinkernd. „Ei, diese Drinks, unglaublich!"

„Please?", fragte der indische Barmann mit seinem indischen Akzent und sah uns freundlich abwartend an. Ich hatte die Karte noch gar nicht studiert. „Two piña coladas, please." M. drehte sich zu mir. „Oder?" Klar, was für eine Frage! Dies ist wirklich einer meiner Lieblingsdrinks.

Wir plauderten und tranken einen Drink nach dem anderen. Wir hatten so tolle Gespräche, dass wir gar nicht merkten, wie unsere Gläser immer wieder leer wurden. „Weißt du, wie toll es ist, endlich so mit jemandem reden zu können?" Ich zog gerade an meinem Strohhalm. „Ich meine, mit jemandem so reden zu können, das ist schon Gold wert. Aber so mit seinem Partner reden zu können …" M. grinste und küsste mich. „Das stimmt wirklich. Das konnte ich auch nie. Ich hatte in den Ferien immer nur Stress und Streit mit meiner Ex. Was heißt in den Ferien, zu Hause auch. Tagtäglich!"

Langsam dämmerte es und es wurde etwas frischer. „Wer hätte gedacht, dass wir so perfekt zusammenpassen!" M. war noch voll in der Schwärmphase, als ich meinen Drink endlich leer hatte. „Der wievielte war das jetzt? Der siebte?" „Ja, lass uns mal aus dem Pool gehen. Wir haben sicherlich schon Schwimmhäute zwischen den Zehen."

„Oh, unser romantisches Dinner auf dem Boot! Wie spät ist es?" Die Poolbar-Uhr zeigte 18.00 Uhr. Das würden wir schaffen. Wir mussten erst um 19.30 Uhr bereit sein.

Doch als wir aus dem Pool kletterten, merkten wir es bereits. Wir torkelten aus dem Pool und schwankten Richtung Hotelzimmer, ohne zu merken, dass wir unsere Schuhe und die Badetücher und auch alles andere liegen gelassen hatten. Wir kamen kaum vorwärts. Wir lachten über uns selbst und hatten dann noch mehr Mühe, vorwärtszukommen. „Scheiße, was 'n los, hihihi." M. lief fast in eine große Ayurveda Pflanze hinein. Ich konnte mich kaum halten vor Lachen. Ups, meine Blase. Ich machte mir fast in die Hose. Der Weg kam uns unendlich lange vor. Genau in diesem Moment kam ein Golfcaddy vorbei. „You want drive with me?" Was für eine gute Idee. Das ließ ich mir nicht zweimal sagen und saß hinten auf. M. brauchte etwas länger, bis er im Caddy saß. Zuerst wollte er mit den Füßen rein, aber dann war sein Kopf noch draußen, also entschied er, doch mit dem voran einzusteigen.

Ich durfte nicht zusehen. Ich musste meine Blase kontrollieren. Ein weiterer Lachanfall und es wäre vorbei gewesen. Das Caddy war echt die Rettung. Wir purzelten ins Bett und nach einigen Lachanfällen schliefen wir einfach ein. Wie zwei Tote lagen wir quer im Bett. Als wir am Abend aufwachten, merkten wir, dass das Boot schon abgelegt hatte und wir uns nicht mehr für das Candle-Light-Dinner bereit machen mussten.

„Schade, das wäre sicher schön gewesen." Etwas wehmütig zog ich mich doch an. „Wir gehen jetzt ins Restaurant und machen es uns da gemütlich", sagte M. aufmunternd.

Und so war es dann auch. Ein toller Abend. Nicht nur das.

Es waren wieder einmal tolle Ferien, die uns noch mehr zusammenschweißten.

Psychospielchen – die Sache
mit den Turnschuhen

Zu Hause gab es immer so viel Stress und Psychospielchen, dass wir diese regelmäßigen Ferien richtig brauchten. Ich war mit M. im Paradies. Er reiste genauso gerne wie ich. Und ihn reute das Geld nicht für unsere tollen Auszeiten. Am ersten Ferientag war es so weit. Die beiden Jungs mussten zu Sec. Die Ferien waren gerichtlich so eingeteilt worden. „Gib uns die Turnschuhe mit. Und die dünnen Jacken und …" Sec war immer sehr arrogant und forderte nur. „Nein, du hast bereits Turnschuhe bei dir. Ich musste extra neue kaufen, da du sie letztes Mal behalten hast." „Aber die Jacken und …" Ich ließ Sec nicht ausreden. „Nein! Weißt du auch, was Nein heißt? Vergiss es! Ich bekomme sowieso nichts zurück!" Er grinste hinterlistig und stieg mit den Jungs ins Auto.

Es war immer ein Gefühl der Demütigung in solchen Situationen. Aber ich versuchte abzuschalten und konzentrierte mich auf die kommenden zehn Tage. Zehn Tage auf den Malediven. Ich hatte M. gesagt, dass dies mein Traum wäre, und schon hatte er gebucht. Aber auch in den Ferien hatten wir nicht immer Ruhe vor Sec. Er ließ sich immer mal wieder was einfallen. Zum Beispiel die Geschichte mit den Turnschuhen.

Tim hatte Sporttag. Selbstverständlich machte Sec daraus wieder ein Psychospielchen, um mich in den Ferien zu belästigen. Ich lag gerade auf dem Liegestuhl auf unserer eigenen Terrasse unseres Wasserbungalows, als mein Handy ertönte. „Ich habe keine Turnschuhe für Tim. Bitte bringe sie mir heute noch vorbei." So ein Idiot. Erstens hatte er Turnschuhe für

Tim und zweitens wusste er ganz genau, dass ich in den Ferien war. „Du hast sie, okay! Ansonsten kannst Du welche kaufen gehen. Der Sporttag ist erst morgen." Das war meine Antwort. Ich merkte, wie ich schon wieder angespannt wurde. So, erledigt, dachte ich. Doch kurze Zeit später piepste mein Handy erneut. M. schaute mich schon etwas verärgert an. Ich zögerte etwas und ließ einige Minuten verstreichen, sodass M. nicht das Gefühl hätte, ich renne wegen jeder SMS-Nachricht, die nun kommen würde.

„Du kannst sie in den Milchkasten des Briefkastens tun. Vergiss es bitte nicht! Heute!", schrieb Sec in seiner arroganten, übergriffigen Art.

Ich merkte, wie ich schon innerlich zu kochen begann. Immer dieses Ignorieren. Das machte er inzwischen 15 Jahre mit mir. Ich hatte es so satt!

„Schalt Dein Hirn ein und organisier Deinem Sohn Turnschuhe. Vermutlich musst Du nur den Schrank öffnen." So, und jetzt basta! Ich war mir sehr sicher, dass er Tims Turnschuhe hatte. Die Zeit verging und mein Handy piepste nicht mehr. An diesem Tag war endlich Ruhe. Ich dachte, jetzt ist es gut, er organisiert sich selbst. Schließlich ist er auch Vater und sollte um das Wohl seiner Kids besorgt sein.

Am nächsten Tag kam dann plötzlich ein SMS. „Tim geht es sehr schlecht. Er musste wegen Dir weinen. Er wurde von allen anderen ausgelacht und ist bis jetzt Letzter. Wegen Dir musste er mit den Gummistiefeln auf den Sporttag. Er wird von allen gehänselt und ist schlecht an fast jedem Posten, da er nicht rennen kann."

In diesem Moment dachte ich, ich spinne. Ich konnte es nicht fassen! Was war bloß los? Warum sollte *ich* schuld sein?! Ich war überhaupt nicht schuld! Er hätte genug Zeit gehabt, neue Turnschuhe zu organisieren. Doch dann kamen doch schlechte Gefühle in mir auf. Ich dachte an Tim, der einen Scheißtag hatte durchmachen müssen, während ich mit M. in der Sonne lag. Ich konnte es einfach nicht steuern. Ich wusste zwar, dass es nicht meine Schuld war, doch ich konnte meine schlechten Gefühle nicht von mir wegdrücken. Nun war ich nicht nur angespannt. Ich fühlte mich mies und stellte mir auch noch Tim vor, der sich vor dem ganzen Schulhaus hatte lächerlich machen müssen.

M. versuchte, locker zu sein. Er schenkte mir ein Glas Sekt ein und stellte eine Schale Nüsse hin. Ich merkte, dass auch er angespannt wurde. Wenn mich etwas belastete, war auch er gestresst.

Ich schaute in das klare, paradiesische Wasser und versuchte diese Geschichte von mir fernzuhalten. Ich überlegte und grübelte dann aber doch wieder. Irgendwie traute ich dieser ganzen Situation nicht. Hatte Sec schon mal die Wahrheit gesagt? Nö! Also. Ich war mir so sicher, dass Sec die neuen Turnschuhe von Tim hatte. Ich hatte sie erst kürzlich für Tim gekauft. Sie waren knallgelb mit Orange und Dunkelblau. Leider hatte ich sie nur kurz, denn als Tim am folgenden Besuchswochenende von seinem Vater zurückkam, hatte er die alten Schuhe an. Die, welche sich schon von der Sohle lösten und an der Ferse bereits ein Loch in der Sohle hatten. So löste Sec sein Kleiderproblem. Er zog den Jungs die alten, kaputten Sachen an und beschlagnahmte die anderen, welche die Jungs anhatten.

Abrupt stand ich auf. „Jetzt ist Schluss!" M. schaute mich fragend an. Ich lief in den Bungalow und schnappte mein Handy. Ich wollte jetzt wissen, ob er wieder sein krankes Psychospielchen mit mir trieb. Also rief ich bei meiner Mutter an. „Hallo Mama, alles okay bei dir?", leitete ich ein. „Bei mir ist alles in Ordnung, aber du klingst so komisch. Habt ihr es nicht schön?" Meine Mutter war sofort besorgt. „Doch, aber ich brauche deine Hilfe. Kannst du mir einen Gefallen tun? Ich weiß, es ist echt doof." Ich erklärte ihr meine Problematik.

„Natürlich mache ich das. Ich fahre sofort los. Ich nehme auch den Fotoapparat mit. Ich werde schauen, wie es Tim geht und was er da wirklich anhat." „Tut mir leid, eigentlich ist es voll doof. Jetzt musst du eine Stunde fahren, nur um nachzusehen, und dann wieder eine Stunde zurück. Aber ich möchte jetzt einfach mal wissen, ob dieser Psychopath auch dieses Mal wieder seine Psychospielchen treibt."

Ungefähr eine Stunde später schickte meine Mutter Fotos von Tim am Sporttag, der vergnügt mit den gelb-orange-dunkelblauen Turnschuhen in seiner Gruppe stand. Sec war einfach nur krank! Und keiner merkte es. Was für ein Kreuz! Wie gestört ist das denn? Solche Spielchen würden mir überhaupt nicht in den Sinn kommen. Und dieser Aufwand, den er dafür betrieb! War es ihm so viel wert, mich zu quälen? Anscheinend schon.

Ich überlegte. Dann sendete ich Sec das Foto, das meine Mutter mir soeben gesendet hatte. Darunter schrieb ich: „Du hast ja so recht. Tim sieht richtig traurig aus in seinen Gummistiefeln! Du bist so krank, Du tust mir schon fast leid. Aber nur fast. Vielleicht hast ja Du die Gummistiefel an."

Von diesem Tag an konnte ich endlich die Ferien mit M. genießen. So schräg es auch klingt, aber es war ein gutes Gefühl. Zu wissen, dass ich recht gehabt hatte. Dies war für mich endlich einen Beweis, wie krank mein Noch-Ehemann war. Und natürlich war es auch ein gutes Gefühl, dass Tim das erfundene Leid mit den Gummistiefeln am Sporttag nicht wirklich hatte erleiden müssen. M. war auch wieder relax. Er hatte schon befürchtet, dass Sec unsere Ferien ruinieren würde. Wir genossen jede Minute miteinander.

Unser Zimmerboy war sehr nett und zuvorkommend und ab dem Zeitpunkt, als M. ihm zehn Dollar Trinkgeld gab, machte er alles für uns. Plötzlich war ein neuer Champagner auf dem

Zimmer. Oder er übertraf sich selbst mit der Deko auf dem Bett. Schwäne mit Rosenblüten, Elefanten mit bunten Bonbons … Wir mussten jedes Mal lächeln, wenn wir unseren Bungalow betraten. Und der Bungalow! Ein Traum von einem Bungalow! In der Mitte des Wohnzimmers bestand der Boden aus Glas. In der Nacht konnte man unter dem Bungalow das Licht anmachen und sah somit alles, was unten durchschwamm. In der ersten Nacht, als M. auf die Toilette musste, erschrak er. „Ui, krass. Ist das ein Zeichen?" Ich war gerade eingeschlummert, aber nach diesem Satz wurde ich wieder wach. „Was meinst du?" M. starrte durch den Boden. „Gerade ist ein riesiger Hai unten durchgeschwommen." Blitzschnell stand ich auf. „Wo?" Ich war jetzt hellwach.

Wenn das wahr ist …, dachte ich ziemlich nervös. So nahe war ich noch nie an einem Hai dran gewesen. Und da war er. Eine riesige, dunkle elegante Gestalt. Elegant, wie man es kennt, wedelte er ganz ruhig mit der Schwanzflosse und schwamm unter unseren Füßen durch. „Ich muss raus." Ganz aufgeregt und voller Begeisterung ging ich auf die kleine Terrasse unseres Wasserbungalows hinaus. Doch die Sicht war hier schlecht. Das Meer war stockdunkel. Nur die einen Bungalows hatten ihre Untersicht beleuchtet. Sonst sah man nur ins Schwarze.

Ich ging wieder hinein, setzte mich auf den Boden und betrachtete das glasklare Meer durch den Glasboden. Ich hoffte auf einen weiteren Hai. Doch mit der Zeit wurde ich immer müder und es schwamm nichts unten durch. Also gingen wir wieder ins Bett.

Am nächsten Tag kam wieder unser Zimmerboy. M. erzählte ihm von der nächtlichen Begegnung mit dem Hai. „Sure, this is normal. We feed them and they live here." So viel Englisch konnte ich auch noch. Ich traute meinen Ohren kaum. Sie fütterten die Haie? Die lebten hier? Unter dem Wasserbungalow, oder was? Er erklärte uns, dass sie jeden Abend um 17.00 Uhr den Fischabfall des Restaurants ins Meer warfen und deshalb hier immer Haie zu sehen seien. Und dass dies hier ein offenes Riff sei.

Na super! Waren die nicht ganz dicht?! Wie fahrlässig war das denn?! Die Essensreste ins Wasser werfen! War es eine gute Idee, Haie anzulocken? Vor allem, war es eine gute Idee, Haie in einem Ferienressort anzulocken?

Nein, sie würden die Haie nicht extra anlocken, aber dies sei halt die Folge des Abfalls. Er erklärte uns noch, wo genau das stattfand und dass wir schauen gehen könnten. Wir sollten es aber nicht weitererzählen.

Als der Zimmerboy wieder weg war, schaute ich M. an. „Das heißt also, dass wir nicht mal um unseren Wasserbungalow schwimmen können, weil die Haie auch hier überall sein könnten? Wofür haben wir denn ein Wasserbungalow?"

Ich ging nach draußen. Das Wetter war wie immer perfekt, das Meer glasklar und transparent bis mintfarben. „Wir können schon ins Wasser. Es ist ja so transparent. Wir müssen uns halt etwas umschauen, ob was Dunkles auftaucht." M. klang so ruhig. Diese Story beunruhigte mich schon etwas. Aber er hatte recht. Wenn ich so in das klare Wasser sah und auch noch wusste, wie warm es war, dann konnte man einfach nicht aufs Baden verzichten. Und ich wollte auch gar nicht.

Dennoch: Immer wieder jagte es mir einen kalten Schauer über den Rücken. Dann musste ich schnell die Leiter hochklettern, mich kurz auf die Terrasse setzen und ins klare Wasser schauen. „Es ist nichts. Alles okay. Keine dunklen Gestalten", beruhigte ich mich selbst, stieg die Leiter wieder hinunter und ließ mich ins warme Wasser fallen. Andauernd stellte ich mir innerlich vor, was ich machen müsste, oder besser gesagt, was ich *nicht* machen dürfte, wenn eine dunkle Gestalt käme. Doch sie kam nicht.

Inzwischen war es 16.45 Uhr, als M. mich anschaute. „Willst du zu den Haien?" Irgendwie hatte ich mir gedacht, dass diese Frage heute noch kommen würde. Ich wusste nicht so recht, was ich antworten sollte. Einerseits wusste ich, wenn ich nicht ginge, würde es vermutlich danach an mir nagen und ich hätte das Gefühl, etwas „verpasst" zu haben. Anderseits war ich aber auch nicht lebensmüde. „Klar, mit Schnorchel?" Ohne mit der Wimper zu zucken, war diese Antwort aus mir herausgeschossen. Was zum Geier hatte mich da gerade geritten? Wieso hatte ich das gesagt? „Cool, also ich würde das sehr gerne machen. Hätte nie gedacht, dass du da mitmachst. Hätte keine andere gemacht."

M. packte die Flossen und die Brille mit dem Schnorchel und stand schon bereit. Ich nahm meine Sachen und lief mit M. zum sogenannten geheimen Ort. Ich konnte es nicht fassen, was ich da machte. Klar war es ein cooles Gefühl, M. zu zeigen, dass ich was draufhatte.

Wir liefen den Steg entlang. *Spür nochmals in dich hinein. Spür die Nicky nochmals. Vielleicht ist es das letzte Mal.* Solche Gedanken gingen mir durch den Kopf. Komischerweise wurde ich durch diese Gedanken nicht unsicher. Nein, mein Vorhaben fühlte sich gut an.

Tatsächlich standen da zwei dunkle Gestalten. Es waren aber keine Haie, sondern unser Zimmerboy und noch ein sehr schmaler Typ. Mit Kübeln hantierten sie herum. Der eine gab uns Zeichen und meinte, dass sie jetzt angefangen hätten. Wir könnten schon rein und schnorcheln.

„Willst du wirklich?" M. wirkte nun doch etwas unsicher. „Klar", entgegnete ich, immer noch cool. Wo ich das herhabe, weiß keiner. Wie konnte ich das so cool angehen? Aber ich durfte jetzt nicht weiter darüber nachdenken, sonst hätte ich es vermutlich abgeblasen. Schnorchel auf, Flossen an und ab ging es in Richtung Steg, wo die zwei Typen den Fischabfall hineinwarfen.

So viele Fische hatte ich noch nie auf einmal gesehen, sie bildeten eine richtige Wand! Unzählige schwarze Fische schwammen vor uns. Ich versuchte sie mit meiner Einwegkamera einzufangen. Doch nach jedem Bild musste ich äußerst mühsam an dem Rad drehen, damit ich das nächste Bild machen konnte. Unter Wasser war das Geräusch des Drehens richtig laut. M. paddelte mit seinen Flossen elegant weiter nach rechts und zeigte auf die lustigen durchsichtigen Fische, die ein witziges Gesicht hatten. Die waren aber für meine simple Einwegkamera zu weit weg. Ich hatte nicht einmal einen Zoom. Also vergnügte ich mich weiterhin mit den Hunderten von schwarzen Fischen, die sich wie eine Wand vor mir aufbauten. In diesem Augenblick zischten sämtliche Fische in sämtliche Richtungen. So schnell, dass man sie gar nicht schwimmen sah. Plötzlich war die schwarze Wand vor mir weg. Und da war sie. Die schwarze Gestalt, der Hai. Er schwamm ganz langsam nach links und legte sich auf den Boden und fraß da etwas. Wow, ich drehte fast durch. Ich versuchte Fotos zu knipsen und gleichzeitig an diesem doofen Rad zu drehen. Es nervte mich sehr, dass ich keine richtige Unterwasserkamera hatte. Aus dem rechten Augenwinkel sah ich M., der mit irgendwas herumfuchtelte und dann weiterschwamm. Doch ich sah nur noch den Hai, wie er ruhig da lag. Ich war beeindruckt.

Und da geschah es. Ich weiß nicht, ob er das Geräusch gehört hatte, das ich die ganze Zeit mit dem Aufziehen des Fotoapparats gemacht hatte, oder ob es Zufall war. Er wandte den Kopf und drehte sich zu mir herum. Nun wurde auch mir etwas mulmig, da er nicht mehr als fünf Meter von mir entfernt war. Er schwamm langsam los, auf mich zu. Und zwar pfeifengerade auf mich zu. Ich versuchte, mich rückwärts zu bewegen, blieb aber mit den Flossen an den Korallen hängen. Das Wasser war nicht tief genug, als dass ich tauchend rückwärts hätte paddeln können. *Nicky, nun wird es heikel!*, dachte ich mir. Ich wusste, dass ich nicht wie eine Irre herumzappeln durfte. Umdrehen und davonschwimmen, dazu hatte ich auch keine Lust. Da hatte ich den Typen lieber vor mir statt hinter mir. Zum Glück hatte ich in diesem Moment keine Zeit, mir auch noch die Melodie vom Weißen-Hai-Film vorzustellen, sonst hätte ich ziemlich sicher in die Hose gemacht.

Im letzten Augenblick schwenkte er ganz leicht von mir ab und schwamm einen Meter vor mir, an mir vorbei. Ich sah ihn wie hypnotisiert von der Seite an. Den Hai in seiner ganzen Pracht, von der Nasenspitze bis zur Schwanzflosse. Ganz elegant und ruhig schwamm er davon. *Fotos, Nicky, Fotos!*, schrie es in mir. Ja genau, ich hatte es versäumt. Schnell zog ich den Fotoapparat wieder vor meine Tauchbrille und machte noch ein paar Bilder. Es war mir egal, ob noch mehr Haie kommen könnten und an mir vorbeischwammen. Entweder ich würde gefressen werden oder nicht, basta. Etwas später stand ich dann im seichten Wasser und zog mühsam meine Flossen aus. War ich gerade so unbeholfen oder klebten diese Dinger an mir? „Meine Güte, wo warst du denn? Du bist ja krass. Ich habe mich etwas nach hinten treiben lassen." M. stand mit den Flossen in der Hand und einem mächtigen Tauchbrillen-Abdruck auf der Stirn da. „Hast du ihn gesehen? Irre, er hat mich angeschaut. Er war soooo nahe an mir. Hast du gesehen, wie schön er war?" Ich kam gar nicht mehr aus dem Sprudeln heraus. „Ja, natürlich habe ich ihn gesehen, aber ich war etwas weiter hinten. Komm, lass uns zurückgehen, bevor uns noch Flossen wachsen."

Klitschnass liefen wir den Steg entlang zurück zu den Wasserbungalows. Ich konnte es nicht fassen! Der Hai und ich! Ich war überwältigt. Seit Langem war ich so richtig stolz auf mich. Wow, wie ich das gemeistert hatte! Das hätte ich nie von mir gedacht! „Du warst ja richtig angefressen von dem Ding!" M. legte seinen Arm um mich und ich merkte, wie stolz er war. „Es war ein Wahnsinnsgefühl! Meine Furcht wich plötzlich der Faszination. Irre, einfach irre! Wehe, die Fotos werden nichts. Dann dreh ich durch!" M. grinste nur und ließ mich sprudeln.

Später, beim romantischen Dinner und Kerzenschein, hätte es nicht perfekter sein können. „Dieses Erlebnis werde ich auf

ewig in Erinnerung behalten, es wird mich nie mehr loslassen."
Wieder grinste M. „Ich nerve dich langsam, stimmt's?", sagte ich etwas verlegen. „Nein, du nervst überhaupt nicht. Ich dachte gerade nur, dass wir UNS nie mehr loslassen dürfen."
Er legte seine Hände auf die Mitte des Tisches, neben der flackernden Kerze, die Handflächen nach oben. Ich nahm seine Einladung an und legte meine Hände in seine.

„Ich liebe dich, wie ich noch nie jemanden geliebt habe."
In meinem Magen grummelte es. So viel Gefühl war fast zu viel für mich. Ich war überglücklich. Aber es war etwas ungewohnt. Das neue Gefühl, stolz zu sein. Jetzt auch noch das Gefühl, wirklich geliebt zu werden. Dies kannte ich so nicht. Vermutlich kannte ich zu viele schräge Menschen.

Las Vegas

Ich war mit M. im Paradies angekommen. Aber Sec und seine Schikanen waren weiterhin ein leidiges Thema, das uns im Alltag permanent begleitete und uns sehr quälte, doch wenn Sec uns mal in Ruhe ließ, genossen wir das Leben in vollen Zügen.

Eines Tages diskutierten M. und sein Vater über eine gemeinsame Reise. M's Vater hatte mit 80 die glorreiche Idee, gemeinsam Ferien zu machen. Im Gegensatz zu M's Mutter, die damals so mies am Empfang mich herunter machte, war sein Vater ziemlich cool und sehr sympathisch. Er, seine Lebensgefährtin Luis und seine Söhne mit ihren Partnerinnen, also zu sechst. Ich fand die Idee etwas speziell. Als sein Vater aber mit Las Vegas kam, fand ich die Idee gigantisch. Las Vegas, was gibt es Cooleres? Millionen Lichter in der Nacht, Megaautos und Limousinen, Flipperkästen, Hamburger und Hitze. Genau mein Ding. M.s Begeisterung hielt sich wegen Ronny in Grenzen. Ronny ist M.s älterer Bruder, der außer seinem Alkohol nichts im Griff hatte. Schon fünf Entzüge hatte er erfolglos hinter sich. Keine Klinik wollte ihn mehr haben. Eigentlich sah man es ihm nicht an. Er war immer sehr gestylt. Keiner, der mit Dreitagebart und stinkenden Klamotten herumlungerte. Im Gegenteil – gestylt, etwas zu oft im Solarium und überparfümiert gab er sich immer sehr gepflegt.

„Ich weiß nicht, ob ich es mit diesem Typen aushalte", meinte M. schroff, als wir wieder allein waren. „Der Typ ist ein Idiot." Ich spürte M.s Anspannung. „Bist du nicht etwas zu krass?" „Von wegen krass. Was der sich schon alles geleistet hat, das geht auf keine Kuhhaut. Verlogen bis dort hinaus. Dreißig Jahre nur Ärger mit diesem Idioten." Trotzdem setzte er sich vor den Laptop und schaute nach Flügen. Das kann ja heiter werden, dachte ich mir und ging unter die Dusche.

Einige Wochen später war es so weit. Las Vegas stand kurz bevor. Alles war organisiert. Die Jungs gingen in den Ferien zum Vater, Pix zu meiner Mutter und Puk lebte in der Zwischenzeit schon bei Sec. Der hatte vor Gericht eine seiner Storys vorgetragen, damit er den Hund bekommen würde.

„Du glaubst es nicht, Ronny nimmt seine Freundin mit! Ich glaube es immer noch nicht, dass es sie gibt." Eine Weile zuvor hatten wir uns etwas lustig darüber gemacht, dass Ronny sich wieder mal eine Freundin erfand. Wäre nicht das erste Mal gewesen. „Ich finde es total daneben", äußerte M. „Wieso, ich komme ja auch mit?" M. öffnete wieder seinen Laptop und setzte sich auf die Bettkante. „Aber niemand kennt sie. Warum schleppt man eine Fremde mit? Finde ich echt daneben. Jetzt möchte Ronny auch noch die Flugnummer wissen, damit die Tante auch diesen Flug nehmen kann." In diesem Moment musste ich lachen. „Was?" M. grinste bereits auch schon. Er hatte wohl selbst gemerkt, dass er es übertrieb. „Du bist so grimmig, dass es schon lustig ist."

M.s Vater Ted und seine geliebte Luis teilten mit uns das Taxi zum Flughafen. Ronny wollte selbstständig kommen. Bis jetzt hatten wir Ronnys Freundin nicht zu Gesicht bekommen. Kaum am Flughafen angekommen, spottete M. weiter. „Vielleicht kommt er gar nicht. Oder er kommt und seine erfundene Tante nicht." Ich schaute ihn an, um ihm ein Zeichen zu geben, dass er vor den anderen nicht so negativ und voreingenommen sein solle. „Zumindest hätten wir vorher zusammen essen gehen können, damit wir diese Ronja mal kennenlernen", meinte nun auch Luis. Beim Gate angekommen, kam plötzlich Ronny in einer hellen Jeans und einer dazu passenden Jeansjacke auf uns zugesteuert. Passend oder nicht passend, eigentlich war es nicht wirklich mehr Mode, sich in voller Jeansmontur einzukleiden. Neben ihm kam uns eine Frau mit High Heels und einer blonden Lockenmähne entgegen.

Ronny strahlte wie ein verbranntes Glühwürmchen. Verbrannt, weil er es mit dem Solarium wirklich übertrieb, und strahlend, weil er nun seine Freundin präsentieren konnte. „Das ist Ronja. Ronja, das ist mein Bruderherz und seine Freundin Nicky."

Sie schien sehr sympathisch und offen zu sein. Wir merkten schnell, dass Ronja den Kontakt zu mir suchte; mehr als zu Ronny, wenn man es genau nahm. Ich schaute M. an und vermittelte ihm die unausgesprochene Botschaft: *Es gibt sie also doch!* Er sagte nichts, schaute mich an und ich wusste genau, was er dachte. So was wie: *Abwarten. Wir werden es noch sehen.*

Im Flugzeug saß sie hinter M. und mir. Ronny saß eine weitere Reihe nebenan, also nicht direkt neben ihr. Er musste mit ihr schräg über den Korridor des Flugzeuges kommunizieren. Ted und Luis hatten es sich in der First Class bequem gemacht. Kaum gestartet, fragte Ronja uns: „Wie lange kennt ihr euch denn schon? Seid ihr zusammen?" Diese Frage fand ich etwas merkwürdig, da wir ja quasi in der Familie und paarweise verreisten.

Etwas später machte M. Witze übers Heiraten in Las Vegas und wollte kurz die anderen veräppeln. „Las Vegas, die Stadt zum Heiraten. Man weiß nie." Ronja fand dies eine tolle Idee und meinte: „Habt ihr das etwa vor? Ou ja, macht das doch. Das wäre schön."

Die Stewardess Sabine kontrollierte, ob alle angeschnallt waren, die Rollos oben waren und nichts am Boden herumlag. „Findest du das nicht komisch?", flüsterte ich zu M., da Ronja gerade mal ihren Kopf nicht zwischen unseren Sitzen hindurchstecken konnte. „Was meinst du genau? Dass Ronny seine Ronja bis jetzt nicht einmal geküsst hat oder dass er ihr nie die Hand hält?" M. war wieder auf der skeptischen Schiene. „Nein, die Frage, ob wir ein Paar seien." M. hob eine Augenbraue. „Das hat sie gefragt? Sieht man doch. Im Gegensatz zu ihnen." M. setzte sich die Ohrstöpsel ins Ohr und fing an, rhythmisch im Takt der Musik zu wippen. Wieder steckte Ronja den Kopf zwischen unseren Sitzen durch. „Wollt ihr wirklich heiraten in Las Vegas?" In der Zwischenzeit waren wir bereits in der Luft und das Abschnallen-Signal ertönte. „Nein, aber ich wüsste, welches Kleid ich tragen würde." In diesem Moment sah ich es vor mir. Es war weiß, vorn wie ein Minikleid und hinten lang und voluminös mit einer riesigen Schleppe. Keine Träger, das Oberteil war wie ein Korsett mit Tausenden von Glittersteinchen. „Schon seit ich zwölf Jahre alt bin, weiß ich, welches Kleid ich tragen wollte. Es ist das Kleid von dem ‚November Rain'-Video. Weißt du, das von Guns n' Roses. Einfach etwas moderner und pompöser." Ronja schwelgte auch gleich in romantischen Fantasien. Ich fand sie sympathisch. Sie zeigte sich offen, interessiert und konnte anscheinend gut mitträumen. „Und was ist mit dir? Wüsstest du auch, welches Kleid du tragen wolltest?" Ronja verdrehte kurz die Augen. „Ja, mein Freund hat auch schon ein Brautkleid im Auge."

Da war es wieder. Das Komische. Warum sprach Ronja von ihrem *Freund*, der nicht weit von ihr saß? Konnte sie nicht *Ronny* sagen?! Sprach sie nun von Ronny in der dritten Person? Oder war der Freund gar nicht Ronny? Ich drehte mich wieder um und dachte: Scheiße, das muss ich jetzt unauffällig M. erzählen. Hatte M. womöglich mit seiner Skepsis recht? War sie ein Fake? Das muss nicht sein, bremste ich mich. Ich meine, schließlich kommt sie als Familienmitglied mit und nicht als Reiseführerin. Zudem hatte ich mit anderen Personen sicherlich auch schon von meinem *Freund* gesprochen, trotz M.s Gegenwart.

Aber irgendwie beschäftigte mich diese Geschichte doch. M. hatte jedoch immer noch Musik im Ohr und Ronja steckte andauernd ihren Kopf zwischen unsere Sitze. Als dann das Essen serviert wurde und alle schön beschäftigt waren, also auch Ronja, räusperte ich mich und raunte M. zu: „Du glaubst es nicht! Ich habe sie gefragt, ob sie auch schon ihr Hochzeitskleid im

Kopf habe, und weißt du, was sie da gesagt hat?" M. schaute mich gespannt an. „Ihr Freund habe eins im Kopf. Verstehst du? Ihr *Freund!* Sie sagte nicht *Ronny.* Schräg, oder?" M. schluckte seinen Bissen hinunter. „Sag ich doch. Alles Fake. Dieser Idiot nervt mich jetzt schon. Der Sache gehen wir auf den Grund."

Der Flug war sehr angenehm; ab der letzten Stunde war man allerdings schon froh, endlich am Ziel angelangt zu sein. Wir fuhren mit dem Taxi in unser Hotel, ins „Bellagio", das aus verschiedenen Filmen wie zum Beispiel „Ocean's Eleven" bekannt ist. Es war herrlich. Eine riesige Rezeption mit großen farbigen Glasblumen an der Decke. Auf der anderen Seite befand sich gleich angrenzend das Casino. Von der Rezeption musste man durch das Casino zu den Fahrstühlen. Wir standen also alle an der Rezeption und wollten die Zimmerschlüssel. Komischerweise redete die Dame von der Rezeption immer von vier Zimmern. M. hatte aber nur drei gebucht. Eins für M.s Vater Ted und Luis, eins für Ronny und seine Ronja und eins für ihn und mich.

Nach zehn Minuten Diskussion auf Englisch mischte sich plötzlich Ronny ein. Er hatte sich die ganze Zeit im Hintergrund gehalten und trat nun endlich nach vorn. Ich hatte mich schon gewundert, warum an der Rezeption niemand mit M. die Sache zu regeln versuchte. „Four rooms, it's correct", korrigierte Ronny. Ich ahnte es schon. Doch M. bemerkte es noch nicht. Die anderen standen etwas weiter hinten um die Koffer herum und bestaunten die vielen Details der Inneneinrichtung in der Lobby.

„No, I booked *three* rooms, not four rooms." M. war sichtlich genervt, dass es so ein Wirrwarr gab. Ronny versuchte erneut, M. zu übertönen, und wollte nochmals die vier Zimmer bestätigen. „Nein, Ronny, ich habe *drei* Zimmer gebucht. Die blickt hier nicht durch. Ich weiß doch, was ich gebucht habe." Die beiden starrten sich an. Nahm M. Ronnys Korrekturversuche nicht wahr? „Nein, es sind *vier* Zimmer", korrigierte Ronny

163

erneut und sah ihm nun direkt ins Gesicht. „Ich habe im Nachhinein noch ein Zimmer gebucht." Die Empfangsdame wartete sichtlich hilflos, was die beiden da auf Deutsch miteinander
diskutierten. Ronny gab der Dame am Empfang ein Okay-Zei-
chen, dass sie endlich weitermachen könne. M. zog seinen Bruder an der Jeansjacke zur Seite. „Warum buchst du hinter meinem Rücken noch ein Zimmer dazu?" Sichtlich nervös erklärte
Ronny, dass er schnarche und Ronja deshalb nicht im selben
Zimmer schlafen könne. M.s Gesicht sprach Bände. Vermutlich wäre er jetzt am liebsten zu Ronja hingegangen und hätte
sie gefragt, ob diese schräge Aussage stimmte. Doch wir alle
waren zu anständig und ließen es nicht auf eine Konfrontati-
on ankommen, auch wenn so einiges darauf hindeutete, dass
hier irgendetwas nicht stimmte.

Wir standen da und warteten auf den Lift. Jeder dachte sich
seinen Teil.

„So ein Witz. Ein richtiger Witz." M. warf den Koffer auf das
riesige Bett. „Veräppeln kann ich mich auch selber. Alles Fake.
Das wäre ja nicht das erste Mal. Dieser Typ besteht einfach
nur aus Lügen. Glaube mir. Wir werden es noch erleben." Er
wiederholte sich. Diese Sätze kannte ich bereits. Ich konnte
ihn verstehen. Da dies ein Familienurlaub war, wirkte es irgendwie unpassend, falls Ronja tatsächlich nicht seine Freundin wäre. Anderseits, fand ich, ging es uns eigentlich nichts
an. „Warum ist sie denn mitgekommen? Was hat er ihr denn
erzählt? Sie solle seine Freundin spielen? So ein Quatsch."
„Wenn er diesen Urlaub vermasselt und Vater stresst, dann …"
In M. brodelte es.
   Ich legte mich zu ihm aufs Bett und streichelte ihm durch
die Haare, um ihn etwas herunterzufahren. „Ich kann mir einfach nicht vorstellen, wie er sie mitnehmen kann, wenn sie nicht
weiß, was er uns vorlügt. Ich meine, er müsste dann doch damit rechnen, dass die Sache auffliegt. Das vierte Zimmer ist

ja schon aufgeflogen. Oder hat er wirklich das Gefühl, dass niemand was merkt, nicht einmal Ronja? Das passt doch auch nicht. Aber dass sie nicht seine Freundin ist, kann ich mir irgendwie auch nicht vorstellen." Er schaute mich verwirrt an. Bevor er weiterreden konnte, sagte ich: „Na ja, aber dass sie seine Freundin ist, davon bin ich irgendwie auch nicht wirklich überzeugt." „Vielleicht hat er sie bezahlt." Nein, wie eine vom Escortservice sah Ronja nun wirklich nicht aus. Und als sie von ihrem *Freund* sprach, das wäre angesichts ihres Jobs sehr unprofessionell gewesen. Aber wie genau die Dinge lagen, das war auch für mich ein großes Fragezeichen. „Die haben nichts miteinander. Glaube mir. Sie fassen sich nie an. Keine Flirts, einfach gar nichts."

Am nächsten Morgen saßen wir mit Ted und Luis beim Frühstück. Wir entschieden uns für das mit vielen bunten Blumen geschmückte Restaurant im Hotel.

Wir konnten einfach nicht anders und rätselten mit den beiden über diese merkwürdige Geschichte. Für uns war klar, dass da etwas nicht stimmte. Warum sollte man sonst zwei Zimmer beziehen? Warum sprach sie von ihrem *Freund* und sagte nicht einfach *Ronny*? Luis war sichtlich angespannt und erregt. „Das ist wirklich alles sehr komisch." Doch dann fragten wir uns wieder: Warum kommt sie in unsere Familienferien mit, wenn sie zu Hause einen Freund haben soll? „Wo sind die zwei eigentlich? Kommen sie auch zum Frühstück?" Luis verdrehte die Augen. „Keine Ahnung. Wir haben Ronny gesagt, dass wir heute hier um 10.00 Uhr frühstücken."

Am Nachmittag trafen wir die beiden per Zufall in der Lobby. „Wir wollten gerade shoppen gehen. Kommt doch auch mit." Ronja ergriff meinen Arm und hängte sich bei mir ein. „Komm schon, wir Ladys gehen doch gerne shoppen." Warum eigentlich nicht? Ich fand Ronja – im Gegensatz zu M. – ganz okay. Ihm war sie irgendwie ein Dorn im Auge. Vermutlich aber nur wegen der Geschichte mit Ronny und weil er Angst hatte, das Ganze würde im Chaos enden und Vaters Reise ruinieren.

Etwas später schlenderten wir zu viert entlang der vielen Geschäfte. Draußen spielte eine coole Band mit Saxofon und Schlagzeug und groovigen Sängern. Ronja und ich waren gerade in einem kleinen Geschäft am Wühltisch. „Sag mal, was ist eigentlich los?" Sie stand ganz dicht an mir und wirkte besorgt. „Ich merke doch, dass hier etwas nicht stimmt. M. ist auch so komisch zu mir." Oh, oh, Ronja hatte also die schlechte Stimmung bemerkt. Nun, was sollte ich ihr jetzt sagen? Sollte ich direkt sein und sie fragen, was sie eigentlich hier suchte? Doch sie tat mir leid. Ich konnte ihr nicht einfach so hart ins Gesicht sagen, was uns beschäftigte. „Na ja, das fragst du vielleicht lieber ihn. Er hat nicht so gute Erfahrungen mit seinem Bruder gemacht." Nach diesem Satz lief Ronja schnurstracks hinaus und auf M. zu. Die Gelegenheit war gerade günstig, denn Ronny war nirgends zu sehen.

Als Ronja ihn fragte, was los sei, fing M. an, Klartext zu sprechen. „Er spricht seit Monaten von dir. Er zeigt Fotos von dir, aber er ist nie selbst drauf. Nur du. Keine gemeinsamen Bilder. Er hat dich nie vor den Ferien vorgestellt und nun nimmt er dich einfach in die Familienferien mit, obwohl wir dich noch nie gesehen haben. Dann bucht er heimlich noch ein Zimmer für dich. Hast du wirklich ein Problem mit dem Schnarchen? Was kommt als Nächstes? Bist du nun seine Freundin oder nicht?" Die Frage aller Fragen! Nun würden wir endlich die Antwort erfahren, in jedem Augenblick. Das war ja spannender als ein Krimi! Ronja fielen fast die Augen aus dem Kopf. „Was erzählt er?! Hat der eine an der Waffel?! Ich habe einen Freund zu Hause. Diese Fotos, die hat er vermutlich von Facebook herunterkopiert. Er hat sonst keine Fotos von mir. Wir sind auch nie zusammen irgendwo gewesen, dass er von mir Fotos hätte machen können. Oh Gott, ist der irre. Iiii, ich ekle mich."

Puh, das war starker Tobak! Meine Nervosität stieg. M. hatte recht gehabt. Jetzt kam ich mir wirklich vor wie in einem Krimi.

„Aber warum bist du dann mitgekommen? Ich meine, wir sind ein Paar, mein Vater und Luis sind ein Paar – und du? Du hast einen Typen zu Hause?" Das war ziemlich direkt von M. Nun, wo er recht hatte, hatte er recht.

Ohne lange zu überlegen, erwiderte Ronja: „Er hat mir gesagt, dass eine große Clique nach Las Vegas fahren würde, um Spaß miteinander zu haben. Da ich ihn von der Arbeit her kenne und er mir nie zu nahe kam, dachte ich, ich könnte so eine Kollegenreise wagen. Er hat mir erzählt, dass du auch mitkommst und auch eine Kollegin mitbringst. Ich habe Ronny gesagt, dass ich mitkomme, aber nur unter der Bedingung, dass ich ein eigenes Zimmer bekomme. Allerdings habe ich schon im Flugzeug gemerkt, dass ihr mehr als nur Kollegen seid."

Puh, das war ja krass. Und jetzt? Wir beschlossen, den Ball flach zu halten, denn es war eigentlich die Geburtstagsreise von M's Vater und wir wollten ihn nicht belasten. Kaum hatten wir das Wichtigste geklärt, kam Ronny angerauscht.

Ronny tat beim weiteren Shoppen immer noch so, als wäre sie seine Freundin. Klar, er wusste schließlich nicht, dass Ronja in der Zwischenzeit die Katze auf dem Sack gelassen hatte. Plötzlich platzte Ronja der Kragen. Sie konnte das Geschleime und die Art von Ronny nicht mehr aushalten und stellte ihn – in unserem Beisein – zur Rede.

Ronny stockte der Atem. Er war am Ende, mit Tränen in den Augen saß er da wie ein geprügelter Hund. Ein Häufchen Elend. „Was hast du dir eigentlich dabei gedacht, so eine Scheiße über uns zu erzählen?" Ronja war außer sich und fauchte ihn nur noch an. „Du bist echt eine Witzfigur! Ich will nach Hause, und zwar sofort. Klar!" Oje, jetzt war die Kacke am Dampfen.

Zwei Tage später flog Ronja nach Hause. Ted und Luis waren schockiert, was für ein Theater da vorgespielt worden war. Wieso das Ganze? Ronny hätte schließlich auch allein mitkommen können. Zuerst dachten wir, dass nun für die restliche Zeit der Ferien Ruhe einkehren würde. Dem war aber nicht so.

Für den nächsten Morgen hatten wir uns, wie jeden Morgen, zum Frühstück verabredet. Ronny erschien nicht. Später zur Stadtrundfahrt kam er zwar mit, war aber total geistesabwesend. Er saß einfach nur da, so als wäre er in Trance. M. wurde sauer. „Dieser Mistkerl ruiniert Vaters Reise. Schau ihn dir an. Ich könnte ihm eine in seine besoffene Visage reinhauen." Ich schaute zu ihm hinüber. „Denkst du, dass er getrunken hat?" Ronny hatte 25 Jahre getrunken und alle behaupteten, er sei nun clean. Er ging einer geregelten Arbeit nach und hatte eine eigene Wohnung. Deshalb glaubte ich M. nicht so ganz. Ich konnte es mir einfach nicht vorstellen. „Er ist vielleicht einfach betrübt, dass seine Geschichte aufgeflogen ist und er wie ein Hornochse dastand. Ist schon ziemlich peinlich, wenn ich mir so vorstelle …" Ich kam nicht dazu, meinen Satz zu Ende zu sprechen, denn der Bus hielt gerade und Ronny stieg, ohne etwas zu sagen, aus. Er hatte nicht ein Wort gesagt und verabschiedete sich auch nicht von uns. „Glaube mir, er hat getrunken, ich kenne ihn nur zu gut."

Die Stimmung war spürbar angespannt. Luis versuchte mit ihrer ausgleichenden Art die Situation so gut wie möglich zu entschärfen, um die Atmosphäre nicht noch mehr zu vergiften – Ted zuliebe. M. war einfach nur sauer und ich war irgendwie mittendrin.

Später am Abend waren wir in einem tollen italienischen Restaurant verabredet. Luis hatte in der Zwischenzeit Kontakt mit Ronny aufgenommen, der dann zum Essen dazustieß. Sauber gekleidet und parfümiert war er pünktlich vor Ort. „Wenn jemand überparfümiert ist, dann sagt das auch etwas aus", bemerkte M.

unauffällig in meine Richtung. Zugegeben, er war so stark mit Hugo Boss übergossen, dass man am Tisch kaum noch das Essen roch. Alle bestellten Pizza und verhielten sich so normal wie möglich. Keiner erwähnte Ronja. Um des lieben Friedens willen blendeten wir diese Geschichte einfach aus, als hätte es sie nie gegeben. Das Restaurant war typisch italienisch eingerichtet, mit Holztischen und Holzstühlen, weiß-rot karierten Servietten und Gestecken. Der große Pizzaofen war mit der italienischen Flagge dekoriert. Wenn man nicht aus dem Restaurant schaute, hätte man nicht gedacht, dass man mitten in Las Vegas saß.

Die Pizzen wurden serviert. Sie sahen köstlich aus, überragten sogar den Tellerrand! Schon bald fiel uns auf, dass Ronny nichts aß. Er konnte die Pizza, die er bestellt hatte, nicht essen. Mit großer Mühe schnitt er sich ein kleines Stück heraus und steckte es in den Mund. M. knurrte schon wieder neben mir, sodass ich Ronny unauffällig zu beobachten begann. Das kleine Stück Pizza, das er sich geschnitten hatte, fiel ihm einfach wieder aus dem Mund. Er konnte es offenbar nicht kauen.

„Ist es nicht gut?" Luis schaute Ronny an und wartete auf seine Antwort. „Doch, ich habe keinen Hunger mehr. Die Pizza ist zu groß. Ist einfach zu viel." Zu viel?! Er hatte noch gar nicht zu essen begonnen! Sonst sprach er kein Wort. Wir aßen jeder seine Pizza und quasselten von unserem Tag und der Erlebnisfahrt. Ich merkte, wie M. immer angespannter wurde. „Ja, die Busfahrt war toll. Fandest du nicht auch, Ronny?" M. schaute ihn herausfordernd an. Schließlich war Ronny bei der ersten Gelegenheit, ohne auch nur ein Wort zu sagen, ausgestiegen und war dann für den ganzen restlichen Tag verschollen. Ronny gab keine Antwort und saß wieder da, als wäre er in Trance. Alle ignorierten die Situation und wollten die Harmonie nicht zerstören.

Nach dem Essen schlenderten wir durch das Casino des „Bellagio" und setzten uns an die Pianobar. Ronny meinte: „Bestellt für mich bitte eine Cola, ich muss kurz auf die Toilette." Die Cola wurde bestellt, doch Ronny kam an diesem Abend nicht mehr zur Bar. Wir saßen da und versuchten, die Stimmung positiv zu halten. Doch irgendwann konnte M. nicht mehr an sich halten. Er musste Ronnys Verhalten zur Sprache bringen. Es reichte ihm. Er war stinksauer, dass sein Bruder die Ferien mit seinen Lügen und seinem „Verliererdasein" ruinierte.

In den restlichen Ferien war natürlich nur noch Ronny das Thema und die Stimmung war angespannt. M. und ich versuchten trotzdem, diese Ferien zu genießen und so viel wie möglich von unserem Lieblingsland, den USA, „mitzunehmen". Aber es war schwierig. Mal funktionierte es, mal nicht. Aber wenn es funktionierte, dann war es phänomenal. Las Vegas ist einfach eine tolles Fleckchen Erde. Zwischendurch lagen wir am Pool, erquickten uns an den köstlichen Drinks, blickten in den blauen Himmel und ließen einfach die Seele baumeln.

Am letzten Tag vor der Abreise machten wir mit Ronny aus, dass wir morgen noch einmal alle zusammen frühstücken gehen. Wir wollten ein letztes Mal in das Café gegenüber gehen, das wie der Eifelturm von Paris aussah. Dort gab es die tollsten Sachen. Es duftete immer bis auf die Straße nach feinem Gebäck. Und draußen auf der Terrasse konnte man während des Frühstückens den tollen amerikanischen Autos und Limousinen nachschauen. Ununterbrochen brummte es. Jedes Auto noch etwas mehr und noch etwas lauter. Ein wahrer Genuss, wenn man diese V8-Motoren mochte – laut, breit und auffällig.

Luis ging auf Nummer sicher und erklärte ihm sicherlich dreimal, dass wenn er nicht kommt, wir uns um 10.00 Uhr in der Lobby treffen und dann in einem Taxi zum Flughafen fahren würden. „Du musst um 10.00 Uhr da sein, gell. Wir müssen drei Stunden früher am Flughafen sein. Das ist ein Muss wegen des Auslandfluges." Ronny war es bewusst und winkte ab. „Ja, schon gut. Um 10.00 Uhr. Aber ich komme sowieso um 8.30 Uhr mit zum Frühstück."

Am nächsten Morgen warteten wir vergebens auf Ronny. Wir gingen ohne ihn frühstücken. „Ich sage euch jetzt eins, der Typ ist so verladen, dass er nicht zum Frühstück kommen kann. Das ist meine Meinung. Und wenn ihr es wissen wollt, dann schafft er es auch nicht auf den Flieger. Der Typ ist so was von dauerbesoffen." Ted reagierte nicht. Ihm war das alles zu viel. Vermutlich litt er im Stillen. Luis regte sich auch fürchterlich auf. „Aber ich war letztens in seinem Zimmer, ich habe keine Alkoholflaschen gesehen." M. war sichtlich genervt, dass man es ihm immer noch nicht glaubte. „Er braucht keine Alkoholflaschen, er hat in seiner Alkoholikerkarriere gelernt, wie man einen Pillencocktail mischt, der dieselbe Wirkung hat. Und zudem hat jedes Zimmer eine Minibar."

Alle saßen draußen auf der Terrasse und genossen das reichhaltige Frühstück. Gleichzeitig schauten wir immer wieder auf die Straße, ob Ronny doch noch auftauchen würde. Doch weit und breit kein Ronny in Sicht.

Als wir dann nach dem Frühstück mit unseren Koffern in der Lobby auf das Taxi warteten, warteten wir nicht nur auf das Taxi. Ronny tauchte immer noch nicht auf. Wir diskutierten darüber, ob wir ihn im Zimmer aufsuchen sollten. „Vielleicht schläft er noch. Sollten wir nicht zu ihm? Ich könnte ihm die Koffer packen." Luis war besorgt und, wie halt eine typische Mutter, auch in schlechten Zeiten noch zu guten Taten bereit. Doch wir einigten uns, dass dies keine Unterstützung wäre. „Wir dürfen ihn nicht auch noch beim Saufen ,unterstützen'. Er muss sich selbst organisieren. Sonst fördern wir noch, dass er saufen kann und trotzdem alles organisiert wird und wir trotzdem alle nett zu ihm sind." M. hatte recht. Es würde seinen Alkoholkonsum nur noch mehr fördern. Er würde nichts daraus lernen.

Also fuhren wir ohne ihn zum Flughafen. Im Terminal mussten wir dann noch zwei Stunden warten, bis wir boarden konnten.

Alle saßen auf den grauen Sitzen und schauten immer wieder Richtung Eingang. *Wann kommt Ronny?* „Er kommt nicht, vergesst es endlich. Er wird hierbleiben, weil er nicht einmal das im Griff hat." M. war fest davon überzeugt.

Die zwei Stunden schlichen dahin. Ich dachte bei mir, dass Ronny bestimmt in der letzten Minute doch noch auftauchen würde. Man verpasste doch nicht seinen Flug! Ich meine, er war erwachsen. Er hatte genug Infos und genug Zeit. Auch wenn man ein wenig zu viel getrunken hatte, konnte man doch am nächsten Tag den Flieger nehmen. Man ist dann vielleicht nicht gerade auf der Höhe, aber man würde doch alles daransetzen, seinen Flieger zu bekommen. Ausnüchtern konnte man dann ja in den acht Stunden Flug noch genug, oder etwa nicht?

Nach den zwei langen Stunden begann schließlich das Boarding. Einer nach dem anderen ging an Bord des Flugzeugs. Als wir auf unseren Sitzplätzen saßen, schauten wir zu, wie die anderen Passagiere einstiegen, ihre Plätze suchten und oben im Fach ihr Handgepäck verstauten. Doch von Ronny immer noch keine Spur.

Da passierte es. Die Türe des Flugzeuges wurde zugemacht und nun wusste auch ich, dass wir Ronny tatsächlich zurückließen. M. war so sauer, dass er nichts mehr mit ihm zu tun haben wollte. Er hatte tatsächlich recht gehabt. Er hatte nicht übertrieben. Er wusste, wie sein älterer Bruder tickte.

Das waren ja erlebnisreiche Ferien! Manchmal fast wie im Krimi.

Mit den Kids
in der Türkei

Wir sprachen oft davon, dass zwei Häuser nicht effizient seien und dass wir früher oder später zusammenziehen sollten. Dies war ein schwieriges Thema für mich. Ich hatte endlich den Pferdehof, den ich schon immer wollte. Und nun hatte ich ihn allein, ohne einen Psychopathen. Endlich könnte ich den Tag so gestalten, wie ich wollte. Endlich könnte ich nach dem Ausmisten auch mal was mit den Pferden machen.

M. war sogar bereit, sein schönes Landhaus zu verkaufen und auf den Hof zu ziehen. Aber nur unter der Bedingung, dass er den Hof kaufen könnte.

Oft diskutierte ich mit dem Bauern, dem der Hof gehörte. Er war unsicher. Er hatte zwar überhaupt keinen Bezug zu dieser Immobilie und auch kein Interesse, aber sein Vater saß ihm im Nacken. Sehr machthaberisch und vermutlich eine ältere Generation von Narzisst. Er würde ihn vermutlich vernichten, wenn er den Hof verkaufen würde. So kamen wir einfach nicht voran.

Kurz vor den Sommerferien begann wieder das Chaos. Sec trieb erneut eines seiner Psychospielchen, und zwar mit den Identitätskarten. Ich brauchte diese für die Ferien. Zuerst behauptete er, dass er die IDs (Identitätskarten) der Kinder nicht hätte; obwohl ich ganz genau wusste, dass er diese in seiner Geldbörse mit sich herumtrug. Dann behauptete er, er hätte Ferien mit den Kindern gebucht. Natürlich genau in diesen zwei Wochen, in denen wir schon unsere Sommerferien mit den Kindern gebucht hatten. Also rief ich den Richter persönlich an und sendete ihm unseren Ferienplan mit meinen Bu-

173

chungen. Wir hatten noch keinen Ferienplan vom Gericht verfügt bekommen. Da Sec sich immer querstellte und auch kein
Interesse hatte, sich an unseren selbst erstellten Ferienplan zu
halten, den er schon seit Monaten hatte, war das Ganze sehr
mühsam und mit viel Anspannung verbunden.

Ich wusste, dass er nichts gebucht hatte. Er flog nie. Schon gar
nicht mit den Kindern. Das Einzige, was Sec machte, war, mit
dem Wohnwagen über die Grenze zu fahren. Oder mit dem
Auto in die Tschechei. Einen Tag vor dem Reisetag kam dann
endlich eine gerichtliche Verfügung, dass ich diese Ferienta-
ge haben konnte, da dies so auch schon monatelang zuvor
auf dem Ferienplan stand. Also konnte die Reise losgehen.
Oder doch nicht?

Ich hatte keine Identitätskarten der Kids. Oder besser gesagt,
keine gültigen Karten mehr, da Sec sie in der Zwischenzeit gesperrt und als gestohlen gemeldet hatte. Das war auch eine
seiner Lieblingsbeschäftigungen. Kaum hatte ich Identitätskarten ausstellen lassen, fand Sec dies heraus und ließ sie aus
vielen verschiedenen Gründen sperren. Danach erneuerte er
sie und behielt sie bei sich.

Es nützte alles nichts. Ich brauchte gültige Ausweise. Sec hatte die IDs ganz sicher in seiner Geldbörse. Oder in seinem
verschlossenen Schrank. In diesem Moment musste ich wieder grinsen. Schade, dass ich den Schlüssel von Mona nicht
mehr hatte. Das waren noch Zeiten … Wie lange war das jetzt
her? Jahre …
    Ich vereinbarte einen Termin mit dem Passbüro und hoff-
te inbrünstig, dass alles klappen würde. Der Tag rückte näher.
Dann war der besagte Tag da. Es ging bereits auf den Mittag
zu. Ich wurde immer nervöser. Tausend Gedanken schossen
mir durch den Kopf. Pix und Puk spürten es und schlichen ständig um meine Beine herum, sogar auf die Toilette folgten sie

mir. *Hoffentlich merkt Sec nicht, dass ich was vorhabe,* dachte ich. Obwohl er nach der Trennung nicht mehr im Haus lebte, hatte ich irgendwie das Gefühl, dass er es trotzdem merkte. Krass! Ich schaute die Hunde an. „Ihr habt recht, er ist nicht da. Wie soll er es also merken? Aber selbst wenn er hier wäre – so ein mieser Eisklotz spürt gar nichts", flüsterte ich ihnen zu. Verrückt, dass ich nun schon mit Hunden sprach! Doch wem sonst hätte ich meine Sorgen und Ängste in diesem Moment anvertrauen sollen?

Ich stand unter Strom. Ich hatte keinen Plan B. *Was zum Teufel mache ich, wenn es nicht klappt?* Ich hatte nur noch ein paar Minuten, bis wir abfahren würden. Da das Passbüro mitten in der Stadt war, musste ich schon etwas mehr Zeit einrechnen. All das Bibbern nützte jetzt nichts. „Ethan, Tim, kommt, wir müssen los. Wir fahren in die Stadt und machen coole Fotos." Nun mussten wir uns aber sputen! Die Hunde mussten auch noch kurz raus. Endlich saßen wir alle im Auto – und los geht es.

Doch ich hatte noch eine andere Hürde. Um Pässe ausstellen zu können, müssen immer beide Elternteile unterschreiben. Ich wusste zwar noch nicht, wie ich das anstellen sollte, aber ich wusste, *dass* ich dies irgendwie schaffen musste. Irgendwie müsste ich das umgehen. Doch wie? Die ganze Fahrt überlegte ich, wie ich das bewerkstelligen sollte. Wie könnte ich es am besten anstellen? Ich mochte plötzlich nicht mehr überlegen. Ich hatte das Gefühl, mein Kopf platzt. *Du machst das schon! Du bist ein Profi in Spontaneität. Auch wenn du das in den letzten Jahren nicht mehr gespürt hast. Ja, du kannst was! Du bist clever!*

Die Worte taten mir gut. Auch wenn ich sie mir selbst sagen musste. Besser gesagt, ich dachte sie mir. Sonst hätten sich Tim und Ethan womöglich gefragt, ob mir ihrer Mama alles in Ordnung ist. Sie saßen hinten im Auto, schauten sich die Gegend an und zickten herum. „Hey, hört jetzt auf zu zanken. Wir haben nicht mehr lange." Als wäre es nicht genug, dass meine

Nerven zum Zerreißen gespannt waren, mussten die Kids jetzt auch noch miteinander streiten. Immer dasselbe. Endlich waren wir an unserem Ziel angekommen. Dank Navigation. Was hätte ich ohne dieses Ding nur gemacht?

Es war ein großes, altes, graues Gebäude mit dunkelbraunen Fensterrahmen. Alles sehr kahl und nicht gerade einladend. Zum Glück hatte ich noch farbige Kopien der Identitätskarten und nahm diese zur Sicherheit mit. Der Rest wäre Improvisation. „Darin bist du gut!"

„Worin bist du gut?", fragte Tim, während wir durch das Gebäude irrten und den richtigen Raum für neue Pässe suchten. Mir war gar nicht aufgefallen, dass ich dies laut gesagt hatte. Das wurde ja immer besser. Jetzt fing ich schon an, laut mit mir selbst zu sprechen. Machten das nicht alte Leute?

Etwas später standen wir an einem der vielen Schalter. Ich scannte die Dame mit einem raschen Blick, um sie einschätzen zu können. *Ist die okay? Hm. Könnte es mit der klappen? Oder hätte ich besser einen anderen Schalter genommen?*

„Sie wünschen?" Eine grauhaarige Dame mit einer peppigen Brille stand halb lächelnd da. „Wir möchten Pässe für die Jungs machen lassen."

„Okay, haben Sie dafür die Identitätskarten für mich?" Genau das hatte ich befürchtet. „Nein, die hat mein Mann in seinem Portemonnaie, aber der ist gerade unterwegs." „Ohne die können wir keine Pässe machen. Einen Pass kann man nur mit einer Identitätskarte machen. Oder haben Sie das Familienbuch dabei?" Jetzt schon etwas skeptisch, musterte mich die Dame. Natürlich hatte ich das Familienbuch nicht dabei, denn auch dies war in Secs verschlossenem Schrank, den er in der Zwischenzeit bei sich aufgestellt hatte. Der durfte in seinem Leben natürlich nicht fehlen. Diesen beschissenen Schrank hatte er schon, als ich ihn damals kennengelernt hatte.

„Nein, aber ich habe hier die Kopien der Identitätskarten, die ich immer in meinem Auto habe, für den Notfall."

„Zeigen Sie mal her." Jetzt war sie nicht nur skeptisch, sondern auch schon genervt. „Und Ihr Mann, ist er erreichbar? Eigentlich müsste er auch unterschreiben." Jetzt war mein Talent gefragt. Improvisation! *Das kannst du doch so gut, Nicky!*

Ich atmete einmal tief, aber unauffällig durch.

„Hören Sie, es tut mir leid, aber er ist in einem Geschäftsmeeting und hat heute Morgen dummerweise auch noch die Identitätskarten aus seinem Portemonnaie herauszunehmen vergessen. Aber er war es, der diesen Termin vereinbart hat, also ist er sicherlich damit einverstanden. Vielleicht können Sie im System nachschauen. Sie können sicher im System sehen, dass Herr Martins den Termin gebucht hat."

Natürlich stimmte das alles nicht. Sec war weder informiert noch wäre er einverstanden gewesen noch hatte er den Termin gemacht. Aber ich musste pokern und hoffen, dass sie nicht im System nachschauen konnte, wer angerufen oder wer den Termin vereinbart hatte.

Sie schnaubte. „Gehen Sie jetzt mal in die Kabine und machen die Passfotos und dann kommen Sie wieder. Ich schaue mal nach."

Die Jungs saßen auf dem kleinen drehbaren, runden Stuhl in der Fotokabine und versuchten so ernst wie möglich in die Kamera zu schauen, während ich immer noch voller Anspannung die Dame musterte. Was schaute sie da im Computer? Ich kam mir vor wie eine Schwerverbrecherin. *Was mache ich, wenn sie die Nummer von Sec möchte? Der bringt mich um, wenn jemand anruft und ihm erzählt, dass seine „Frau" hier stand und Pässe machen wollte.*

Tim war fertig. Nun war Ethan dran. „Nein, du musst den Stuhl auf diese Seite drehen, du Dummkopf", schnauzte Tim seinen kleinen Bruder an. Die Dame schaute streng über ihre Brillengläser hinweg zu uns herüber. „Pst, geht's noch? Kommt, ich mache das." Ich drehte an dem Stuhl und bereitete alles für Ethan vor. Hätte ich doch bloß den anderen Schalter genommen! Diese Beamtin hier schien mir sehr korrekt und nicht gerade gut drauf zu sein.

„So, fertig, kommt, wir müssen wieder zu der Dame." Tim und Ethan wollten nicht so recht. „Warum? Schon fertig? Wir haben doch noch gar kein richtiges Foto gemacht" Wir gingen wieder an den Schalter, wo die Dame immer noch stirnrunzelnd irgendetwas in den Computer eingab. Ich schaute die Kids an. Wenn die wüssten! Puh! Warum war alles so kompliziert in meinem Leben?

Plötzlich kam die Dame auf uns zu.

„Eigentlich dürfte ich das so nicht machen. Aber nun gut, wir machen das jetzt. Das ist aber eine absolute Ausnahme! Geben Sie mir die Fotos." Sie betrachtete kritisch die Fotos. Ich rechnete jeden Moment damit, dass sie sich doch noch anders entscheiden könnte oder einen „Geistesblitz" haben würde wie zum Beispiel: „Können Sie kurz Ihren Mann anrufen?" oder: „Kommen Sie doch besser nochmals vorbei. Am besten mit Ihrem Mann." Doch sie nahm die Passbilder und ging wieder zu ihrem Arbeitsplatz. Konnte ich jetzt aufatmen?

Ich kann gar nicht beschreiben, wie erleichtert ich war, als ich mit den Jungs und den zwei Pässen zum Auto ging. Diese Erfahrung zeigte mir, dass Mut und Kampf sich lohnen! Dieses Gefühl hatte ich schon so lange nicht mehr gespürt. Es tat richtig gut. Ich war sogar etwas stolz auf mich. *Yeah! Ich bin wirklich gut im Improvisieren! Ich bin spontan! Ich bin nicht nur mutig, sondern auch geschickt! Und das Beste: Ich bin im Besitz der Pässe und kann nun mit den Kids verreisen! Zumindest bis Sec es herausfindet.* Im Nu war mein Hochgefühl wieder weg. Oh nein, wenn Sec es herausfindet! Daran hatte ich bis jetzt noch gar nicht gedacht! Meine Laune war im Keller. Was ist wenn er was von diesen Pässen hört und dann diese als gestohlen meldet?

Ethan wollte die ganze Zeit wissen, was wir da gerade gemacht hatten. Äußerst ungerne log ich die beiden an. Aber die Wahrscheinlichkeit, dass sie Sec erzählten, dass sie heute Passfotos gemacht hatten, war hoch. Dieses Risiko konnte ich nicht eingehen. Wenn sie von Passfotos erzählen würden, könnte Sec eins und eins zusammenzählen. Und dann würde er bestimmt auch die Pässe sperren lassen. Ich sagte ihnen, dass wir einen Kalender basteln wollten und dazu Fotos bräuchten. Dies wäre aber eine Überraschung.

Die Sommerferien verbrachten wir dann in der Türkei in einem tollen Klub. Wir hatten zwei coole Zimmer mit zwei Badezimmern und einem Gang, der die beiden Zimmer miteinander verband. Es waren zwei schöne Wochen. Die Kinder gingen den halben Tag in den Kinderklub. Wenn Lena sich nicht geweigert hätte, im Kinderklub oder im Teenklub mitzumachen, hätten wir sogar etwas Zeit zu zweit gehabt. Doch Lena war nicht daran interessiert, uns mal allein zu lassen. Sie wollte an nichts teilnehmen, obwohl es so viele Möglichkeiten in diesem Klub gab, vom Schminkkurs und der Teilnahme am Theater über den Tennisklub bis hin zum Aquafit.

Ich genoss die Sonne und den Abstand zu Sec und versuchte, mal alles so weit weg wie möglich zu schieben.

Bezüglich der Zimmereinteilung machten wir es so, dass ich immer eine Nacht mit den Jungs im Zimmer schlief und M. mit Lena. Die nächste Nacht schliefen dann alle Kids im selben Zimmer und ich mit M. So tasteten wir uns alle an ein neues Familienkonstrukt heran, da dies in den letzten Sommerferien auf der Aida nicht funktioniert hatte. Dort waren wir alle überfordert und noch gar nicht bereit für eine neue Zukunft und eine neue Familie.

Aber diesmal funktionierte alles super. Ich bezahlte den Kindern einen Schwimmkurs für 200 Euro und nach fünf Schwimmstunden konnten die beiden auch schon schwimmen. Einfach herrlich, wenn alles ohne Schwimmflügel und nicht mehr am lärmenden Kinderschwimmbecken geht. Endlich konnten wir die Liegestühle beim Erwachsenenbecken nehmen. Hier war es viel entspannter. Ethan war so ziemlich der einzige Vierjährige, der wie ein Fisch tauchte und schwamm.

Abends fand immer ein Themenabend mit dem dazu passenden Essen statt. Einmal gab es eine „White Party" mit coolem Elektrosound, großen Transformers Figuren und cooler UV-Licht-Show. Einmal war ein Riesenbüfett auf der Wiese aufgestellt worden und alles war wie im Zirkus dekoriert. Dann kamen echte Artisten und machten eine Show. Die Kinder konnten sich schminken lassen, sich auf Hüpfburgen austoben oder zum Pfeilschießen gehen. Es war gigantisch, wie der Klub 14 Tage lang Programm machte. Besonders gut gefiel den Kids die Show „Der Schuh des Manitu". Das war wirklich der Brüller. Die Jungs reden heute noch von dem einen Cowboy, der so witzig lachte und sich dabei die Asche in der Hand ausdrücken ließ.

Wie schon auf dem Kreuzfahrtschiff vor einem Jahr hatte ich auch in diesen Ferien Geburtstag. M. schenkte mir eine Lomi-Lomi-Massage. „Wow, eine Ganzkörpermassage!" M. lächelte. „Da kannst du dich voll verwöhnen lassen. Ist mit warmem Öl, wenn ich mich nicht irre."

Okay, eine Ganzkörpermassage. Ich war eine blutige Wellness-Anfängerin und hatte absolut keine Ahnung von diesen ganzen Massagen. Ich nahm mal an, dass ich da nicht so viel anhaben würde. M. schien jedoch sehr entspannt zu sein. Nun, ich dachte mir, dass dies halt normal sei. Ich meine, in der Sauna, hatte man ja auch nichts an und alle saßen gemischt da drin. Vielleicht würde ich mich ja noch an diese Freizügigkeit gewöhnen. Die Massage- und Beauty-Angebote fanden in urigen Bambushütten statt. Sie waren sozusagen der „Beauty-Tempel" des Klubs.

„Hi, I am Imra, come on", quasselte ein Typ auf Englisch mit türkischem Akzent. Es klang witzig, aber sympathisch. Er erklärte mir, dass er jetzt rausgehen würde und ich in der Zwischenzeit die Kleider ablegen und auf der Liege unter dem Tuch Platz nehmen könne. Und weg war er.

Im Inneren der Bambushütte war er schön eingerichtet und es herrschte eine angenehme Atmosphäre, mit Blüten und Musik. Es sah nicht nur harmonisch, sondern auch sehr professionell aus. *Hoffentlich kommt nicht dieser Typ zurück!*, dachte ich. Ich hoffte sehr, dass nun eine Frau zur Tür hereinkommen würde. Irgendeine Thailänderin mit einer Blume im Haar.

Doch dem war nicht so. Imra kam wieder herein. Doch diesmal hatte er nicht mehr viel an. *Hilfe, was würde das denn werden?!* Nur mit einem kleinen weißen Tuch um die Hüften kam er auf mich zu. Er war tatsächlich oben ohne! War ich jetzt prüde oder war das hier wirklich Standard? *Wenn ich jetzt doch nur mein Handy da hätte, dann könnte ich M. fragen, ob das normal ist.*

Die Massage war sehr wohltuend. Trotzdem war es etwas unangenehm, da der Typ voller Öl halb nackt an mir herummassierte. Und dies nicht nur mit den Händen. Er strich seine ganzen Armen an mir ab und kam mir dadurch natürlich schon sehr nah. Da M. mir gesagt hatte, dass es eine Ganzkörpermassage sei, versuchte ich mich zu entspannen, was mir allerdings nur teilweise gelang.

Prüde oder nicht prüde, woher sollte ich wissen, was noch im Rahmen war und was eher nicht? Von einer Massage hatte ich in der Vergangenheit nur träumen können. Sec hätte mir nie im Leben eine Massage bezahlt. „Kannst dir ja eine Physiotherapie verschreiben lassen, wenn du Schmerzen hast", hätte er kalt gesagt.

Zurück am Pool, erzählte ich M. von der Massage. „Ist das normal, dass der Typ nur ein Tuch umhatte und sonst nackt massiert?" M. schaute mich mit großen Augen an. „Was heißt hier *nackt?"* „Na ja, er war oben ohne und massierte fast mit seinem ganzen Oberkörper. Alles voller Öl." Ich musste nicht weiterreden. M. war schon am Kochen. Ich kam nicht einmal mehr dazu, ihm zu sagen, dass ich es gruslig fand, da er auch noch behaart war wie ein Tier. Man hatte seinen Körper vor lauter schwarzen Haaren gar nicht gesehen. Bevor ich mich versah, war M. schon zur Rezeption gelaufen. Wütend verlangte er, dass dieser Masseur nicht mehr massieren durfte. Er fand es eine Frechheit, dass er mir zu nahe gekommen war.

So hatte ich ihn noch nie erlebt. Voller Verteidigungsdrang kam er zurück. „So, denen habe ich es gesagt. Was hat er dir denn alles massiert?" M. war nicht zu bremsen. Aber im Gegensatz zu Sec war er nur auf den Masseur wütend und nicht auf mich. Das wäre bei Sec ganz anders gewesen.

Umzug – das geliebte
Zuhause verlassen!

Eines Tages war es so weit. Es gab schlechtweg keine Hoffnung mehr. Ich hatte alle Varianten probiert. Ich hatte versucht, gemeinsam mit dem geldgierigen Vermieter eine gute Lösung zu finden. Eine Variante wäre gewesen, dass ich den hinteren Teil des Pferdestalls nicht mehr mieten würde. Doch dann wollte er für den vorderen Stall gleich viel wie zuvor für beide Ställe, obwohl der hintere Stall bereits von Pensionspferden besetzt war und er dort auch die Miete einsacken konnte. Für mich wäre das eine Erleichterung gewesen. Aber er wollte einfach keine faire Lösung anstreben. Dann bot ich mit M. zusammen an, dass wir auf unsere Kosten den Dachstock ausbauen lassen würden, dafür wollten wir aber eine günstigere Miete und einen langjährigen Miet-Pacht-Vertrag. Dies wollte der bockige Vermieter irgendwie und dann doch wieder nicht. Danach schlugen wir ihm vor, dass wir den Hof kaufen würden und er ab sofort nichts mehr damit zu tun hätte und er auf einen Schlag viel Geld hätte. Aber auch das wollte er irgendwie nicht. Für mich war es extrem schwer. Ich konnte einfach nicht loslassen.

Paula und ich saßen wieder einmal hinter der Scheune beim Miststock. „Acht Jahre habe ich gesucht, bis ich so ein Zuhause am richtigen Ort gefunden habe. Seit acht Jahre wohne ich nun hier. Ethan und Tim sind hier aufgewachsen. Pix und Puk sind hier aufgewachsen und können sich frei bewegen." Paula hörte mir aufmerksam zu. Heute war sie mal nicht so forsch. Sie schien mit mir mitzufühlen. „Ich wollte mir endlich meinen Traum erfüllen und die Pferde in meinem ‚Garten' haben. Ich wollte endlich von zu Hause aus mit meinem Pferd und meinem Hund losreiten können." Paula schaute mich ernst an. „Und? Konntest du das? Wann konntet du in den acht Jahren deinen Traum leben?" Ich musste nicht lange überlegen.

Leider hatte ich es in den acht Jahren nie geschafft. Entweder hatte ich das Pferd nicht dazu oder ich hatte keine freien Kapazitäten, da ich mir mit Baby und später mit Kleinkindern, Haushalt, Stallarbeit, Hofarbeit und Teilzeitjob keine freie Zeit hatte verschaffen können. „Hat Sec dich ein einziges Mal unterstützt? Konntest du mit ihm an deiner Seite dein Leben leben?" Wir wussten beide die Antwort und nahmen einen Schluck aus den Prosecco-Döschen. Nach außen hin hatte es immer so ausgesehen, als hätte ich alles. Aber in Wirklichkeit hatte ich nur die Arbeit gehabt und war unterdessen immer mehr in Einsamkeit geraten. Wir saßen da, wie so oft, und schauten den Pferden zu, wie sie friedlich an ihrem Heuhaufen knabberten und zwischendurch schnaubten.

Wie sehr hatte ich in all den Jahren gekämpft! Und doch war ich auf keinen grünen Zweig gekommen. Ich war unglaublich müde. Ich merkte, auch wenn ich weiterhin stark bleiben und weiterkämpfen würde, ich hätte keine Chance. Gegen finanzielle Probleme hat man keine Chance. Was sollte ich tun, wenn der monatliche Unterhalt von circa 2'500.– CHF von meinem Ex nie bezahlt wurde? Mit einer Bevorschussung der Hälfte konnte ich auch nicht überleben. Einen Teilzeitjob, durch den ich mir die Kinderbetreuung sparen konnte, hatte ich bereits, aber der warf dann logischerweise auch nicht so viel ab.

Fast ein Jahr kämpfte ich weiter. Dann, im nächsten Winter, hatten wir wieder kein warmes Wasser und wieder nur acht Grad Celsius im Haus, da das Öl zum Heizen ausgegangen war. Dies war nicht das erste Mal. Woher sollte ich das Geld nehmen, wenn ich monatlich sowieso schon im Minus war? Sogar mit finanzieller Unterstützung von M.

„Paula, es geht mir einfach nicht in den Schädel! Ich habe so lange gesucht! So lange gekämpft! Und jetzt könnte ich endlich das Leben leben, das mir schon immer vorgeschwebt hat! Ohne einen Sec, der mir alles vermasselt und hier zu Hause ständig querschiesst. Verdammt, jetzt wäre ich endlich am Ziel und könnte loslegen!" „Ich weiß, aber du hast das Geld nicht dazu. Es funktioniert einfach nicht. Diese verdammten Viecher fressen einem das letzte Haar vom Kopf."

Diese Antwort hatte ich jetzt nicht hören wollen. Aber es war die Wahrheit. Paula war immer so pragmatisch. So unangenehm pragmatisch. Aber sie hatte recht, das wusste ich. Trotzdem, es ging mir nicht in den Schädel. „Endlich am Ziel und doch am Ende", stöhnte ich. Dieser verdammte Sec, der zu faul war, einer ehrlichen Arbeit nachzugehen. Der kein Herz hatte, mich zu lieben und zu ehren. Der kein Gewissen hatte und nicht aufhörte, seine Machtspielchen mit mir zu spielen. Der keinen Funken Ehrlichkeit in sich trug.

185

Der Wind begann etwas zu wehen und die Pferdehufe klapperten. Wir saßen einfach nur da und starrten vor uns hin, in diese unendliche Weite. „Was habe ich damals bloß in ihm gesehen? Oder hat er sich mit der Zeit so zum Negativen entwickelt?" Paula nahm ihre Zigaretten aus dem Mund, drehte einen Joint und meinte ganz cool: „Hat er gearbeitet, als du ihn kennengelernt hast?" Ja, hatte er. Na ja, um es genau zu sagen, er tat so als ob. Er war selbstständig und war täglich vielleicht vier Stunden weg. Also irgendwie doch nicht. „War er jemals offen zu dir?" Ich musste nicht lang überlegen. „Nein, diesen verschlossenen Schrank hatte er schon immer. Und das war nur der Anfang." Ich musste wieder an Mona denken. Als sie mit dem Schlüssel für den besagten Schrank angerückt war. Wie gerne hätte ich sie auch noch um mich herum! Mona war eine verlässliche, ehrliche Haut. Sie hätte gut zu Paula und mir gepasst. Wir drei mit unseren Hunden und Pferden … „War er anfangs ehrlich zu dir? Hat er dir oft im Nachhinein ein schlechtes Gewissen gemacht?" Wir alle wussten die Antwort. Auch Puk und Pix, die um uns herumsprangen und vergnügt mit dem Schwanz wedelten. Sogar die Pferde wussten die Antwort, da war ich mir sicher.

Wir rauchten unseren Joint, tranken Prosecco und genossen die Ruhe und den Frieden am Rande des Waldes. Ein leichter Wind wehte und ließ die Baumspitzen sanft hin und her schwanken. Was für eine Idylle!

Die Tage vergingen. Eines Tages lag ich im Bett und blickte – wie so oft – hinauf zum Waldrand, der jetzt ganz in Dunkelheit getaucht war. Ich beobachtete die Fledermäuse und wusste: *Jetzt ist es zu Ende. Ich muss loslassen.* Die Tränen kullerten mir die Wangen herunter. Puk drückte sich dicht an mich. Die Kids schliefen in ihrem Zimmer. Ich versuchte, nicht laut zu atmen. Doch meine Nase war immer mehr verstopft. Ein Scheißgefühl. Niemand konnte mir helfen. Niemand litt mit mir mit.

Warum musste man im Leben immer alles alleine durchstehen? Ich strich Puk durchs Fell und begann leise zu schluchzen. Dazu hörte ich auch noch die Musik von U2: „With or Without You". Es wurde nicht besser. Irgendwann fühlte ich mich so ausgetrocknet, so leer und so müde, dass ich erschöpft einschlief.

Immer wenn ich loslassen muss, handle ich plötzlich sehr schnell und effizient. Augen zu und durch.

Ich packte die Trottinetts der Kinder ins Auto und fuhr zu M.s Zuhause. Er war gerade auf der Arbeit. Wir parkierten vor seinem Haus und fuhren mit den Trotties zur Schule. Ich sah mir mit den Kindern die Schule, den Schulweg und die Umgebung an. Natürlich ließ ich mir das nicht anmerken. Ich wollte die Kinder nicht überrumpeln und ich wollte mir auch sicher sein. Auch M. wusste nicht, was ich so in meiner Freizeit trieb. Für mich war es wichtig, in mich hineinzuhorchen und zu spüren, was ich dabei fühlte; vor allem was die Kinder fühlten und wie sie auf die neue Gegend und Schule reagierten. Die Kids waren sehr positiv und unbeschwert. Klar, warum hätten sie es auch nicht sein sollen? Sie wussten ja nicht, dass sie unseren geliebten Hof würden verlassen müssen.

Ich lag mit Puk und Pix im Bett und blickte hoch zum Waldrand, während mir tausend Gedanken durch den Kopf gingen. Dann griff ich nach meinem Handy und schrieb M. ein SMS. „Hättest Du was dagegen, wenn wir zu Dir ziehen würden?"
Stille.
Ich wusste, dass er Ja sagen würde, da er es mir schon mehrmals angeboten hatte. Aber ich wusste nicht, wie er reagieren würde, wenn dies nun tatsächlich der Fall sein würde. Ich wartete angespannt auf sein SMS und doch wollte ich seine Antwort nicht lesen. Ich fühlte mich, als würde ich unter einem Stein liegen. Plötzlich ertönte das SMS-Signal. Es war von M.

„Klar, habe ich Dir doch auch schon angeboten", kam zurück.
Ich überlegte kurz. Es waren jetzt noch drei Wochen bis zu den Sportferien. Was sollte ich noch lange zögern? So hart es auch klang: Ich konnte unser Zuhause nicht länger halten. Warum sollte ich mich selbst belügen? Warum sollte ich mich noch Wochen oder gar Monate gegen diese Wahrheit sträuben? Es würde so oder so zu Ende gehen. Augen zu und durch, dachte ich mir und schrieb M.: „In den Sportferien?"

Ich konnte fast spüren, dass M. gerade leer geschluckt haben musste, als er dieses SMS las. Denn bis zu den Sportferien war es nicht mehr lange. Aber der Leidensdruck war inzwischen einfach zu groß. Jetzt, da ich wusste, dass es zu Ende war, konnte ich nicht mehr lange hierbleiben. Wenn ich schon alles loslassen musste, dann schnellstmöglich. Ich hatte lange genug gekämpft. Zudem sind Ferien immer eine gute Gelegenheit, Kinder an eine neue Umgebung zu gewöhnen und sie danach an einer neuen Schule beginnen zu lassen. Wieder erklang das Signal und wieder war es M.
„Wow, schon. Ja klar. Wie jetzt das?"

Puh, das wäre also geklärt! M. war einfach der Beste! Aber mir wurde nicht wirklich leichter ums Herz. Denk jetzt nicht zu viel nach, sonst fängst du gleich wieder an zu heulen, sagte ich in Gedanken zu mir. Und zu Puk und Pix sagte ich laut: „Lasst uns einfach schlafen", und kraulte sie noch ein bisschen mit geschlossenen Augen. Zum Glück schlief ich kurze Zeit später auch wirklich ein.

Am nächsten Morgen fotografierte ich alle meine noch vorhandenen Möbel und setzte sie zu einem günstigen Preis ins Internet. Die Idee war, dass ich nicht noch viel auseinanderbauen und die Möbel irgendwohin schleppen müsste, um sie zu entsorgen. Mal abgesehen davon, dass die Entsorgung auch noch Geld kosten würde. Mit diesem Plan im Hinterkopf wollte ich das Haus räumen. Ich hatte zahlreiche Anfragen und machte mit vielen Leuten aus, dass sie die Möbel erst in der ersten Ferienwoche in den Sportferien abholen würden. Ich wollte die Jungs nicht schocken und schon vorher ohne Möbel wohnen. Ich wollte die Kinder auch nicht vor vollendete Tatsachen stellen. Irgendwie hatte ich auch hier wieder das Gefühl: *Improvisieren! Du machst das schon!* Mein Gefühl sagte mir, dass es besser wäre, wenn sie ihr neues Zimmer in M.s Haus beziehen würden und es dort dann so toll fänden, dass ich sagen könnte: „Hey, wollt ihr lieber hierbleiben? Kein Problem …" Ich fand es zu krass, das ganze Haus zu räumen und dann zu ihnen sagen: „So, nun steigt ins Auto und winkt mal. Wir kommen nie mehr hierher." In der Zwischenzeit war ich noch ein paarmal mit ihnen mit dem Trottinett den Schulweg zur Schule gefahren.

Zudem konnte ich das mit den Kids nicht konkret besprechen, da Ethan die erste Sportferienwoche zu Sec ging. Wenn Sec von unserem Umzug erfahren hätte, dann hätte er wieder quergeschossen. Es ist nicht so einfach, seine Kinder an einer Schule abzumelden und an einer neuen Schule anzumelden. Dazu braucht es immer beide Elternteile. Das gleiche Tamtam also wie bei den Pässen … Er hätte nie zugestimmt, dass ich mit den Kindern zu M. ziehe. Das Verrückte ist, dass er mich auch nicht unterstützt hat, dass ich in unserem Zuhause hätte bleiben können. Schon seit vier Monaten schrieb ich Sec, dass er den Unterhalt, der gerichtlich beschlossen worden war, bezahlen müsse. Ich teilte ihm mit, dass ich mir unser Zuhause nicht mehr leisten könne und er uns unterstützen müsse, sonst müssten ich und die Kinder wegziehen. Aber er reagierte nicht.

Ich hatte nicht nur damit zu kämpfen, dass auch ich mein geliebtes Zuhause würde verlassen müssen und wie die Kinder darauf reagieren würden; Sec musste natürlich noch einen draufsetzen, sodass ich nun noch eine weitere Belastung hatte. Und zwar in Bezug auf die Kündigung des Hofes.

189

Der komplizierte Vermieter war immer noch so ein Ekelzwerg. Als ich ihm erklärte, dass ich den Hof finanziell nicht mehr tragen könne und ich deshalb – wohl oder übel – den Mietvertrag künden müsse, akzeptierte er das nicht. „Herr Klemens", begann ich höflich am Küchentisch bei Kaffee und Kuchen, „Sie kennen ja nun mittlerweile meinen Noch-Ehemann. Er ist wirklich nicht einfach mit ihm." Herr Klemens nickte stumm und rührte seinen Kaffee um. „Ich weiß, dass wir beide in dem Mietvertrag stehen, aber Sec wird die Kündigung nie und nimmer unterschreiben. Er möchte mich quälen."

Herr Klemens schaute mich an. Zuerst dachte ich, ich würde kurz Verständnis und Sympathie in seinem Gesicht sehen. Dem war aber nicht so. „Das ist mir egal, was Ihr Ehemann nicht macht oder macht. Ich akzeptiere nur eine Kündigung des Mietvertrages mit beiden Unterschriften."

Dieser sture, doofe alte Bock! Ich spürte, wie es in mir brodelte. Was erlaubte dieser Spiesser sich eigentlich, mir jetzt auch noch die Luft abzuschnüren? Reichte es etwa nicht, dass Sec mich schon 15 Jahre erstickt hatte?

„Toll, dann lassen wir es doch einfach so, nicht wahr Herr Klemens?" Nun war mir alles egal, dieser spiessige bockige Kerl konnte mich mal am A… „Mein Noch-Ehemann bezahlt die Alimente und den Unterhalt nicht, also kann ich mir den Hof nicht mehr leisten. Sie akzeptieren die Kündigung nicht ohne seine Unterschrift, also kann ich nicht künden. Wissen Sie was? Reden Sie doch mit ihm. Schlagen Sie doch einander die Köpfe ein!"

Herr Klemens schaute mich mit einer Mischung aus Verblüffung und Verärgerung an. „Ist doch wahr! Was soll das hier eigentlich? Ich bin offen und ehrlich zu Ihnen und erkläre Ihnen, warum ich bald die Rechnungen nicht mehr bezahlen kann, und bitte Sie darum, künden zu dürfen und alles sauber zu beenden, und Sie? Sie stellen sich quer und Sec stellt sich auch quer. Aus die Maus!"

Herr Klemens' Gesicht wurde immer röter. Er glich schon fast einem Dampfkochtopf. „Dann muss ich halt auch nichts mehr! Künden kann ich nicht. Geld bekomme ich nicht. Zahlen kann ich nicht. Macht die Scheiße doch unter euch aus."

Jetzt war der Dampfkochtopf am Überlaufen. Stracks zog er sich die Jacke über, setzte sich seinen Hut auf und schnaubte wütend: „Sie hören von meinem Anwalt", und rannte aus der Küche und aus dem Haus.

Ich saß da und wusste nur eins: Ich hatte es so satt! Warum hatte ich immer wieder mit solchen Typen zu tun, ohne Herz und ohne Verstand? Querulanten und Narzissten.

Als ich mich nach dem Spaziergang mit Pix und Puk wieder etwas beruhigt hatte, schrieb ich nochmals Sec. Ich hatte ihm zuvor schon geschrieben und im nochmals mitgeteilt, dass ich den Hof kündigen muss, da er mir die Alimente nicht bezahlt. Diesmal wurde ich konkreter. Er solle doch bitte die Kündigung unterzeichnen. „Habe soeben mit Klemens gesprochen. Der akzeptiert die Kündigung nur mit Deiner Unterschrift. Du weißt genau, dass ich den Hof aufgeben muss.

Es dauerte nicht sehr lange, da kam auch schon ein E-Mail von Sec zurück. Man konnte seine Schadenfreude durch das E-Mail förmlich riechen. Er teilte mir lapidar mit, dass er die Kündigung nicht unterzeichnen werde.

Herr Klemens hatte, wie angekündigt, einen Anwalt eingeschaltet. Der war auch so ein quadratischer Hanswurst. Schrieb mir Zeilen wie: „Bitte berücksichtigen Sie, dass die Kündigung nur mit beiden Unterschriften gültig ist." Von wem war der denn gebissen worden? Wie oft sollte ich denn mein Dilemma noch erklären?

Nun war es endlich so weit! Als die Kids nicht da waren, räumten M und ich den allerletzten Rest, der noch im Haus war, aus und entsorgten alles. Danach zog ich mit den Jungs ganz zu ihm ins Haus. Nie zuvor hatten die Jungs dort geschlafen oder sich dort aufgehalten. Es ging mit Sec einfach nicht anders. Auch wenn ich das nicht so auf die harte Tour machen wollte. Ich kannte das Haus ja schon, da ich an den kinderlosen Wochenenden und in den kinderlosen Ferien bei M. gewohnt hatte.

Wir richteten den ganzen obersten Stock im Haus als Kinderzimmer ein. Ich kaufte zwei neue coole Kinderbetten. Einbauschränke und ein Pult hatten wir bereits. Dann zügelten wir noch das eine oder andere Gestell hoch und fertig war das Ganze. Als dann auch noch die Bettwäsche der Kinder, ihre Kuscheltiere, ihre Poster und was sie sonst noch so hatten, Einzug ins Zimmer gefunden hatten, war eine richtig heimelige Kinderoase unter den Dachgiebeln mit den Dachfenstern entstanden.

Es war wirklich krass, aber die Kinder gingen vom ersten Abend an ohne Weiteres ins Bett und blieben auch dort. Jeden Tag wartete ich darauf, dass einer der beiden fragen würde: „Wann gehen wir wieder nach Hause?" Doch dies geschah nie. Es war für mich kaum zu glauben und wieder einmal ein Beweis dafür, dass Kinder sogar in äusserst krassen Situationen in der Lage sind, sich anzupassen. Sie reagieren wesentlich unkomplizierter auf die Veränderungen als wir Erwachsene. Auch den Schulstart meisterten die beiden gut. Irgendwann fragte mich Ethan, ob wir denn nun ganz hierbleiben oder nochmals zurückgehen würden. Doch das war auch schon alles.

Anfangs war ich etwas angespannt und stets darauf bedacht, immer alles unter Kontrolle zu haben. Ich wollte kein Gezanke, keine Unordnung, kein Ramponieren oder sonstige Unannehmlichkeiten in M.s Haus. Schließlich lebte er, abgesehen von den gelegentlichen Besuchen seiner Tochter, schon länger allein, und solche Jungs wie meine zwei war er schon gar nicht gewohnt- und dann auch noch Vollzeit! Mit der Zeit konnte ich mich jedoch immer mehr entspannen und ließ auch schon mal Tim allein zu Hause, wenn ich einen Termin hatte.

Manchmal, wenn ich draußen saß und den Sonnenuntergang betrachtete, kam ein Gefühl der Traurigkeit in mir hoch. Es fühlte sich nicht an wie Heimweh, sondern eher wie ein Versagen. So wie wenn man einen Teil von sich hat aufgeben müssen.

Mittlerweile hatte Sec nach Monaten doch die Kündigung des Mietvertrages unterschrieben. Aber nur unter Druck von Herrn Klemens' Anwalt. Selbstverständlich war am Schluss doch ich die Leidtragende, da ich dank Sec noch einige Monate mehr als gewollt und gekonnt die Miete für den Hof aufbringen musste.

Ich kann bis heute nicht an unserem alten Zuhause vorbeifahren und habe es auch nie den Jungs zugemutet, das leere Haus zu sehen. Oder noch schlimmer, andere Leute in unserem Zuhause zu sehen.

Ethan glaubte immer noch, der Hof würde uns gehören. Oft sagte er zu mir, dass der Hof Papa gehöre. Ich musste ihm erklären, dass der Papa leider lügt und der Hof Herrn Klemens gehört und wir leider nicht dort bleiben konnten, weil alles so teuer war. Auch das war so eine Sauerei. Sec war einfach ein kranker Mensch. Wie konnte er sein Kind so anlügen und dann auch noch versuchen, es gegen mich aufzuhetzen? Er erzählte Ethan ständig, dass ich schuld sei, dass wir nicht dort bleiben konnten. Und ich müsste Papa Geld geben. Dabei war es genau andersherum. Da fehlten mir einfach die Worte. Ich konnte solche Dinge selbstverständlich auch nicht mit einem fünfjährigen Kind diskutieren. Es tat mir in der Seele weh, dass mein Kleiner durch solche Schikanen und Lügen noch mehr belastet wurde. Aber gegen eine Instrumentalisierung der Kinder vonseiten der Gegenpartei kann man nicht viel machen.

Alltag

Es gibt Tage, an denen man sich fragt: „Wo bleibe ich?" Man rennt dem Job hinterher, man rennt den Kindern hinterher und irgendwie auch wieder der neuen Beziehung. Aber wo bleibe ich?

Wenn man manchmal mit den Kids an seine Grenzen gerät, fragt man sich: „Warum eigentlich?" Die ganze Zeit gibt man sich so viel Mühe. Macht das Beste für die Kinder. Steht für sie ein. Kämpft um ihr Wohl. Opfert sich für sie auf. Würde für sie sterben. Und dann? Dann stressen oder ärgern einen die Kleinen so, dass man sich manchmal fragt: „Was mache ich hier eigentlich?!"

Ich hätte nie gedacht, dass Kinder einen so in Beschlag nehmen würden. Natürlich war mir bewusst, dass man mit Kindern seine Aufgaben und Verpflichtungen hat. Aber dass man durch sie sein eigenes Leben manchmal fast aufgeben muss, das ist einem vorher nicht klar. Wäre es so, gäbe es sicherlich weniger Kinder.

Wenn mir Leute sagen, dass sie sich überlegen, einen Hund zu kaufen, dann müssten sie Verantwortung tragen und wüssten danach, ob sie für den weiteren Schritt – Kinder zu haben – bereit seien, dann könnte ich in die Luft gehen. Was für eine Wahnvorstellung! Ich kann dazu nur sagen: Nicht einmal fünf Hunde sind damit vergleichbar, ein Kind zu haben! Und ein weiteres Kind ist nicht einfach eins mehr. Nein, es verändert das Leben nochmals komplett.

Mit Kindern hat man fast keine Zeit mehr für die eigenen Bedürfnisse. Man kann nicht mal eben an einem Abend mit einer

Kollegin etwas trinken gehen. Oder ins Solarium gehen und danach gemütlich zu Hause ein Buch lesen. Oder seine Badewanne einlaufen lassen und nach einem stressigen Arbeitstag bei Kerzenschein das warme Wasser genießen. Nein, es ist immer irgendetwas. Tag und Nacht trägt man die Verantwortung für das Wohlbefinden und eine gute Entwicklung seiner Kinder.

Bei Ethan empfinde ich das extrem so. Ich kann nicht einmal in Ruhe mit M. plaudern oder ungestört etwas lesen. Er muss immer im Mittelpunkt stehen. Er überfordert auch seinen größeren Bruder und braucht jede Minute Aufmerksamkeit und Beschäftigung. Das ist sehr anstrengend. Man hat das Gefühl, man darf ihn keine Minute aus den Augen lassen, sonst passiert etwas. Wenn er kippt, wird er jähzornig und hat das Gefühl, er könne Gegenstände oder gar das Haus verwüsten. Tim ist dagegen eher introvertiert und versinkt schnell in Selbstmitleid.

Schulprobleme und der ganz normale
„Tageswahnsinn"

Nicht lange – um es genau zu sagen, drei Wochen – und ich wurde mit dem nächsten „Wahnsinn" konfrontiert.

„Guten Tag, Frau Martins!" Ich stand im Zimmer des Schulleiters. Sec, die Lehrer und auch Frau Roberts, die Beiständin der Kids, saßen bereits auf ihren Stühlen. „Dann können wir ja jetzt beginnen." Der Schulleiter, Herr Eberts, legte mir dar, dass sie in der Schule große Probleme mit Tim hätten. Auch die zwei Lehrerinnen, die beide diese Klasse unterrichteten, mussten eingestehen, dass sie mit Tim schlechtweg überfordert waren. „Er hört nicht zu, wenn man ihm etwas sagt", meinte die eine Lehrerin. Die andere nickte bestätigend und äußerte: „Ja, und wenn er sauer ist, zerbricht er seine Bleistifte oder das Lineal." Alle schienen derselben Meinung zu sein: Tim, der Schwerverbrecher.

Ich saß da und ließ einfach alles auf mich einprasseln. Ich merkte, wie amüsiert Sec dabei war. Es störte ihn überhaupt nicht, dass sich Tim in der Schule anscheinend nicht gut benahm. Nein, er freute sich schon fast darüber. Er hatte ein mieses Grinsen im Gesicht. „Denken Sie, dass er durch den Umzug zu viel Stress hatte? Vielleicht braucht er Hilfe?" Diese Worte aus Secs Maul tönten wie eine Sirene. *Hilfe, Angriff!* Natürlich, jetzt war alles klar. Sec labte sich förmlich daran, mir nun Tims auffälliges Verhalten in die Schuhe schieben zu können. Ich war die Böse, die umgezogen war und dem armen Tim dies zugemutet hat. Was für eine Rabenmutter!

„Nun, wir sind zu dem Entschluss gekommen, dass Tim mehr Aufmerksamkeit und Hilfe benötigt, als wir sie ihm hier in dieser Schule anbieten können. Eine Therapie wäre sicherlich nicht schlecht. Aber vielleicht braucht er auch eine kleine Klasse, so was wie eine Privatschule." Ohne Punkt und Komma plapperte Herr Eberts in einem fort. Dabei gefiel mir die Richtung, in die dieser Monolog ging, überhaupt nicht. Aber wenn ich so in die Runde schaute, schien ich damit allein auf weiter Flur zu sein.

„Denken Sie da an eine bestimmte Privatschule?" Sec war schon Feuer und Flamme. Beunruhigend war überdies, wie Frau Roberts alles mitschrieb. Wenn eine Beiständin alles mitschrieb und es auch noch so auffasste, wie es verkauft wurde, hieß das für mich: neuer Stress in naher Zukunft.

„Mir ist auch schon aufgefallen, dass Tim psychische Hilfe braucht; ich bin ja selbst vom Fach. Ich würde das also sofort unterstützen." Mir wurde fast schlecht. Dieses ekelhafte überhebliche Verhalten von Sec. *Ich bin ja selbst vom Fach.* So ein Quatsch! Nur weil er zwei Jahre begleitend Wirtschaftspsychologie studiert hatte, hieß das noch lange nicht, dass er in der Lage war, Tims seelische Verfassung zu beurteilen. Er war kein Psychotherapeut. Aber natürlich passte ihm das jetzt super in den Kram.

„Die Privatschule ist eine halbe Stunde von hier entfernt. Wir müssten dann gegebenenfalls nach einem Fahrdienst schauen", erklärte Herr Eberts weiter. „Das klingt vernünftig. Ich erkläre mich selbstverständlich zu allem bereit, wenn es Tim dienlich ist. Herzlichen Dank, dass Sie sich so gut um Tim kümmern."

Mir wurde immer schlechter. In mir fing es bereits wieder an zu brodeln. Sec war so ekelhaft. Und alle taten so, als wäre es bereits beschlossene Sache.

„Nein, das kommt für mich nicht infrage", meldete ich mich nun zu Wort, wobei ich nach außen hin ganz ruhig blieb. *Zeig ihnen, dass du nicht nur das kleine graue Mäuschen bist, das zu allem Ja und Amen sagt. Du kannst auch anders! Du bist stark!*, redete ich mir selbst gut zu.

„Das ist doch lächerlich! Hören Sie, Sie wollen mir doch nicht nach nur drei Wochen erzählen, dass mein Kind nicht hierbleiben kann?! Dass zwei Vollzeitlehrerinnen mit meinem Sohn überfordert sind?! Dass Sie als Schulleiter gleich solche drastischen Veränderungen in Erwägung ziehen, obwohl Sie genau wissen, dass Tim erst vor drei Wochen umgezogen ist und nun Zeit braucht, um sich einzuleben?! Ich hatte mit Tim noch nie Probleme. Seit ich nicht mehr mit Sec lebe, haben sich die Kinder sehr positiv entwickelt. Tim ist ein sehr ruhiges und angenehmes Kind geworden. Und nun wollen Sie mir sagen, dass das ganze Schulhaus hier es nicht schafft, mit Tim umzugehen?! Sehr unprofessionell, bei allem Respekt. Zudem geht es hier um ein Kind, das sich neu zurechtfinden muss. Das Zeit, Geduld und Einfühlungsvermögen braucht. So eine Reaktion nach drei Wochen, ich kann es nicht fassen! Wirklich sehr unprofessionell."

Verdutzt schauten mich alle an. Beide Lehrerinnen senkten ihren Blick. Sec sah ebenfalls irritiert und verblüfft aus.

„Tim braucht Zeit. Er muss sich einleben, neue Freunde finden, neuen Stoff lernen. Ich werde mit ihm zu Hause mal darüber reden. Haben Sie sonst noch was?" Ich spürte meine innere Stärke. Es war ein tolles Gefühl. Eine Löwin, die für ihre Kinder kämpfte. Und eine giftige Schlange, die sich jedoch im Moment zurückhalten musste. Aber nur im Moment! Ich wusste, als ich erhobenen Hauptes aus dem Zimmer ging, dass Sec noch aus dem Busch geschossen kommen würde.

Endlich waren wir „angekommen". Die Nachbarsjungen spielten mit meinen Jungs auf der Straße. Er hatte einen „Freund", mit dem er selbstständig mit dem Trottinett in den Dorfladen fuhr. Sie hatten endlich einen Schulweg, den sie zusammen gehen konnten. Dies war ja zuvor nicht der Fall gewesen. Auf dem Hof hatte es keine Nachbarn. Die Kinder konnten nicht zur Schule spazieren, sie wurden vom Schulbus abgeholt. Das hatte schon ein wenig gefehlt und war im Hinblick auf ihre sozialen Kontakte nicht optimal gewesen. Jetzt war es aber anders und ich wollte auf keinen Fall, dass Tim nun wieder aus seinem Alltag herausgerissen würde und wieder mit einem Bus oder Taxi zur Schule fahren müsste.

Meine Nerven waren zum Zerreißen gespannt. Immer wenn ich dachte, jetzt habe ich es endlich im Griff und wir kommen voran, kam der nächste Hammerschlag. Natürlich wusste ich, dass dies erst der Beginn einer großen „Schlacht" war. Aber im Alltag, wenn es gerade normal lief – ohne Einschreiben, ohne Vorladungen vom Staatsanwalt wegen eines weiteren Vergehens vonseiten Secs, ohne Psychospielchen –, vergaß ich auch mal für ein paar Tage, dass ich mich noch „mittendrin" befand. Das war vermutlich auch besser so, sonst wäre mir wohl irgendwann meine Lebensfreude abhandengekommen.

Zu Hause sprach ich mit Tim, warum er in der Klasse solche Probleme verursachte. Ich erklärte ihm, dass ich ihm nicht mehr helfen könne, wenn er sich weiterhin so benehme. Es wäre für ihn nicht hilfreich gewesen, wenn ich mich bei den Lehrern und beim Schulleiter für ihn einsetzte, ohne dass er auch sein Verhalten in der Schule änderte. Es war ein langes und intensives Gespräch unter vier Augen und ich hatte das Gefühl, dass es klappen würde. Wir hatten auch abgemacht, dass er seinen Wunsch von einer Fotouhr erfüllt bekäme, wenn er sich bessern würde.

Ab diesem Zeitpunkt war ich jeden Tag wie auf Nadeln. Immer wenn Tim mittags oder nachmittags von der Schule heimkam, fragte ich ihn sofort: „Wie war's? Ist alles okay? Warst du brav?

Hast du mitgemacht?" Dann kam jedes Mal von Tim: „Jaaa, Mama." Doch inwieweit konnte ich mich auf diese Aussagen verlassen? Tim hatte auch vor diesem Gespräch das Gefühl gehabt, dass alles okay sei. Er hatte das Gefühl, er mache mit, aber die andern seien doof zu ihm.

Zwei Wochen später sah ich im Kontaktheft einen Eintrag. Es stand drin, dass er andere Kinder mit Steinen beworfen habe und er nicht so gut in der Schule mitgemacht habe.

„Was soll das, Tim?! Was erzählst du mir für einen Blödsinn?" Ich fühlte mich wirklich „veräppelt". Ich hatte zuerst nichts sagen wollen. Aber als er wieder so ein desinteressiertes Gesicht gemacht hatte, war mir der Kragen geplatzt. Ich war so sauer und enttäuscht! Ich wurde laut und weinte nur noch. „Sag mal, was hast du für ein Problem, Tim?!" Ich wusste es wirklich nicht. Ich war die Einzige, die hinter ihm stand und alles versuchte, damit er in der Schule und seiner vertrauten Umgebung bleiben konnte. Und er fiel mir in den Rücken!
    Ich konnte einfach nicht mehr meine Gefühle unterdrücken. Ich war am Ende.

Plötzlich weinten wir beide. Dann tat es mir plötzlich unendlich leid, dass ich so barsch gewesen war und so einen Gefühlsausbruch gehabt hatte. Aber in diesem Moment konnte ich einfach nicht mehr. Irgendwann ist auch bei mir die Luft raus.
    „Tut mir leid, Tim. Aber ich weiß einfach nicht, wie ich dir helfen soll. Ich versuche alles. Du darfst nicht so gegen mich arbeiten. Ich kann nicht erzwingen, dass du bleiben kannst, und du benimmst dich weiterhin so schlecht. Irgendwann gewinnen der Schulleiter, die Lehrerinnen und Papa."

Tim schaute mich an. Auch er hatte sich in der Zwischenzeit wieder gefangen. Es war plötzlich wieder sehr harmonisch zwischen uns.

„Okay, ich werde es nicht mehr machen." Ich nahm ihn in die Arme und fragte ihn: „Warum machst du das? Geht es dir nicht gut? Vermisst du das alte Zuhause? Oder Papa?" Tim reagierte daraufhin sehr schnell. „Nee, ganz sicher nicht." „Dann lass es uns von nun an besser machen. Zeig den anderen Kindern und Lehrerinnen, dass du cool bist. Sonst bekommst du nur Ärger. Und die Kinder wenden sich auch schon von dir ab. Ich hab eine Idee. Lass uns einen Punkteplan basteln."

Oben auf dem Plan durfte er aufschreiben, was er sich wirklich wünschte. Ich habe dann unten den Monatsplan angefügt sowie seine Aufgaben, die er jeden Tag erfüllen musste. Erst wenn er alle seine Aufgaben erfüllt hätte, durfte er einen Tag abstreichen. Und wenn alle Tage abgestrichen waren, bekam er den aufgelisteten Wunsch.

Aufgaben:
- lieb zu Lehrern und Schülern sein
- gut mitmachen
- lesen üben
- schreiben üben
- Hausaufgaben immer gleich und ganz erledigen

So unschön mein Gefühlsausbruch an jenem Nachmittag auch war, er hatte ihm wohl doch zu denken gegeben und ihn gewissermaßen „wachgerüttelt".

An solchen Tagen, die alles andere als rundliefen und die mich nicht nur müde, sondern auch traurig machten, dachte ich oft daran, dass ich die Beziehung zu Sec schon viele Jahre früher hätte beenden müssen. Einerseits wäre ich dann nicht schon zu Beginn der „Schlacht" mit meinen Kräften am Anschlag gewesen; andererseits hätte ich mir vermutlich auch viele Betrugsgeschichten und Vergehen vonseiten Secs ersparen können, in die ich als Ehefrau automatisch verwickelt war und für die ich infolgedessen mithaften musste. Abgesehen davon wäre es auch für die Kinder besser gewesen, wie ich jetzt im Rückblick weiß. In der Situation selbst hatte man immer das Gefühl, dass es das Beste für die Kinder sei, zusammenzubleiben. Was für ein Irrglaube! Das Leben hat mich eines Besseren belehrt.

Mein 37.
Geburtstag

Ein toller sonniger Sommertag. Schon morgens kam die Sonne schwül daher. Die Vögel zwitscherten putzmunter. Die Kinder schliefen noch friedlich. Nur Pix, unser Chihuahua, war schon wieder topfit und wollte hinaus in den Sommertag. Alle Kids hatten mit M. einen geheimen Plan und grinsten schon beim Frühstück.

Danach musste M. kurz ins Geschäft und ich packte schon mal die Koffer mit den ganzen Badeutensilien: Luftmatratzen, Pumpe, Badmintonschläger, Schnorcheln, Flossen und so weiter. Auch die Sporttaschen mit der Sportbekleidung und den ganzen Fussballsachen der Jungs durften nicht fehlen.

M. und die Kids wollten mich aus dem Haus haben. Sie hatten etwas geplant und mussten dafür noch einiges vorbereiten. Deshalb setzte ich mich solange in eine „Gartenlounge" im Nachbardorf. Die Sonne schien und die Vögel zwitscherten vergnügt in den vielen kleinen Bäumchen im Steingarten des Bistros. Ein Gefühl der Wärme durchflutete mich. Was für ein schönes Gefühl, von allen Familienmitgliedern so geschätzt und respektiert zu werden! Dies kannte ich so gar nicht. So viele Jahre war ich von Sec wie ein Stück Dreck behandelt worden. Er hatte nie Rücksicht auf mich genommen. Er interessierte sich weder für mich noch für meine Bedürfnisse oder Gefühle. Dies hatte sich auch auf die Kinder abgefärbt. Sie hatten weder Respekt noch Wertschätzung gekannt. Es war einfach nur schrecklich gewesen. Diskriminierung in der eigenen Familie. „Hallo, was hätten Sie denn gerne?" Ich war so in Gedanken versunken gewesen, dass mich die nette Bedienung zusammenzucken ließ. „Ähm, ich nimm ein Radler, danke." Ja genau, was Kaltes und Lüpfiges. Das würde ich mir jetzt gönnen.

Es war so ein tolles Gefühl, dass meine neue Familie meinen Geburtstag so wichtig nahm und diesen mit so großer Freude gestalten wollte. Es war jetzt alles ganz anders. Allein das war für mich an diesem meinem heutigen Tag schon ein Geschenk. „Hier, bitte schön, Ihr Radler!"

Ich nahm einen Schluck und ließ die kühle Flüssigkeit genüsslich meine Kehle hinunterrinnen. Köstlich, dieses eiskalte Getränk! Die Sonne schien mir ins Gesicht. Ich spürte, wie sich meine Akkus aufluden. Was aber noch viel schöner war, was noch viel mehr zählte: Ich hatte Menschen im Rücken, die zu mir hielten und die mich liebten.

Wenn ich so darüber nachdachte, was ich schon alles erreicht hatte, war ich schon ziemlich stolz auf mich. Klar, es war noch lange nicht vorbei. Aber ich hatte bereits viel erreicht, und das war ein gutes Gefühl. Und heute – heute würde ich *nicht* an Sec denken und was noch alles kommen könnte. Nein, heute nicht!

Ich schnappte mir die Zeitung, die auf dem Nachbartisch lag. Sofort fiel mein Auge auf einen Bericht mit dem Titel: „Umgang mit einem Narzissten". Kaum hatte ich zu lesen begonnen, konnte ich nicht mehr aufhören. Es erstaunte mich aufs Neue, dass auch dieser Bericht wieder so punktgenau auf Sec und unsere Situation passte.

Artikel „Umgang mit einem Narzissten":
Allein die Trennung von einem Narzissten ist emotional schon sehr schwierig. Noch anstrengender und komplexer wird es, wenn gemeinsame Kinder einen weiteren Kontakt erfordern. Dann wird der Streit über die Kinder fortgesetzt. Der allseits empfohlene Kontaktabbruch kann hier nicht wirklich greifen.

Wie gelingt es, die eigene Seele heilen zu lassen, wenn weder Zeit noch Raum vorhanden sind und der Narzisst nach wie vor täglich auch wegen der gemeinsamen Kinder präsent ist? Viele Betroffene, die genau in dieser Situation stecken oder dies durchlebt haben, wissen, wie immens anstrengend das Leben sein kann, wenn gemeinsame Kinder mit einem Narzissten den Kontaktabbruch kaum möglich machen.

Wer glaubt, dass nach einer Trennung von einem Narzissten nun endlich Ruhe und Frieden einkehren, der irrt. Oftmals beginnt hierbei der Kampf erst richtig. Gemeinsame Kinder verbinden und verhindern, dass dieser Mensch nach der Trennung im eigenen Leben nun keine Präsenz mehr zeigt. Oftmals ist genau das Gegenteil der Fall. Der Narzisst zieht sich nicht zurück, sondern versucht nun über die Kinder mit dem Terror weiterzumachen.

Der Narzisst will die Macht behalten.

Leider müssen viele feststellen, dass sich der Schauplatz der Machtspiele von der Paarebene nun auf die Elternebene verlagert und die Kinder zum Spielball umfunktioniert werden. Es spielt hierbei keine Rolle, wer sich von wem getrennt hat. Ob der Narzisst gegangen ist oder man selbst.

Eine Trennung bedeutet für den Narzissten immer Vernichtung und Verrat. Und daher verwundert es nicht, dass dem Narzissten rein gar nichts daran liegt, eine friedvolle Situation zum Wohle der Kinder herzustellen. Er will mit aller Kraft sein Spiel um Kontrolle und Macht beibehalten. Es zählen in diesem Marionettenspiel lediglich seine Spielregeln.

Der Narzisst kümmert sich nicht viel um die emotionalen Wunden seiner Opfer, zu sehr ist er darauf bedacht, die verletzten Personen, die nun schutzlos am Boden liegen, mit weiteren Messerstichen zu attackieren, um sie an der Leine zu halten und um seine Machtposition beizubehalten.

Die wahren und grausamen Motive des Narzissten sind für das Opfer zwar ersichtlich, sie bleiben jedoch für das Umfeld unsichtbar. Die gemeinsamen Kinder werden manipuliert und in Unwahrheiten verstrickt. So verwundert es nicht, dass der andere Elternteil schier machtlos zusehen muss, wie das Spiel um Macht und Kontrolle auf einer anderen Ebene weitergeführt wird.

Zeit für die Verarbeitung der Trennung bleibt wenig, denn das nächste Spiel hat bereits begonnen. Das Spiel mit der Angst, die eigenen Kinder zu verlieren. Der Narzisst ist darauf bedacht, seine neuen Ziele zu erreichen: die vollständige Macht über die Kinder zu bekommen und das Leiden des Expartners zu erhöhen. Zugeständnisse und ein Entgegenkommen sind lediglich dann zu erwarten, wenn es dem Narzissten einen Nutzen verschafft. Und wieder einmal stehen die Bedürfnisse des Narzissten im Vordergrund.

Das Opfer, das den Missbrauch erkannt hat, wendet sich Hilfe suchend an das Jugendamt, Anwälte, Hilfsorganisationen und Co. Der Hilferuf wird hierbei meist nicht erkannt, denn ein Narzisst ist ein Meister der Tatsachen-Verdrehung. Umstände werden vor der Öffentlichkeit geschickt in ein anderes Licht gerückt. Meist nicht zum Vorteil des Opfers und auch nicht der Kinder.

Die Rolle, die der andere Elternteil nun zu besetzen hat, steht für den Narzissten schon lange fest. In vielen Fällen bleibt nur eine Entfremdung oder der Rückzug des anderen Elternteils, der ermüdet vom Kampf keine andere Möglichkeit als die Kapitulation sieht. Der Narzisst möchte weiterhin im Mittelpunkt seiner Kinder stehen, der andere Elternteil hat lediglich einen Nutzen zu erfüllen, wie zum Beispiel die Kinder zu betreuen oder den Barunterhalt zu leisten.

   Dies ist so ermüdend und aussichtslos für das Opfer, dass es sogar mit dem Gedanken spielt, alles aufzugeben. Sogar die Kinder.

„Möchten Sie noch etwas?" Lächelnd stand die Bedienung wieder neben mir. „Nein danke, ich möchte gerne bezahlen." Ich stieg ins Auto und fuhr zurück, wo meine Geburtstagsüberraschung wartete. Der Artikel hatte mich wieder mal sehr berührt. Denn genau so ist es! Keiner hilft einem. Keiner erkennt den kranken und gefährlichen Menschen, der das Opfer und die Kinder kaputtmacht. Es macht einen fertig, da niemand einem glaubt und jeder alles nur als einen gewöhnlichen Streit abstempelt. Aber dies ist kein *gewöhnlicher Streit*, wie es ihn bei vielen Ehen, die auseinandergehen, gibt.

Auch hier besteht wiederum das Problem, dass keine konkrete Hilfe gegen psychische Gewalt angeboten wird. Es gibt keine Hilfsorganisation, die dagegen kämpft und mithilft, diese Situation zu stoppen. Im Gegenteil, es wird alles ignoriert. Und solche Hilfsorganisationen nennen sich „zuständige Stelle für das Kindeswohl". Hier weiß ich echt nicht, ob ich lachen oder weinen soll. Da kommt einem schon die Wut hoch und man hat das Bedürfnis, alle diese „blinden" Personen mal so richtig „wachzurütteln" und ihnen die Augen zu öffnen, was sie hier eigentlich machen! Nämlich nichts. Sie helfen Psychopathen, die Kinder und den Expartner kaputtzumachen. Ich halte gar nichts mehr von Psychologen und solchen Institutionen. Es ist tragisch und nicht vertretbar, was solche unfähigen Personen und Organisationen tun.

Mein Geburtstag war sehr schön. Die Kinder hatten das Haus dekoriert, Servietten gefaltet, den Tisch gedeckt, Kuchen gebacken und auch die Partymusik fehlte nicht. M. hatte mir einen wunderbaren Liebesbrief geschrieben und das Wetter lud zum Genießen und Verweilen im Garten ein.

Kindergeständnis

Dass Tim in der Schule Verhaltensauffälligkeiten zeigte, lag vermutlich an dem ganzen Stress. Und zwar nicht an dem Stress, dass wir umgezogen und eine neue Familie geworden waren; nein, es lag vielmehr daran, was er in dieser Zeit alles verarbeiten musste.

Begonnen hatte es vor Weihnachten, als er mir immer wieder sagte, dass er nicht zu Papa möchte und dieser „gemein" zu ihm sei. Anfangs hatte ich dies nicht so wortwörtlich genommen, da Kinder sich ja oft so äußern, wenn sie ihren Willen nicht bekommen. Es ist ja auch bekannt, dass Kinder zum Übertreiben neigen und manchmal auch schummeln, um ihren Willen durchzusetzen. Doch eines Tages merkte ich, dass Tim es wirklich ernst meinte.

„Warum muss ich immer zu dem? Ich möchte nicht." Tim schaute mich böse und mit Tränen in den Augen an. „Du musst es der Beiständin sagen, wenn du das wirklich nicht mehr möchtest", antwortete ich ihm. Die Beiständin Frau Roberts wurde uns damals auch vom Gericht aufgedrückt. Sie soll schauen, dass es den Kindern gut geht und alles klappen würde. Kaum hatte ich diese Worte ausgesprochen, merkte ich, wie verrückt das Ganze eigentlich war! Wir mussten es einer *fremden Tante* sagen?! Was war mit mir? Und mit Tim? Schließlich ging es hier um *ihn*. Und seine Mutter war *ich*.

Ein paar Tage danach war Tim immer noch schlecht auf seinen Vater zu sprechen. „Wieso muss ich das der Frau sagen? Ich will nicht. Ich gehe einfach nicht mehr. Der kann mich mal.

Und die Tante auch." Tim war nicht nur sauer, er war auch verzweifelt. Mein Gewissen quälte mich immer mehr. Es schien echt ein großes Thema für Tim zu sein. Hatte ich zu lange gewartet? Warum hatte ich es nicht selbst gemerkt?

Also vereinbarte ich einen Termin mit der Beiständin. Leider war es nicht mehr Frau Roberts, die uns bereits einige Monate begleitet hatte. Durch den Umzug hatten wir eine neue Beiständin bekommen. Frau Rabe. Sec lachte sich ins Fäustchen. Wie eine Zecke saugte er sich an ihr fest. Dies war seine Chance, eine Person auf seine Seite zu ziehen. Sie zu täuschen und sie wie eine Schlange einzurollen, um sie für seine Zwecke zu benutzen. Das machte er immer so. Doch bei Frau Roberts hatte das nur eine Zeit lang funktioniert. Irgendwann durchschaute sie ihn. Doch nun kam Frau Rabe. Und Frau Rabe war noch total offen und wusste von nichts.

Ich hasste es. Schon wieder müsste ich von vorn beginnen. Vermutlich würde Sec es schaffen, sich bei ihr einzuschmeicheln. Zumindest in der Anfangszeit war ihm dies bisher stets gelungen. Ob es diesmal auch so wäre? Oder ob es sogar so bliebe? Was, wenn Sec eine Person von seinen Lügen derart überzeugen würde, dass uns niemand glauben würde? Neue Ängste überkamen mich. Als ob ich nicht schon genug belastet gewesen wäre!

Bei Frau Rabe nahm Tim seinen ganzen Mut zusammen und erzählte Dinge wie die folgenden:

„Wenn ich nicht aufräume, dann bestraft er mich, indem er mit meinem kleinen Bruder schwimmen geht und ich nicht mitdarf."

„In der Nacht liege ich auf dem Boden, da ich in dem einen Bett, welches es gab, keinen Platz habe. Aber dann friere ich immer so und kann nicht schlafen."

„Manchmal schlägt oder kickt er mir in den Rücken, wenn ich nicht gerade vorwärtsgehe."

„Er schlägt mich, bis ich einen feuerroten Popo habe."

„Wenn ich mal den Fernseher anfasse, dann wird er gleich böse zu mir."

„Er kickt auch den Hund mit den Schuhen, wenn er nicht perfekt bei Fuß geht."

„Wenn ich mit ihm spreche, dann schaut er entweder in den Fernseher, ins Handy oder in den Computer und sagt immer nur ‚Mhm'. Doch wenn ich ihn dann frage, ob er mir zugehört hat, dann fängt er an zu lügen oder sagt, ich soll es wiederholen. Er hört nie zu."

„Ich möchte nicht mehr zu Papa. Ich habe Angst, dass er wieder böse ist, wenn irgendwas ist."

Frau Rabe fragte Tim, ob er den wisse, wann der Papa böse wird. Oder warum. Doch dies wusste er nicht. Tim wusste nie, wann und warum sein Vater böse zu ihm wurde. Eine große Belastung für das Kind.

Es war furchtbar! Ich konnte es nicht glauben! Natürlich hatte es auch schon mal die Situation gegeben, wenn ich den Jungs nicht gleich etwas gekauft habe, was sie gesehen hatten und unbedingt haben wollten, sodass es dann hieß: „Du bist böse!" Aber dieses „böse" war ein ganz anderes als das, welches ich nun von Tim über Sec vernahm. Und ich hatte es lange nicht ernst genommen! Es war eine Katastrophe! Ich sah meinen kleinen Jungen mit seinen hellen zarten Locken und den blauen Augen an und erkannte, wie erschöpft er war. Er knabberte an seinen Fingernägeln und wirkte wie ein zerbrechliches Vögelchen, das ängstlich wartete, ob es gefressen würde oder Futter bekam.

Ich saß da und fühlte mich so elend. Es tat mir so leid. Es fraß mich auf. Ich fühlte mich so miserabel. Ich glaubte fast zu ersticken. *Was bist du nur für eine Mutter? Warum hast du nicht gemerkt, dass Sec nicht nur dir diese unterschwellige Gewalt antut? Warum hast du nicht gleich das erste Mal reagiert, als*

Tim sagte, Papa sei böse und dass er nicht zu ihm wolle? Tausend Fragen, durchmischt mit den schlimmsten Selbstvorwürfen, durchfuhren und zerfleischten mich.

Nach dem Gespräch fuhren wir nach Hause. Diese Sache ging mir so sehr ans Herz! *Nirgends bist du angekommen! Gar nirgends!*, dachte ich bei mir. Und ich spürte: Der Kampf würde erst noch beginnen, das hier war bloß der Anfang. Die Hölle würde erst noch kommen, ich hatte sie nicht hinter mir, wie ich an guten Tagen glauben wollte.

Einen Tag später kam die Hiobsbotschaft. Das Telefon klingelte. Es war Frau Rabe. „Frau Martins, wir können leider nichts tun. Ich habe das nochmals mit der Schutzbehörde und meinen Vorgesetzten geklärt. Er muss an Weihnachten doch zwei Wochen lang zu seinem Vater. So schnell können wir da nichts tun. Ich muss zuerst einen Antrag stellen, der dann erst genehmigt werden müsste. So einfach ist das nicht."

Ich schnappte nach Luft. „Warum ist das nicht so einfach?", fragte ich zurück. „Na ja, er ist der Vater. Er hat dieselben Rechte wie Sie." Dann wurde es still.

Dabei hieß es, falls das Kind aussagen würde, könne man eine superprovisorische Verfügung erstellen. Und nun war wieder nichts daraus geworden. Ein weiteres Mal waren wir die Verarschten und standen ohne Hilfe da.

Frau Rabe wollte mir Mut machen und sagte zu mir: „Sehen Sie es nicht so tragisch. Schließlich ist Weihnachten eine schöne Zeit mit Geschenken und schönen Ereignissen. Tim kann zusammen mit seinem Bruder die Weihnachtsferien beim Vater verbringen. Er wird da sicherlich eine schöne Zeit haben. Schließlich sind Schlittenfahren, Geschenke auspacken, Gebäck essen und eigentlich nur schöne Sachen angesagt. Das wird auch Tim gefallen. Wir können Tim dann immer noch nach den Ferien fragen, ob es diesmal auch schlimm war."

Toll, echt toll. Wie sollte ich Tim das erklären? Ich legte den Telefonhörer auf. Was sollte ich Tim sagen? Dass ich ihn im Stich lasse, weil eine fremde Tante, die über uns entscheiden darf, behauptet, dass es an Weihnachten toll bei Sec werden würde?

„Nein, ich gehe nicht. Ich hab's ja gewusst. Alle lügen. Die blöde Kuh auch. Sie hat gesagt, wenn ich ihr sage, warum ich nicht mehr gehen möchte, dann hilft sie mir. Und jetzt muss ich doch."

Ich weiß nicht, ob Tim mehr sauer oder mehr traurig war. Ich stand wie versteinert da. Ich wollte ihn nicht im Stich lassen. Aber vielleicht hatte Frau Rabe ja recht. Weihnachten ist eine schöne Zeit. Die Brüder könnten zusammen sein. Geschenke, Großeltern und so weiter. An Weihnachten ist alles schön. Zumindest für ein Kind.

Doch Geschenke interessierten Tim nicht mehr, er wollte nicht zum Vater. Es war ihm egal, dass es dort Geschenke gab. Jetzt war ich alarmiert. Welches Kind bekommt schon nicht gern Geschenke? Und so viel war klar: Wenn die Probleme zwischen Sec und Tim nicht so schlimm gewesen wären, dann hätten die Geschenke über den Problemen gestanden. Allein das war für mich Beweis genug, dass Tim nicht log und dass es wirklich so war, wie er aussagte.

Aber das war ja anscheinend egal. Es wurde entschieden, dass beide Jungs die Weihnachtsferien bei ihrem Vater verbringen würden. Frau Rabe meinte zu mir, ich solle mich nun bitte an diese Vorgabe halten und wir würden danach mit mehr Wissen reagieren können. Wenn ich nun was Falsches mache, stehe ich im schlechten Licht.

Toll, wie viel *Wissen* brauchten die denn noch?! Zuerst hatte es geheißen, es reiche nicht, wenn ich das erzähle, denn dann sei es Aussage gegen Aussage (Mutter gegen Vater und Vater gegen Mutter). Das Kind müsse aussagen, und dann könne man helfen. So sah es aber in der Realität überhaupt nicht aus. Wieder einmal war ich maßlos enttäuscht von der sogenannten „Kinderschutzbehörde". Diese Bezeichnung fand ich immer lächerlicher. *Schutz!* Was für ein Schutz denn, bitte schön?!

Aber der Tag, an dem die Weihnachtsferien begannen und Sec die Kinder abholte, kam unausweichlich. Es war für mich sehr schwer. Ich fühlte mich wie eine Verräterin. Gleichzeitig durften wir uns nichts anmerken lassen. Denn wir wollten den Vater nicht vorwarnen, dass er auf dem „Radar" war. Er wusste nicht, dass Tim Frau Rabe bereits solche Sachen erzählt hatte.

Was mutete man hier eigentlich einem siebenjährigen Kind zu? Das fragte ich mich ununterbrochen. Während Ethan vergnügt im Auto saß und sich von Sec anschnallen ließ, schaute Tim mich an. Sein Gesicht sprach Bände. Es schnürte mir die Kehle zu.

Ich versuchte mich innerlich zu beruhigen. Ich hoffte, dass es mit den Geschenken, den Großeltern und so weiter für die Kids doch eine angenehme Weihnachtszeit würde. Anrufen konnte ich die Kinder zwischendurch nicht. Sec schob immer einen Riegel davor. Er nahm das Telefon absichtlich nie ab. Es machte ihm Spaß, mir die Kinder in den Ferien oder an den Wochenenden vorzuenthalten.

Die Weihnachtsferien kamen mir sehr lange vor. Ich hatte kein gutes Gefühl. Dazu kam noch, dass ich es nicht gewohnt war, ohne Kinder und Familie Weihnachten zu feiern. Feiert man ohne Kinder überhaupt Weihnachten? Als Kind feiert man Weihnachten, und danach, wenn man selbst Kinder hat, auch wieder. Aber allein? Allein mit Freund? Ich denke, das ist etwas, woran man sich gewöhnen kann. Vor allem wenn man lernt, sich während dieser kinderlosen Zeit selbst etwas Gutes zu tun. Doch wenn man weiß, dass es dem Kind in dieser Zeit nicht gut geht, dann ist man blockiert.

Nach den Weihnachtsferien war ich, wie vereinbart, mit Tim zu einem zweiten Gespräch bei Frau Rabe.

„Und wie war's, hast du lässige Geschenke bekommen? War gar nicht so schlecht dort, oder?" Doch Tim schüttelte den Kopf. „Er war wieder böse."

Und so ging die zweite Aussagerunde los.

Von wegen, das Kind nimmt in der besinnlichen Zeit, mit all den Geschenken und dem ganzen Drumherum, nicht wahr, dass der Vater böse ist! Nun war ich mir gewiss, dass dieser 2-Wochen-Versuch ein großer Fehler gewesen war. Warum hatte ich diesen Mist überhaupt mitgemacht und es zugelassen? Hatte ich wirklich daran geglaubt? Oder hatte ich einfach nur zu viel Angst gehabt, gegen das Gesetz zu verstoßen? Ich war wütend. Ich hatte mein Kind geopfert. Besten Dank auch für die Hilfe!

Danach hieß es wieder, Tims Aussage sei nicht aussagekräftig genug. Sie hätten mit dem Vater geredet und der streite alles ab. Ja klar! Hatten die etwa gedacht, er würde sagen: „Ou ja, nun haben sie mich erwischt!"? So idiotisch! Im Gegenteil, er habe gesagt, dass es genau umgekehrt sei. Ich sei die Böse. Das war wieder einmal das typische Muster des psychischen Gewalttäters, der alles spiegelte. All seine Fehler und Machenschaften spiegelte er so, dass es aussah, als ob ich diese Machenschaften auslebte und ich diese Fehler machte.

„Wenn das so wäre, hätte Tim Ihnen erzählt, dass ich böse bin. Hat er aber nicht, oder?", erwiderte ich. Einen Moment lang war es still. „Fragen Sie ihn doch, dann wissen Sie es. Sie können ihn gern alleine über mich befragen, ich habe keinen Bammel." Das war doch echt schräg! Sie hatten bereits tonnenweise Beispiele für das schlechte Verhalten des Vaters und nun wussten sie nicht, wem sie glauben sollten?! „Sie müssen nicht mir oder dem Vater glauben, aber glauben Sie bitte dem Kind", sagte ich verzweifelt.

„Wir können sowieso nichts verfügen. Wir sind nur der rechte Arm der Kinderschutzbehörde. Wenn, dann muss die Kinderschutzbehörde hier etwas verfügen." Ich dachte, ich spinne! Was tat ich dann eigentlich hier?! Dachten die etwa, das hier wäre mein Hobby oder ich hätte nichts anderes zu tun? Was sollte der ganze Aufwand, wenn sie ja doch nichts zu sagen hatten?! Ich dachte in diesem Moment wirklich, ich bin im falschen Film.

Wieder ein paar Tage später wurden wir verdonnert, nun alles nochmals bei der Kinderschutzbehörde zu erzählen. Das ging mir dermaßen gegen den Strich. Ich wollte Tim das Ganze nicht nochmals zumuten und fand, dass es reichen musste, wenn die Beiständin das alles weitergab. Doch dies wurde nicht genehmigt. „Er muss es wirklich persönlich nochmals sagen", meinte die Beiständin. Toll, ich kam mir vor, wie wenn ich mein Kind zur Schlachtbank begleiten würde. Aber es half ja nichts, da mussten wir jetzt durch, sonst würden wir nicht weiterkommen.

Also fuhren wir in die Stadt zu diesem Termin. Tim war sehr in sich gekehrt. Wir gingen von der Tiefgarage durch die Gassen zu diesem Gebäude, wo dieses Gespräch stattfinden sollte.

Eine hochnäsige, schwarz gekleidete Frau mit knallroten Lippen kam ins Wartezimmer. Mit einer kurzen Begrüßung nahm sie Tim mit in ihr Büro. Ich saß im Wartezimmer, auf den Kinderstühlen. Links von mir stand eine Kiste voller Kinderspielzeug. Holzpuzzles, Figuren und so weiter. Rechts von mir gab es ein Bücherregal mit vielen sehr abgegriffenen Kinderbüchern. *Was mache ich eigentlich hier? Wie weit ist es mit mir gekommen?* Dies fragte ich mich immer wieder. Ich versuchte, freundlich zu sein und mich gelassen zu geben. Aber mir war nicht entgangen, dass die Dame am Empfang mich ständig anglotzte. Was war mit der? Hatte sie etwa den geheimen Auftrag, mich zu beobachten und einzuschätzen, ob ich eine Psychomutter war?

Tim ging es mittlerweile immer schlechter, was ich in diesem doofen Wartezimmer mit den schmuddeligen Sachen allerdings nicht mitbekam. Ihm ging es so schlecht, dass er nach eineinhalb Stunden aus dem Büro kam und raus auf die Toilette musste, um sich zu übergeben. Plötzlich kam die Hochnäsige mit den roten Lippen wieder ins Wartezimmer. „Es geht ihm nicht so gut. Er musste sich auf der Toilette übergeben."

Mir reichte es. Ich brach die Übung ab. „Ich denke, es ist zu viel für ihn. Zudem verhören Sie ihn nun schon seit eineinhalb Stunden. Es reicht. Wir gehen. Besten Dank auch." Ich schaute zu Tim, der mittlerweile kreidebleich aus der Toilette gekommen war. Was machten wir eigentlich hier? „Bitte respektieren Sie, wenn ich Ihnen sage, das ist zu viel für mein Kind. Wir gehen jetzt. Los Tim, zieh die Jacke an."

Doch bevor ich ihr die Hand geben konnte, meinte sie schnippisch: „Es kann aber auch sein, dass er lügt und dieses Lügenkonstrukt ihn so belastet, dass er erbrechen muss."

„Jetzt reicht es!" Diese blöde, eingebildete, herzlose Kuh mit ihren roten Lippen. Wenn ich so schmale Lippen hätte, würde ich sie nicht auch noch rot anmalen. So eine … in mir brodelte es.

Wenn ich einen Hut aufgehabt hätte, hätte es mir diesen in die Luft gesprengt. „Tim lügt *nicht!* Er hat seinen ganzen Mut zusammengenommen, gegen seinen Vater auszusagen. Und Ihnen kommt nichts Besseres in den Sinn, als das Kind nicht ernst zu nehmen?!"

Die Empfangsdame saß immer noch wie ausgestopft da und starrte uns an. „Tim braucht einen solchen Vater nicht."

Die roten Lippen wurden spitz. „Auch ein Gewalttäter kann ein guter Vater sein."

Jetzt hatte sie den Bogen überspannt. Ich hätte dieser eingebildeten unerfahrenen Frau am liebsten ins Gesicht gespuckt. Eine Frau, die selbst keine Kinder hatte und keine Ahnung hatte, wie es ist, wenn eine fremde Person über das eigene Kind entscheidet. Und dann auch noch auf diese Art!

„Adieu, Frau Miller." Ich nahm Tim an der Hand und lief an der erstarrten Empfangstussi vorbei hinaus aus dem Gebäude. Unglaublich! Ich war so geladen! Ich hätte ihr wirklich fast ins Gesicht gespuckt. Ich wusste aber, dass uns das nur noch mehr in einem schlechten Licht hätte dastehen lassen. Also ließ ich es.

Ich lief mit Tim über die Straße und wollte zum Auto. Doch wir kamen nicht weit. Mitten auf der Straße erbrach er. Er zitterte am ganzen Körper. *Was hat sie dir angetan? Was habe ich dir angetan?* In diesem Moment wusste ich es. Ich war definitiv allein! Keine Person, keine Behörde würde uns helfen. Das hier war reine Zeitverschwendung und Demütigung.

Jetzt war das Maß voll! Von nun an würde ich mich schützend vor mein Kind stellen, koste es, was es wolle. Ich hatte lange Scheu vor diesem Schritt gehabt, da genau diese Behörde mir vor Monaten gedroht hatte, dass wenn ich nicht pariere, sie die Kinder auch fremdplatzieren könnten. Aus dieser Scheu heraus hatte ich mich lieber nicht zu weit aus dem Fenster gelehnt. Ich hatte Angst, dass man mir die Kinder sogar wegnehmen könnte. Doch dies war nun vorbei. Ich nahm Tim in den Arm und war mir gewiss: *Ich bin bei dir und wir werden kämpfen. Ich beschütze dich.*

Tim erholte sich schnell. Wir machten einen Zwischenhalt am Kiosk und er durfte sich Leckereien kaufen. „Was war denn los, Tim? Was hat sie gesagt?" Tim steckte sich gerade eine rot-grüne Gummischlange in den Mund. „Sie hat mir die Tonbandaufnahmen abgespielt. Wo du schreist und ich weine. Sie wollte unbedingt, dass ich das bestätige." Ich schaute Tim an und traute meinen Ohren nicht. Was hatte diese dumme Kuh gemacht? Diese Aufnahmen durften gar nicht verwendet werden, da sie gefälscht waren und der Richter dies damals als ungültige Beweise erklärt hatte. Und nun arbeitete ausgerechnet die Person, die eigentlich für das Wohl und die Sicherheit des

Kindes verantwortlich war, mit solchen Mitteln?! Ich war einfach nur sprachlos. „Was hast du dann gemacht?" Tim steckte sich gerade einen blauen Gummischlumpf in den Mund. „Tim, nicht dass dir wieder schlecht wird. Du kann auch später noch das Pack aufessen." Tim schluckte. „Ich habe gesagt, dass das nicht stimmt."

Ich war fassungslos! Wir machten uns auf den Heimweg, während mir tausend Gedanken durch den Kopf gingen.

Kampf um Sistierung
des Besuchsrechts

Vor nur wenigen Wochen hatte ich in den Nachrichten einen tragischen Fall eines neunjährigen Kindes gelesen. Auch hier wieder: Das Kind hatte sich geöffnet und geredet und ihm wurde nicht geglaubt. Es erzählte, dass es vom Vater sexuell missbraucht werde. Doch verheerender Weise wurde ihm nicht geglaubt. Das Kind wurde zur Psychotherapie verdonnert und dort wurde dann unauffällig ein Gutachten erstellt. Der Psychologe kommentierte, dass die Situation schwierig sei. Das Kind könnte auch lügen, da die Aussagen nicht immer genau übereinstimmten. Also wurde nichts gemacht und das Kind musste weiterhin zum Vater an den Besuchswochenenden. Es kam mir vor wie bei uns. Das Kind hatte sich geäußert. Aber bei Tim war es ja sogar so gewesen, dass er sich in seinen Aussagen nicht widersprochen hatte. Trotzdem wurde ihm nicht geglaubt.

Etwas später nahm das neunjährige Kind sein Schicksal selbst in die Hand und steckte sich das Handy mit der Aufnahmefunktion in die Socke. Erst als das Kind mit diesen Aufnahmen seinen Missbrauch beweisen konnte, bewegten sich die Polizei und die Kinderhilfsorganisation mit der Sistierung des Besuchsrechts. Als ich diesen Bericht las, fehlten mir die Worte. Nichts hatten sie unternommen! Sie warteten, bis das Kind es selbst in die Hand nahm. Und da Tim nicht so viel Kraft und Mut hatte, müsste ich ihm helfen. *Ich* müsste es nun in die Hand nehmen! Denn wenn ihm überhaupt jemand helfen konnte, dann war ich das.

Auch Tims Worte hatte man nicht ernst genommen. Er hatte bis jetzt viermal aussagen müssen, dass er nicht mehr zu seinem Vater möchte, weil dieser psychische und physische Gewalt ausübte. Seinen ganzen Mut musste er dafür zusammennehmen. Das war eine enorme Belastung für einen 7 Jährigen. Aber nicht einmal der Vorfall mit dem Erbrechen reichte der Behörde. Nein, nun wollten die Behörden auch noch eine Gegenüberstellung mit dem Vater. Das verweigerte ich jedoch. Wie hoch sollte der Druck auf ein kleines Kind, das bereits unter „Missbrauch" litt, denn noch werden?!

Auf meine Verweigerung hin geschah nichts, was mich sehr verwunderte und meinen Respekt gegenüber Behörden, Gesetzen und Gerichtsentscheiden schon etwas reduzierte. Das war auch gut so, denn ich durfte keine Scheu oder Angst davor haben, was passieren könnte. Ich musste nun kämpfen und mich schützend vor Tim stellen. Und dafür bräuchte ich Mut und ein dickes Fell.

Danach habe ich Tim an den Besuchswochenenden auf eigene Verantwortung nicht mehr seinem Vater überlassen. Nur noch Ethan, da dieser es immer wollte; es schien, als lasse Sec seine Gewalt nur an Tim aus. Es war mir wichtig, meine Entscheidungen so zu treffen, dass ich sowohl berücksichtigte, was das Kind möchte, als auch, was dem Kind guttut. Solange Ethan gerne zu seinem Vater ging, durfte er das auch. Doch Tim ging nicht mehr gerne, um es milde auszudrücken. Und deshalb stellte ich mich schützend vor ihn.

Die nächstfolgende Übergabe am Wochenende war eine echte Herausforderung für mich. Ich brauchte viel Mut, nur mit Ethan zum Auto zu gehen, wo Sec mit zusammengekniffenen Augen und böser Miene bereits wartete.

„Wo ist Tim?" „Er kommt nicht. Er möchte nicht und du weißt ganz genau, warum." Ich versuchte meine Nervosität zu überspielen, setzte Ethan in den Kindersitz und schnallte ihn an. „Was soll das heißen, er möchte nicht? Hol sofort Tim. Du kannst ihm das Wochenende nicht verweigern." Ich vermied es, Sec anzuschauen. *Hart bleiben. Stärke ausstrahlen. Du bist stark! Du machst das einzig Richtige!* „Nein, er möchte nicht. Und du müsstest eigentlich wissen, wieso." Immer noch vermied ich es, Sec anzusehen. Ethan saß unterdessen vergnügt im Auto. „Tschüss, mein Käfer. Bis Sonntag. Mama hat dich lieb."

Ich hörte, wie Sec seinen Sicherheitsgurt löste und dieser zurückrollte. Ich drehte mich rasch um und hatte nur noch die Haustür im Auge. Doch ich erreichte sie nicht ganz. „Hol sofort Tim. Ich rufe die Polizei. Geh zur Seite, lass mich rein." Jetzt wusste ich, dass ich schnellstmöglich ins Haus musste, ohne dass Sec an mir vorbeikam. Ich schlug die Haustür hinter mir zu und verriegelte sie so schnell ich konnte. Das Adrenalin pulsierte nur so durch meine Adern. Dummerweise hat unsere Haustür ein großes Fenster. Sec stand wütend davor. „Ich ruf die Polizei!" „Und ich rufe die Polizei, wenn du Hausfriedensbruch begehst." Ich stand in der Garderobe und ging durch die zweite Türe ins Haus, hoch zu Tim, der sich oben in seinem Zimmer versteckte und wartete, bis Sec weg war.

Ich wurde von einem bunten Wirrwarr von Gefühlen geschüttelt, als ich den BMW wegfahren hörte. Ich fühlte mich schlecht, weil ich Ethan nun bei einem wütenden, psychisch kranken Typen wusste. Aber ich fühlte auch Stolz, dass wir es geschafft hatten. Tim war zu Hause geblieben. Die Frage war nur, wie lange? Nun kamen doch Angstgefühle in mir hoch. Ob die Polizei in Kürze vor der Haustüre stehen würde? Aber auch hier machte ich wiederum die Erfahrung: Nichts passierte.

Mittlerweile habe ich Tim elf Monate lang nicht dem Vater übergeben. Hätte ich auf die Kinderschutzbehörde beziehungsweise auf die Hilfsorganisation gehofft, würde Tim nun seit elf Monaten immer noch zu seinem Vater gehen und daran zerbrechen. Wie irre ist das denn bitte?! Elf Monate! Vielen Dank auch für die Hilfe.

Eine Therapie war auch immer das Thema. Sie wollten Tim in eine Therapie schicken. Schließlich konnte es ja nicht sein, dass ein Kind sich gegen seinen Vater auflehnte. Nicht einmal, wenn er ein gemeiner Typ war. Die Kinderschutzbehörde, das Gericht und natürlich Sec – wie könnte es anders sein! – wollten, dass er in eine Therapie geht.

Schlussendlich musste ich einwilligen, da wieder einmal alle gegen mich stimmten. Ich willigte aber nur ein unter der Bedingung, dass die Psychologin kein Gutachten erstellen würde, sondern dem Kind einfach nur bei der seelischen Verarbeitung Hilfe anbieten würde.

Denkste! Auch hier hatte Sec es wieder mal irgendwie geschafft, hinter meinem Rücken die Psychologin zu bezirzen. Obwohl abgemacht worden war, dass die Psychologin nur mit dem Kind Kontakt hätte – genau aus diesen Gründen. Ich wusste, dass Sec sich sonst einmischen würde. Dies wusste ich aber zu diesem Zeitpunkt nicht und brachte Tim schön brav zu den vereinbarten Therapieterminen. Ich merkte zwar, dass Tim sich da nie richtig wohlfühlte, aber ich dachte, dass er sich vielleicht noch ein wenig daran gewöhnen müsste.

Nach der fünften Sitzung, es war ein sonniger Nachmittag, holte ich Tim ab und wir gingen ein Eis essen. „Die nervt mich." Tim saß da und leckte an seinem Eis herum. „Ja, das kann ich mir schon vorstellen. Sie sieht jetzt nicht gerade sehr sympathisch aus. Aber vielleicht tut sie dir doch gut." Tim schaute mich kritisch an. „Ach ja? Und warum fragt sie mich dann alles, was Papa sie fragt?" Jetzt musste ich überlegen. „Was meinst du damit?"

„Na, sie sagt immer, dass er ihr Sachen sagt, die sie mir sagen muss. Oder die sie mich fragen muss." Nun hatte ich die Schnauze voll! Jetzt war es raus. Schon wieder hatte er eine neu eingeschaltete Person bezirzt. Dabei hatten wir ausgemacht, dass wir als Eltern nicht einbezogen würden. Zumindest mich hatte sie kein einziges Mal einbezogen. So eine dumme Kuh! Mir reichte es! Jedes Mal wenn ich was mit den Behörden machte, dann wurden wir verarscht. Als wir zu Hause waren, forderte ich sofort eine Sitzung mit dieser Tante an.

Drei Tage später saß ich mitten im Raum. Eigentlich war es eine alte Wohnung und ich saß quasi im Wohnzimmer, das als Sitzungs- und Wartezimmer eingerichtet war. Ein hässlicher Teppich deckte einen Teil des alten Parketts ab. Auf den alten Holzstühlen hatte es bunte Kissen und am Boden hatte es eine Kiste mit Kinderbüchern und ein großes Stoffkrokodil. Die Bilder, die an den Wänden hingen, konnte ich nicht wirklich verstehen. Sollte anscheinend Kunst sein. Die Psychologin kam kurz heraus und teilte mir mit, dass sie noch fünf Minuten brauche. Kein Wunder, dachte ich, dass sich Tim hier mit dieser Tante nicht wohlfühlt. Hier könnte ich auch nicht warm werden. Das musste ein Ende haben.

Die Tür ging auf. „So, jetzt bin ich da." Sie setzte sich gegenüber auf einen Stuhl mitten im Raum. Wir hatten etwa eineinhalb Meter Abstand. Es war irgendwie komisch. „Ich habe nun fünfmal mit Tim gearbeitet. Er erzählt zwar immer dasselbe. Also ich meine, seine Aussagen sind und bleiben immer gleich. Aber er scheint sich sehr unwohl zu fühlen." Ach nein, wirklich?! Das konnte ich mir ja überhaupt nicht vorstellen. Ich schaute die Psychologin an, die schon in die Jahre gekommen war. Ihr schwarzgraues Haar hatte sie streng nach hinten gekämmt. Sie hatte nichts Weibliches an sich. Vor allem hatte sie nichts Liebliches. „Na ja, ich denke, Tim könnte eventuell auch lügen." Wie bitte, was sagte sie da? Nun sah sie noch unsympathischer aus als je zuvor. Weil er sich nicht wohlfühlte bei den Gesprächen mit ihr, sollte Tim lügen?! „Mein Kind lügt nicht! Tim will seinen Papa seit Monaten nicht mehr sehen und verachtet ihn sogar. Selbst bei Schulveranstaltungen ignoriert er ihn und möchte sich nicht von ihm anfassen lassen. Ein Kind, das einen Fehler gemacht oder gelogen oder übertrieben hat, kippt irgendwann. Wenn ein solches Kind die Gelegenheit hat, unauffällig Kontakt mit dem Vater aufzunehmen, zum Beispiel bei einer Schulveranstaltung dann geht es nicht an ihm vorbei und geht Fußball spielen."

Doch die Psychologin war von ihrer Idee nicht abzubringen. „Ich habe mehrmals mit Herrn Martins gesprochen und …" Ich fiel ihr ins Wort. „Ach so, Sie haben schon mehrmals hinter unserem Rücken mit Herr Martins gesprochen. Wie nett! War nicht die Bedingung, dass wir als Eltern nicht einbezogen werden?" Die Psychologin sah jetzt noch giftiger aus als sonst, doch bevor sie etwas dazu sagen konnte, stand ich auf. „Mir reicht es! Sie sind voreingenommen und sehr unprofessionell. Und Sie sollen einen Doktortitel haben?! Tim wird nicht mehr kommen. Ich werde es Ihnen noch schriftlich mitteilen."

Ich ging zur Tür und nahm meine Schuhe, die man hier immer ausziehen und brav auf das Gestell neben der Tür stellen musste. Und weg war ich. Einerseits war es befreiend, da auch Tim jetzt nicht mehr zu dieser verknöcherten Tante gehen musste. Anderseits war ich sauer, warum ich wieder einmal allen auf den Leim gegangen war. Und wieder anderseits wusste ich nicht, was nun auf uns zukommen würde.

Genau wie in jenem Fall mit dem neunjährigen Kind wurde auch bei uns nichts unternommen, es wurde alles nicht wirklich ernst genommen. Man muss sich das einmal vorstellen: Seit Monaten hielt ich auf eigene Verantwortung das Kind zurück und wusste nicht, was auf mich zukommen würde, zumal in dem Gerichtsurteil stand, dass beide Kinder jedes zweite Wochenende und sechs Wochen Ferien beim Vater verbringen.

Bis jetzt wurde nichts unternommen. Was für ein Gesetz ist das denn? Wirklich tragisch! Was ist das für eine „Hilfsorganisation", die zum „Kindeswohl" eingesetzt ist und sogar Entscheidungsmacht hat, die aber nun schon seit Monaten keine „Eier in der Hose" hat, um etwas zu entscheiden?! Wenn ich nicht schon längst alles auf mich genommen hätte, müsste mein Sohn immer noch zum Vater und das alles über sich ergehen lassen!

Auch das mit der Therapie war mir eine Lehre.

Liebe Mütter, oder vielleicht auch Väter, in einer solchen Situation, bitte macht einfach das, was ihr für richtig erachtet. Schert euch nicht um irgendwelche Gesetze oder unsinnige Auflagen. Habt nicht so großen Respekt davor. Schützt euch und eure Kinder, wenn es notwendig und berechtigt ist. Denn nur ihr könnt euren Kindern helfen und sie unterstützen.

Mittlerweile habe ich die Therapie abgebrochen. Dies wird sicherlich noch ein großes Thema werden; Sec und die Hilfsorganisation werden sich dagegen auflehnen. Aber mir ist das mittlerweile ziemlich schnurz.

Ich habe mit den Kindern Alternativtherapien begonnen und arbeite an ihrem Selbstvertrauen und Selbstwertgefühl. Wenn dies in Ordnung gebracht werden kann, dann funktioniert der Rest wie von selbst. Alles andere handhabe ich mit einem liebevollen Umgang, einem strukturierten Alltag, einem schönen Zuhause und viel gemeinsam verbrachter Zeit. Kinder ernst zu nehmen und sie wie einen Erwachsenen zu behandeln, ist enorm wichtig.

Das heimliche
Darlehen

Eines Tages erzählte mir meine Mutter, dass sie uns vor fünf Jahren Geld gegeben habe. Sec habe sie damals um Geld gebeten. Da wir finanziell nicht so gut dran waren, wollte er eine Ausbildung als Wirtschaftspsychologe machen und uns damit später eine stabilere finanzielle Lage bieten. Also gab meine Mutter uns 25'000.– CHF. Also ihm, ich wusste es ja nicht. Ich dachte zuerst, ich spinne, dass ich all die Jahre nichts davon gewusst hatte.

„Weißt du", erklärte sie, „langsam brauche ich das Geld wieder. Mir fehlt es jeden Monat. Ich habe Sec schon ein paarmal gefragt, ob er es mir zurückbezahlen könne, da er ja diese Ausbildung bereits seit zwei Jahren abgeschlossen hat. Aber er ging nicht darauf ein, nicht einmal für einen kleinen monatlichen Betrag."

Das wurde ja immer besser! Wie viele Leichen gab eigentlich mittlerweile in unserem Keller? Unser Glück war, dass er damals für meine Mutter einen Darlehensvertag gemacht und ihn auch unterschrieben hatte. Sonst hätte er mit hundertprozentiger Sicherheit nichts von dem Geld gewusst.

„Ich brauche das Geld. Denkst du, ich soll ihn betreiben?" Ich sah meine Mutter an, die gerade ihre Rosen im Garten hochband. „Was für eine Frage! Das musst du ja dann wohl, wenn er auf mehrmaliges Fragen nichts macht, oder?" „Autsch, diese Rosen haben so harte Stacheln. Sind sie nicht schön?" Diese Probleme wollte ich haben. „Ich mag keine Rosen. Machst du es jetzt?" Jean (meine Mutter) kam aus den Rosen heraus. „Ja, ich meine, er hat nicht mal reagiert, als ich ihm angeboten habe, wenigstens 100 Franken im Monat zurückzugeben." So ein Schwein. Aber so war Sec nun mal. Nur hatte ich es viel zu spät gemerkt. Dies lag aber auch daran, dass ich vieles nicht gewusst hatte und ihn deshalb auch nicht einschätzen konnte.

Jean versuchte nun also das Geld zurückzuverlangen und forderte ihn erneut mehrmals dazu auf. Als nichts passierte, ließ sie ihn betreiben. Natürlich erhob er Rechtsvorschlag und stritt alles ab. Als Jean und er vors Gericht mussten, ging es erst richtig los. Jean war nervös. „Ich kann dich leider nicht begleiten. Zudem ertrage ich seine Anwesenheit noch nicht. Aber du brauchst nicht nervös zu sein. Das ist einfach ein größeres Zimmer mit ein paar Leuten. Du hast ja nichts zu befürchten. Du lügst schließlich nicht, dann ist es auch mit den Aussagen nicht schwierig."
    Sec „verstrickte" sich anscheinend mehrmals im Gespräch. Zuerst behauptete er, er habe keinen Darlehensvertrag ge-

schrieben. Jean kochte schon etwas innerlich. Als der Richter den Darlehensvertrag vorlegte und Sec fragte, was denn das hier sei, behauptete er wieder, er habe zwar einen Darlehensvertrag geschrieben, aber er habe nicht unterschrieben.

Meine Mutter war schon ganz schön in Rage. Sie regte sich unheimlich auf. Wie konnte er vor Gericht so lügen! Sie wendete sich zu ihm hinüber und unterbrach ihn. „Ach ja, und wer soll denn deine Unterschrift unter den Darlehensvertrag gesetzt haben?!" Sec saß da, mit seinen nach hinten gegelten Haaren und einem fiesen seitlichen Grinsen im Gesicht. Der Anzug, den er trug, hatte er schon vor vielen Jahren in einem Billigwarenhaus gekauft. Vermutlich hatte er nur diesen. Er drehte sich nicht zu ihr und antwortete wie immer ganz ruhig und gelassen: „Um Frau Miller nicht allzu sehr zu stressen, erwähne ich nun keine Namen, aber wir wissen ja alle, wer es getan hat."

Jean Miller, ja, das war sie. Nun war man plötzlich ganz förmlich. Was für ein mieser Kerl. Erst jetzt merkte sie, wie Sec wirklich war. Man musste es am eignen Leib erfahren. Jean kochte vor Wut! Sie musste sich zurückhalten, was bei ihrem Temperament und ihrem Gerechtigkeitssinn gar nicht so einfach war. Aber ja, sie wusste natürlich, auf wen er anspielte. Auf ihre Tochter Nicky Martins, seine Ex!

„Sie wollen also andeuten, dass diese Unterschrift nicht von Ihnen ist? Von wem soll sie dann sein?" Der Richter, der schon auf die sechzig zuging, mit einer sehr auffälligen modernen Hornbrille, die eigentlich gar nicht zu seinem altmodischen Typ passte, beugte sich gespannt nach vorn.

„Ja, das ist genau richtig. Ich habe diese Unterschrift nicht gemacht. Sie ist eindeutig nicht von mir. Ich kenne das Papier nicht einmal."

Der Richter runzelte die Stirn. „Aber Sie haben den Darlehensvertrag doch gemacht? Das haben Sie doch vorher zugegeben. Warum sollen Sie nun das Papier nicht kennen?"

Sec blieb wie immer sehr gelassen, obwohl er sich immer mehr verstrickte. „Nein, Sie verstehen mich falsch. Ich kenne den Darlehensvertrag schon, aber dieses Papier mit der Unterschrift nicht." Diese Erklärung war nun wirklich etwas dürftig.

Jean rutschte auf ihrem Stuhl hin und her. Es war für sie eine sehr schwierige Situation. In einem Gerichtssaal, allein, gegen ihren Noch-Schwiegersohn. Doch diese Lügen waren für sie das Schlimmste. Hörte man in TV-Spielfilmen nicht immer die Aussage: „*Sie stehen unter Eid, Sie sind verpflichtet, die Wahrheit zu sagen!*"? Diese Filme schien Sec nicht zu kennen.

„Gehe ich recht in der Annahme, dass Sie hier erklären möchten, dass Ihre Frau Nicky Martins die Unterschrift gemacht hat?" Nun wurde der Richter konkret, schließlich hatte er nicht den ganzen Tag Zeit, Sec auf den Leim zu gehen.

Sec strich sich übers Haar, obwohl mit der Tonne Gel, die er auf dem Kopf hatte, sich kein einziges Haar hätte verschieben können. „Ich wollte Frau Miller schonen. Es ist sicher nicht einfach für sie, dass ihre Tochter solche Sachen macht. Aber wenn Sie mich so direkt fragen: JA."

Nun platzte meiner Mutter der Kragen. „Alles, was recht ist", rief sie einfach mitten in den Gerichtssaal, obwohl man hier nur sprechen durfte, wenn man vom Richter dazu aufgefordert wurde. „Was bist du für ein verlogener Typ? Wir saßen nebeneinander, in meiner Küche. Nicky war gar nicht da." Es klopfte schon länger auf den Tisch. Es war der Holzhammer des Richters, der versuchte, wieder Ruhe und Ordnung in den Saal zu bringen. „Frau Miller, bitte." Nun war der Richter sehr ernst oder eher schon säuerlich. „Ich verlange, dass Sie eine Schrift-Analyse dieser Unterschrift machen lassen. Dann werden Sie es sehen," fügte Sec ganz cool an.

Nun brodelte es in Jean. Noch nie hatte sie so hautnah Secs Charakter erlebt. Sie wusste zu tausend Prozent, dass sie beide am Küchentisch bei Kaffee und Kuchen den Darlehensvertrag unterschrieben hatten. Es war zwar schon eine Weile her, aber sie war nicht senil.

Sec pokerte einfach und hatte das Gefühl, dass alle darauf hereinfallen würden. Das ist eins seiner Hobbys. Es war für Jean unerklärlich, wie er gegen mich, aber nun auch gegen sie vorging, obwohl sie ihm all die Jahre so die „Stange gehalten" hatte. Wie oft hatte sie ihn in Schutz genommen und ihre eigene Tochter zurechtgewiesen. Ja, das war schon sehr enttäuschend.

Und so ging der Gerichtsmorgen weiter. Irgendwann hatte Sec die Strategie wieder geändert und behauptete, es wäre eine Schenkung an ihre Tochter, also an mich, gewesen. Und so wurde es Mittag.

Einige Wochen später kam dann das Gerichtsurteil. Meine Mutter bekam recht und er sollte das ganze Darlehen innert 30 Tagen zurückbezahlen. Der Richter ging nicht auf die vielen Behauptungen ein. Auch ließ er keine Schrift-Analyse machen. Es sei sehr eindeutig, dass es Sec Martins' Unterschrift sei.

Doch Sec ließ es nicht einfach so stehen. Eines Tages kam per Post ein Brief an meine Mutter. Darin befanden sich zwei Verträge, in denen aufgelistet war, wie er und Jean das Ganze nun handhaben würden. Das Gerichtsurteil blendete er völlig aus und appellierte an meine Mutter, die er anscheinend für blöd genug hielt, dies so zu ihrem Geldfrieden zu erledigen.

Im Vertrag stand, dass sie sich einverstanden erkläre, dass er ihr monatlich 100.– CHF zurückbezahle. Und dies nur, falls er gerade genug Geld zur Verfügung habe. Und dass er nur die Hälfte des Darlehens bezahlen müsse, da die andere Hälfte das Problem ihrer Tochter sei. Sehr überzeugend und in einem rechtlichen Deutsch stand auch drin, dass von nun an dies gelte und nicht das, was gerichtlich verfügt worden war. Es war alles so „geschwollen" geschrieben, dass man glatt darauf hätte hereinfallen können. Vor allem, weil darin erwähnt war, dass sie so wenigstens wieder zu ihrem Geld bzw. wenigstens zur Hälfte ihres Geldes komme.

Liebe Jean, ich möchte Dir wärmstens empfehlen, diesen Ver-
trag zu unterzeichnen. Bitte sende beide Exemplare an mich
zurück. Eines sende ich Dir dann mit meiner Unterschrift zu-
rück. Ich möchte Dich schützen, da Du immer gut zu mir warst.
So bekommst Du wenigstens die Hälfte des Geldes. Ansons-
ten mache ich Privatkonkurs und dann wird der ganze Betrag
zum Verlustschein.

Dies waren die Worte seines Begleitschreibens. Unglaublich.
Er überging einfach die gerichtliche Verfügung. Bei Sec gelten
nur seine Regeln und seine Massstäbe. Was für ein hinterlistiger
Satz: *Ich möchte Dich schützen, da Du immer gut zu mir warst.*

„Was denkst du?", fragte mich Jean. „Was ich denke? Dass dies
hier wieder einmal zeigt, was für ein kranker Mensch Sec ist.
Und ein hinterlistiger noch dazu. Du hast das Okay vom Gericht für den *ganzen* Betrag. Und da überlegst du noch lange?!
Gehst du ihm etwa am Ende doch noch auf den Leim?" Für
einen kurzen Augenblick zweifelte ich an dem Verstand meiner Mutter. Was war ihr Problem? „Nein, das nicht. Aber was
ist, wenn es stimmt? Dann lieber die Hälfte als gar nichts." Das
konnte Sec wirklich gut. Andere Leute verunsichern und ver-
ängstigen. „Vergiss es, er hat 30 Tage Zeit. Basta."

Es verstrichen ein paar Tage, als plötzlich das Telefon klingelte.
„Du glaubst es nicht", erklang es am anderen Ende der Leitung.
Es war meine Mutter, die hörbar außer sich war. „Ich habe das
ganze Geld plus Zinsen auf meinem Konto!" Hä, wie das? Auf
einmal bezahlte er?! Und woher hatte er so viel Geld?! Mir hatte er seit einem Jahr keinen einzigen Cent für die Kinder oder
für mich bezahlt, obwohl es gerichtlich verfügt worden war.

Doch Sec gab nicht auf. Er hatte zwar das Geld meiner Mutter
zurücküberwiesen (weiß der Geier, wie er das bewerkstelligt
hatte; Secs Hobbys waren vielfältig), aber es dauerte nicht lan-

ge und mir stand eine Betreibung über 13'000.– CHF ins Haus. Er forderte die Hälfte des Darlehensvertrages. Die Geschichte war also noch nicht zu Ende. Für dieses Darlehen haftete ich nicht solidarisch mit. Ich hatte es schließlich auch nicht unterschrieben oder Geld aufgenommen. Ich weiß auch nicht, was er mit dem Geld gemacht hat, da er auch von seinen Eltern 30'000.– CHF für die Ausbildung bekam, wie ich später erfuhr. Er sackte also das Geld von meiner Mutter und das Geld von seinen Eltern für ein und dieselbe Sache ein. Allein der Himmel weiß, was er mit diesem Geld gemacht hat.

Ich war so was von genervt! Nicht nur, weil jetzt wieder ein weiteres unschönes Kapitel aufgeschlagen wurde, sondern auch, weil ich wegen unwahrer Forderungen nun keinen „sauberen" Betreibungsauszug mehr hatte. Aber das war nur ein Teil des Ärgernisses. Für mich bedeutete es abermals: Zeit- und Arbeitsaufwand, dagegen vorzugehen – und sich damit zu beschäftigen, hieß wiederum, sich darüber zu ärgern. Und so nahm der Alltag seinen Lauf. Es dauerte jedoch nicht lange, da kam die nächste Überraschung.

Neues Baby
an Bord?

Die Tage vergingen und es kam wieder die Ferienzeit. Für andere eine der schönsten Zeiten. Für mich bedeutete dies jedoch immer wieder: Stress, ein ungutes Gefühl und Machtlosigkeit. Für mich waren Schulferien alles andere als entspannend.

Das Ärgerliche in der Ferienzeit war immer, dass ich nicht mit meinem Kind kommunizieren konnte. Wenn ich Ethan anrief, nahm er nicht ab. Sec gab dem Kleinen auch keine Möglichkeit zu telefonieren. Dies war immer in allen Ferien so. Also musste ich auch diesmal warten, bis die Frühlingsferien vorbei waren.

Als Ethan dann nach Hause kam, erzählte er mir von einem Baby, das Papas Freundin gehöre. Es könne schon sitzen, aber noch nicht gehen, erklärte er mir. War es von Sec? Wenn man es ausrechnete – ein Kind ist zehn Monate im Bauch, plus ein Jahr nun auf der Welt –, dann wurde das Kind vor ungefähr zwei Jahren gezeugt. Dies würde bedeuten, wenn das Kind von ihm war, hatte er mich eindeutig betrogen. Er wurde damals in der Stadt mit einer Frau, die schwanger war, gesehen. Und wer datet schon eine Schwangere? Ein ziemlich schwieriger Zeitpunkt, um Dates abzumachen, wenn man einen dicken Bauch hat.

Für mich war dies sehr schräg. Aber es war mir egal. Nein, es war mir nicht nur egal, es war für mich wie eine Erleichterung. Sollte er sich doch endlich mit anderen abgeben und seine Gedanken nicht nur bei mir und seinem Vernichtungswahn haben.

Es war für mich aber auch ein Zeichen, dass ich nun wirklich in meiner neuen Welt angekommen war. Ab und zu, im Stillen, erwische ich mich, wie ich daran denke, was ich alles mitgemacht habe. Dass ich so vieles nicht gemerkt habe. Mein Mann, mit dem ich 15 Jahre zusammenlebte, hat einfach mal so nebenbei eine neue Familie gegründet. Und jede Menge Mist gebaut. Schulden, Verurteilungen und anderes mehr. Schon krass, dass man so etwas nicht merkt. Aber vermutlich bin ich da kein Einzelfall.

Sec hatte bei mir jegliche Freiheiten und ich habe ihn nie kontrolliert. Ich war eine Frau, die auch gut allein sein konnte viele andere Beschäftigungen hatte. Die ihrem Mann nicht nachstellte.

Zudem war Sec viel außer Haus. Er hatte regelmäßig Proben mit seiner Band. Er hatte oft an den Wochenenden Konzerte und kam dann gar nicht nach Hause. Er ließ es sich auch nicht nehmen, regelmäßig mit Freunden oder allein in die Ferien zu gehen. Vermutlich ging er nie allein. Zumindest heute bin ich davon überzeugt. Wer geht schon allein in die Ferien? Und dann auch noch zwei oder gar drei Wochen.

Dazu kam noch, dass ich mich in den letzten Jahren nicht mehr wirklich dafür interessierte, ob und was er eigentlich genau machte. Er behandelte mich wie ein Stück Dreck. Warum hätte er mich da noch interessieren sollen?

Miami

Aber nicht nur das geschah nach oder in den Frühlingsferien. M. und ich flogen nach Miami! Das erste tolle Erlebnis war schon in der Tiefgarage beim Flughafen. Ich durfte ein Auto auswählen. Sofort sah ich ihn, den knallgelben Mustang. Den schnappten wir uns.

Es war herrlich, wir fuhren bei schönstem Sonnenschein an den Palmen vorbei durch die Everglades. Als wir dann in Cape Coral ankamen, wimmelte es auf den Straßen nur so von den coolsten amerikanischen Autos. Der eine größer, breiter und lauter als der andere. Das war für mich als Liebhaberin amerikanischer Autos genau nach meinem Geschmack! Ich fühlte mich schon ganz zu Hause.

Wir fuhren durch eine kleine Siedlung am Wasser und fanden schließlich unser Haus, das wir in diesen Ferien bewohnen durften. Es hatte eine große offene Wohnstube mit weißem Glanzboden, Blick auf den Pool und auf die künstlich angelegten Kanäle. Wie ein kleiner See, direkt vor dem Garten. Wir hatten einen eigenen Bootsanlegeplatz mit Liegestühlen in allen Pastellfarben. Der Anlegeplatz glich eher einer kubanisch eingerichteten Bar. Der Pool war beheizt und mit einem großen Fliegengitter überbaut. Die Drinks waren bereits kühl gestellt. Natürlich darf man den coolen Kühlschrank mit der Crushed-Ice-Anlage nicht vergessen. Ein riesiger Bungalow direkt am Wasser.

Es waren unglaublich schöne Ferien. Wir fuhren jeden Tag mit dem gelben Mustang in den Einkaufsladen. Dort kauften wir Frühstück und was für zwischendurch ein. Die Regale waren gigantisch. Die Verpackungseinheiten waren auch nicht wie gewohnt. Schon die Cornflakes gab es nicht in der normalen Größe. Alles war viel größer und hatte viel mehr drin. Allein das Cornflakes-Regal schien nicht mehr enden zu wollen. Man konnte sogar in den normalen Läden auch Bikinis, Taschen, Hauszubehör und so weiter kaufen. Allerdings musste man in einen speziellen Laden, wenn man Tabak oder Alkohol kaufen wollte. Ausser Wein, den gab es auch in den normalen Läden. Unser Lieblingswein wurde dann der Duck Commander. Für den restlichen Alkoholgenuss mussten wir zuerst den richtigen Laden suchen; schnell fanden wir den ABC mit einer riesigen Auswahl.

Abends gingen wir dann immer auswärts essen. Am besten gefiel mir die „Fords Garage". Ein sehr witzig eingerichtetes Lokal. Mit alten Oldtimern, schwarzen Fässern als Stehtischen, Fackeln und so weiter. Aber auch das „Bubas" und einige kleinere Läden waren super, vor allem wenn man gerne Fleisch aß.

M. und ich genossen jede Minute. Wir hatten endlich wieder mal Zeit zu zweit. Und wenn ich mir gerade keine Sorgen um Ethan machte, konnte ich mich so richtig entspannen und diese Momente in vollen Zügen genießen.

Einige Tage mieteten wir dann eine Sea Ray. Das war ein Motorboot, das wir erst abholen mussten. Ein total entspannter Typ mit kurzen, zerrissenen Hosen stand schon bereit und zeigte uns kurz, was mit einem Motorboot zu tun ist. Hier konnte man einfach ohne Ausweis ein Motorboot mieten und fahren. Mit dem Boot fuhren wir dann durch die Kanäle und wollten aufs offene Meer hinausfahren. Doch plötzlich sprang ein Fisch ins Boot und zappelte wie verrückt auf dem Boden herum. Er war sicherlich 50 Zentimeter lang und sehr wild. „Iiii, ein Fisch! Hilfe, der muss raus!" Ich muss zugeben, ich mag keine Tiere ohne Haare. Und ein glitschiger, zappelnder Fisch, der mich fast ansprang, war so gar nicht meins. „Dann wirf ihn raus." M. reagierte cool und steuerte weiterhin das Boot. Sehr witzig, wie sollte ich das machen? Ich schaute mich nach einem

Tuch um und versuchte, den Fisch zu fangen, was sich jedoch als schwierig herausstellte. „Halt endlich still, du Grüsel!" Er zappelte so stark auf dem Boot herum, dass es schon langsam leichte Blutspuren gab. So, ich musste den Kerl jetzt hinausbefördern, sonst würde er noch sterben! Ich riss mich zusammen und packte ihn, er zappelte immer noch stark; ich war erstaunt, wie viel Kraft er hatte. Da endlich, ich konnte ihn über Bord werfen. „Ich hoffe, der arme Kerl überlebt."

M. fand es lustig, wie ich mich mit dem Fisch herumgeschlagen hatte. „Warum sollte er nicht überleben?" Was für eine Frage, schließlich hatte er sich wehgetan, sonst hätte er nicht geblutet! Na ja, ich hatte jedenfalls mein Bestes gegeben. Ein anderer hätte vermutlich gewartet, bis er sich nicht mehr bewegte, und ihn dann am Abend grilliert. Nun kamen wir endlich aufs offene Meer. Durch die Kanäle zu fahren, war gar nicht immer so einfach. Manchmal war es ziemlich eng. Dann gab es noch die Regeln, wie man um welche Bojen herumfahren muss, da es an vielen Orten nicht tief genug ist. Bei den roten Bojen musste man rechts vorbei und bei den grünen links.

Ein tolles Gefühl, über die Wellen zu preschen! Die weißen Schaumspitzen der Wellen, die leicht erfrischend wirkten; die heiße Sonne, die in ihrer ganzen Pracht am dunkelblauen Himmel strahlte – einfach Genuss pur! Unter einer großen Brücke hindurch ging es Richtung Ford Meyers Beach. Die Brückenpfeiler schienen das Zuhause der Pelikane zu sein, die den Booten vergnügt zuschauten und sich mauserten.

Der Strand war wieder in Sicht, das Wasser wurde wieder heller, die Blautöne gingen bis ins Türkisfarbene. Die Delfine machten sich einen Spaß daraus, hinter oder vor unserem Boot an Fahrt aufzunehmen.

Wir parkierten unser Boot und gingen etwas trinken. Der Ort gefiel mir sehr. Überall farbige Häuschen. Das eine hellblau, das andere pink, das nächste türkis. Es sah so fröhlich und luftig aus. Es gefiel uns so gut hier. „Warum kaufen wir hier kein Haus?" M. schaute mich fragend an. Ein Haus? In Amerika? „Das ist jetzt ziemlich spontan", antwortete ich ihm. Klar gefiel mir die Idee. Ich bin ja ein absoluter Fan dieser Autos hier und liebe auch das amerikanische Fast Food. M. und ich konnten uns immer schnell gegenseitig für etwas begeistern, das war charakteristisch für uns. Dies lag vermutlich daran, dass wir die gleichen Dinge mochten.

Am nächsten Tag gingen wir also auf die Suche nach Häusern, die zum Verkauf standen. In Amerika ist das einfach, da bei jedem Haus, das zum Verkauf steht, ein Schild im Rasen steckt. Dort steht auch die Telefonnummer des Maklers drauf. Wir fuhren also mit dem knallgelben Mustang und unseren Cowboyhüten auf den Köpfen gemütlich durch die Straßen und schauten uns um, wo es schöne Häuser gab, die direkt am Wasser gelegen waren und ein solches Schild im Garten stehen hatten. Dies war dann so ein wenig unser neuer Zeitvertreib in den nächsten Tagen.

Wir trafen uns sogar mit einem Makler und gingen ein paar Häuser auch von innen anschauen. Wir hatten wirklich Lust bekommen. Allerdings wurde die ganze Idee nach ein paar Tagen durch das komplizierte Finanzierungsverfahren und vor allem durch die nicht zu bekommende Aufenthaltsgenehmigung wieder abgedämpft. Wir mussten unsere Idee für den Moment wieder beiseitelegen. Es wäre nur möglich gewesen, wenn wir ein halbes Jahr in der Schweiz gelebt hätten und das andere halbe Jahr in Florida. Aber dieses Modell funktioniert mit Kindern nicht. Vor allem war dieses Modell mit Sec hinfällig. Also war Amerika nicht das Richtige für uns, obwohl wir es uns beide sehr gewünscht hätten. Zumindest hätten wir uns Amerika als zweiten Wohnort vorstellen können. Es gibt ja Länder, in denen man lieber nicht wohnen möchte. Für die Ferien sind die vielleicht okay, aber nicht zum Wohnen.

Cristiano Ronaldo,
der geheime Retter

Seit einiger Zeit hatte Tim plötzlich Lust auf Fußball. Zuvor hatte ich die Kinder oft gefragt, welche Sportarten sie denn interessieren würden. Aber beide wussten nicht so recht, was sie als Hobby ausprobieren könnten.

Da kam die EM 2016 genau richtig. Fußball stand im ganzen Schulhaus hoch im Kurs. Alle Kinder sammelten und tauschten diese Panini-Bilder. In den Pausen wurde nur noch Fußball gespielt. Also meldete ich Tim im örtlichen Fußballverein an und fuhr ihn zweimal wöchentlich dorthin. Es ging nicht lange und Tim wurde immer besser und selbstbewusster. Er wollte so sein wie „Ronaldo". Da passte natürlich auch seine Frisur nicht mehr. Er hatte ja schon mal den Wunsch geäußert, die Haare abzuschneiden, da er nicht aussehen wollte wie Papa. Doch nun wollte er dieselbe Frisur wie Ronaldo. Also gingen wir zum Friseur. Da er aber so strohblondes Haar hat, konnten wir seitlich nicht Ronaldos Muster rasieren. Mit so hellen Haaren sah man keine Muster, nur die Kopfhaut. Tim war etwas enttäuscht. „Ich hab eine Idee. Warum kaufen wir nicht eine Tönung? Wir färben dir einfach ein Muster." Tim war skeptisch, aber sofort dabei. Also gingen wir in den Einkaufsladen und kauften dafür eine Tönung.

Zu Hause angekommen, bastelten wir uns Schablonen, um die Muster seitlich am Kopf einzufärben. Auf der einen Seite war der „Blitz" des besten Fußballers und auf der anderen Seite war das Nike-Zeichen. Dies war dann Tims neue Frisur. Sie kam gut an. Beim nächsten Mal änderten sich dann die Muster. Aber Ronaldo blieb stets dabei. Diesmal nicht als „Blitz", sondern als dessen offizielle Abkürzung CR7.

Auch Ethan wollte plötzlich seine längeren Haare loswerden und eine schnittige Frisur haben. Er bekam dann den Haarschnitt des Schweizer Fußballers Xherdan Shaqiri mit der aufgetönten Nummer 23.

Die Jungs sahen mittlerweile echt klasse aus. Beide waren sportlich und fesch gekleidet. Sie sahen nun wie „richtige Jungs" aus. Der „Vagabunden-Style" mit zerrissenen Kleidern, verschiedenen Socken und langen Haaren war nun endgültig vorbei.

Verfolgungsjagd

An den Besuchswochenenden kam Sec immer mit dem neuen Skoda seines Vaters und holte Ethan ab, was mich etwas wunderte. „Ethan, Papa ist da. Du kannst die Schuhe anziehen. – Sag mal, stört es den Großvater nicht, dass ihr immer in seinem neuen Auto herumkurvt?" Ethan zog sich gemütlich die Schuhe an. „Warum, wir fahren ja nur hierher und dann geben wir es wieder zurück." Nun musste ich überlegen. Was ergab das für einen Sinn? Hatte ich das richtig verstanden? „Also Papa fährt zu Großvater, wechselt dort das Auto, fährt hierher, holt dich ab, dann fahrt ihr zu Großvater und wechselt wieder das Auto?" Noch während ich die Frage stellte, kam mir das Ganze immer irrer vor. „Genau." Ethan war angezogen und bereit fürs Wochenende.

Warum machte er das? Wollte er so tun, als ob er ein neues Auto hätte? Aber ich kannte ja das Auto seines Vaters. Was war dann der Grund? Vielleicht machte er ja das ganze Theater wegen des BMWs. Die Geschichte ist die: Sec wäre nicht Sec, wenn es nicht auch beim Auto eine Betrugsgeschichte gäbe. Vor über einem Jahr entschied das Gericht – da wir zwei Autos hatten –, dass ich den BMW haben könne. Das heißt, Sec behält den Bus und mir wird der BMW zur Verfügung gestellt.

Natürlich wollte Sec den 20-jährigen BMW nicht herausrücken, da er mir generell nichts gönnt. Also behauptete er vor Gericht, dass er den BMW verkauft hätte. Natürlich wusste ich, dass er das Auto nie verkaufen würde und weiterhin mit diesem Auto herumfuhr. „Herr Richter, dann möchte ich die Verkaufsquittung sehen. Er soll sie Ihnen zeigen." Ich ärgerte mich wieder mal über Secs Lügen sowie auch darüber, dass alles so lasch gehandhabt wurde.

Nun, meine Gedanken waren die folgenden: Wenn er eine Verkaufsquittung lieferte, dann war es Urkundenfälschung. Gleichzeitig wollte ich beweisen, dass er das Auto noch hatte. Mittlerweile war es kurz vor den Sommerferien und ich wusste, dass er mit dem BMW in die Tschechei fahren würde. Er fuhr seit Jahren immer in die Tschechei in die Ferien. Also war die Wahrscheinlichkeit groß, dass er nun auch wieder fahren würde. Zudem war da noch dieses Kind. Dieses Kind, von dem man nicht genau wusste, ob es seines war oder ob er damals einfach eine Hochschwangere gedatet hatte.

M. und ich hatten einen Plan. Wir organisierten ein fremdes unauffälliges Auto und standen bereit. Als Sec dann Ethan abholte, stand M. bereits mit dem laufenden Auto hinter dem Haus. Ich übergab Ethan an Sec, schloss die Haustüre und rannte im Haus die Treppen zur Garage hinunter, wo M. mit dem Auto wartete. Ich stieg so schnell ich konnte ein und hoffte, dass wir Ethan und Sec noch kriegen würden. Er war wieder mit dem Auto seines Vaters gekommen, also müsste er das Auto irgendwo tauschen, so viel war sicher. Entweder bei sich oder bei den Eltern. Was nicht sicher war, ob er das Auto gegen den BMW oder gegen den Opel, den er auch hatte, tauschen würde. Was ich auch nicht wusste, war, ob er an diesem Tag noch in die Ferien losfahren würde. Es hätte auch gut sein können, dass Sec Ethan heute einfach nur abholte und dann ein paar Tage später losfuhr. Aber nach meiner Logik würde ich keine Tage vergeuden, wenn ich nur zwei Wochen zur Verfügung habe. Also ließen wir es darauf ankommen. Kostete ja nichts. Außer Aufregung. Weit vorn konnten wir Secs Auto sehen, er bog ab und beschleunigte auf die Autobahn.

Mist! Kaum auf der Autobahn, gerieten wir in stockenden Verkehr und sahen nicht, ob er nun die Ausfahrt zu seinen Eltern genommen hatte oder weitergefahren war. Da ich ihn nicht hatte ausfahren sehen, beschlossen wir, auf der Autobahn weiterzufahren. Dies war allerdings die falsche Entscheidung, wie sich nur kurze Zeit später herausstellte. Wir wollten schon aufgeben, doch der Nachhauseweg führte sowieso fast bei seinen Eltern vorbei und so wollte ich trotzdem noch dort hinfahren. Und da stand er. Der BMW in seiner vollsten Pracht, wenn man das bei so einem alten Auto noch sagen kann. „Von wegen verkauft! Ich wusste es, er würde ihn nie verkaufen!" Er hatte also nicht nur uns, sondern auch wieder das Gericht belogen. Aber das war mir klar gewesen.

„Schnell, mach ein paar Fotos. Am besten mit Hintergrund, als Beweis, wo er ihn stehen hat." M. hatte recht, ich musste ein paar Fotos machen. Es war ein sehr komisches Gefühl, da das Auto direkt vor dem Wohnzimmerfenster der Großeltern stand. Wenn nun jemand herausschaute? Es half ja alles nichts, ich musste das jetzt durchziehen. Ich machte also einige Fotos. Der Hintergrund war als Beweis genial. Es war nämlich das Freibad mit Namen zu sehen. – Rein ins Auto und ab nach Hause. Aber damit war die Arbeit noch nicht vollendet.

Ich rief auf dem Straßenverkehrsamt an und wollte Auskunft, doch die Dame am anderen Ende der Leitung wies mich ab. „Tut mir leid, ich darf zu diesem Autoschild nichts sagen. Man hat die Auskunftsmöglichkeit blockiert." Man hat *was?* Ich wusste gar nicht, dass man dies überhaupt konnte. Aber das war mal wieder typisch Sec. Er wusste solche Sachen.

Es ließ mir keine Ruhe, also schrieb ich an das Straßenverkehrsamt ein E-Mail. Dort arbeiteten so viele Menschen, vielleicht hätte ich Glück und käme doch an eine Auskunft heran. Probieren geht über Studieren.

Ich ließ mir eine Geschichte einfallen: Ich müsste das Auto ummelden und wüsste nicht mehr, ob der BMW schon auf einen anderen Besitzer gemeldet wäre oder ob ich das machen müsste.

Zwei Tage später kam die Antwort:

Guten Tag, Frau Martins
Der BMW läuft auf der Wechselnummer XL35792 immer noch
auf Ihren Mann.
Beste Grüße
U. Huber

Ha, jetzt hatte ich den Beweis! Ich wusste es! Er hatte nun beide Autos auf eine Nummer gelöst. Aber er hatte immer noch beide Autos. Ich war sehr zufrieden mit meiner Recherche. Bei solchen Dingen ließ ich mich nicht so schnell unterkriegen. Schmunzelnd musste ich an die Aktion mit den Pässen denken. Es lohnt sich, nicht immer gleich aufzugeben.

Doch die Freude war nur von kurzer Dauer. Beim nächsten Gerichtstermin legte Sec einen Verkaufsvertrag vor. Klar, er war auf seinen Freund ausgestellt. „Hören Sie, Herr Richter. Erstens ist das ein gefälschter Vertrag. Zweitens ist der Käufer Herr Martins' bester Freund und drittens habe ich hier andere Beweise."

Der Richter schaute mich über seine Brille hinweg an und lächelte. „Dann geben Sie mir doch mal diese Beweise."

Er betrachtete das E-Mail des Straßenverkehrsamts und die Fotos des BMWs. Er gab die Unterlagen an Sec und seinen Anwalt weiter.

„Was sagen Sie dazu?"

Sec betrachtete die Ausdrucke. „Ich habe das Auto verkauft."

„Ja, schon klar, du hast das Auto verkauft. Warum läuft es dann immer noch auf dich? Und dann noch auf einer Wechselnummer?!"

Sec blieb wie immer ruhig und gelassen. Hämisch grinsend erwiderte er: „Ja, ich habe das Auto an meinen Freund verkauft. Deshalb können wir uns auch die Nummer teilen. Wir sprechen uns eben ab, wer die Nummer wann braucht."

Ja klar, mir wurde bald schlecht! Was für eine hirnlose Kacke laberte er da? Doch ganz so hirnlos war die Kacke anscheinend nicht; zumindest hat meine Aktion nichts bewirkt. Sec fährt noch heute mit dem BMW herum, obwohl ich ihn seit Jahren zur Verfügung haben müsste. Da fragt man sich schon: Wo bleiben die Gesetze, wo bleibt die Gerechtigkeit? Der Richter ging doch tatsächlich Sec auf den Leim.

Mallorca

Von Beginn an gab es immer ein riesiges Theater wegen der Personalausweise. Jedes Mal wenn Ferien anstanden, behauptete Sec bei den Behörden, dass er keine Identitätskarten der Kinder besitzen würde. Komischerweise konnte er immer in der Zeit verreisen, in der die Kids – beziehungsweise später nur Ethan – in seiner Ferienobhut waren. Aber auch das blendete die Behörde aus und wusste nicht, wem sie glauben sollte – somit konnte sie mir bei diesem sehr stressigen Problem nicht helfen.

Doch diesmal kam noch etwas hinzu. Er wollte plötzlich nicht mehr die Identitätskarten, sondern die Pässe der Kinder. Und zwar aus dem simplen Grund, dass er dann beide Ausweisdokumente hätte und mich wieder kontrollieren und einengen könnte. Er behauptete, er würde in ein Land reisen, in dem er die Pässe bräuchte und in dem die Identitätskarten nicht mehr ausreichen würden. Ich war gerade bei der Arbeit und hatte deshalb keine Zeit für diese Spielchen. Doch einen klaren Kopf für die Arbeit hatte ich nun auch nicht mehr. Sec lähmte mich jedes Mal mit seinem Druck. Irgendwo hatte dieser Typ immer seine Hände im Spiel. Er wollte mich einfach nicht in Ruhe lassen. Aber dass Sec irgendwohin verreisen wollte, wo er Pässe brauchte? Nein, das glaubte ich ihm nicht. Trotzdem machte ich ihm ein faires Angebot.

„Wenn du mir die Originalbuchungen vorlegen kannst, dann gebe ich dir die Pässe und du unterschreibst, dass du diese erhalten hast. Aber ich will die Empfangsbestätigung, sonst geht gar nichts." Nicht dass er wieder überall behaupten würde, dass er nie etwas erhalten hätte und ich die Dokumente bei mir hätte. Solche Lügen kannte ich ja zur Genüge. Natürlich würde ich ihm die Pässe nur für diesen Zeitraum aushändigen. Allerdings bereitete es mir gleich wieder Kopfschmerzen, dass ich dann die Pässe eventuell nicht mehr zurückbekommen würde und Sec ein Spielchen treiben würde. Sollte ich ihm wirklich dieses Angebot unterbreiten? Ich war mir so sicher, dass er nicht in ein Land verreisen würde, wo man einen Pass benötigte. Schlussendlich entschied ich mich doch dafür und zeigte somit meine Kooperationsbereitschaft, auch den Behörden gegenüber.

Zum Mittagessen war ich mit Paula verabredet. „Na, du geile Bitch", begrüßte mich Paula – wie immer ohne Hemmungen und recht lautstark, sodass man es durch das ganze Lokal hörte. Alle starrten uns an. Ich musste schmunzeln. Schließlich war ich diesen Umgang gewohnt. „Siehst gut aus. Wenn ich ein Mann wäre, würde ich dich gleich …" Ich ließ Paula nicht ausreden. Dies wäre dann doch etwas zu krass für die Öffentlichkeit gewesen. „Puh, endlich Mittag. Mein Schädel brummt", unterbrach ich sie. Der Kellner stand schon wie angewurzelt neben uns, als hätte er gerne das Ende von Paulas Satz gehört. „Was ist denn los? Stress mit M.?" „Könnten wir bitte die Karte haben?" Der Kellner drehte sich auf dem Absatz um und verschwand. „Dachte der etwa, wir wüssten schon, was wir bestellen wollen?! Hm." Genervt sah ich dem Kellner mit seiner schwarzen Buntfaltenhose, dem Gilet und dem nach hinten gegelten Haar nach. „Nein, nicht mit M., mit Sec." „Ja klar, was für 'ne blöde Frage. Was macht er jetzt wieder? Ist er noch nicht krepiert?" Die am Nachbartisch sitzenden Gäste schauten entsetzt zu uns herüber. „Unkraut vergeht nicht", versuchte ich die Situation diskret abzudämpfen.

Ich erzählte Paula von der Sache mit den Pässen. „Wo will der denn hin? Der kennt ja nur im eigenen Garten campen. Für alles andere ist der doch viel zu faul." Der Kellner stand wieder neben uns und wartete, bis wir bestellt hatten. „Ja, das auch. Aber vor allem, er ist nicht weltoffen. Er interessiert sich überhaupt nicht für andere Länder." „Wohin, behauptet er, hat er gebucht?" „Nach Amerika." „Phaaaaa", stieß Paula so laut und schrill aus, dass sich die Tischnachbarin an ihrem Wasser verschluckte. Ich musste mich echt zusammenreißen, nicht zu grinsen. „Was ist mit der Ollen los?" Paula musterte die Dame mit den Erstickungsanfällen herablassend. „Ja, genau das dachte ich auch." „Ich fress einen Besen, wenn der nach Amerika reist! Und dann auch noch mit Ethan. Mit einem kleinen Kind macht das wirklich keinen Sinn." „Aber Sec besteht darauf, dass ich ihm die Pässe aushändige. Meine Bedingungen, die ich daran geknüpft habe, blendet er einfach aus." „War ja klar. Wie immer. Über den müsste mal ein Auto rollen", rief Paula aus, sodass ich befürchtete, unsere Tischnachbarin könnte sich abermals verschlucken. Wütend schaute sie zu uns herüber. „Was ist denn mit der los? Wohl schon länger keinen Sex mehr gehabt." Oje! Dies hatte die Alte auch gehört. Sie stand auf, ging zum Tresen und wollte bezahlen. „Da ist wohl jemand in seiner Ehre verletzt." „Na, warum wohl?", nahm Paula den Faden wieder auf. „Weil es gar keine Buchungen gibt." Genau, Paula hatte es kapiert. Sie kannte Sec eben. Das tat mir so unglaublich gut, da mich sonst keiner so richtig verstehen konnte. Was irgendwo auch wieder verständlich war: Was Sec da immer wieder abzog, war schlechtweg „un-glaublich"!

Plötzlich machte Paula ein komisches Gesicht. „Was ist?" „Na ja, ich muss dir auch noch etwas erzählen." Okay, nun war ich gespannt, so kannte ich Paula überhaupt nicht. Es war schon fast unheimlich. Ein unheimliches Gefühl beschlich mich. *Hör auf zu halluzinieren.* „Du weißt ja, dass bei mir mittlerweile auch einiges läuft. Lucke und ich haben es echt gut. Er ist toll." Okay, und was kam jetzt? Dass sie heiraten würden? Dass sie schwanger war? Alles keine Gründe für mein unheimliches Gefühl. „Ich werde mit Lucke nach Kanada auswandern." Peng! Doch keine Halluzination. Waaaas??? Das Adrenalin pulsierte durch meinen Körper, vom Scheitel bis

248

zur Sohle. *Meine Verbündete verlässt mich! Nein, das geht nicht! Auf gar keinen Fall!* Stille. Keiner sagte ein Wort. Es kam mir wie eine Ewigkeit vor.

Nach etwa zwei Minuten fragte ich: „Wann?" Mehr brachte ich nicht heraus. Ich versuchte zu lächeln. „In zwei Monaten. Ich habe den Job im Spital gekündet. Die Möbel werde ich verkaufen. Ich hab ja nicht viel."

Während Paula redete, musste ich mich echt zusammenreißen. Ich wollte jetzt nicht losheulen. Schon gar nicht hier im Restaurant. „Wie soll ich das überleben? Ohne dich!" Paula grinste. „Na, du hast jetzt M." Nun hatte ich echt keine Lust mehr, zurück zur Arbeit zu gehen. Zuerst Sec, der mir immerzu Stress machte, und nun dieser Schlag ins Gesicht. Nein, ins Herz. „Ich meinte nicht, wie soll ich den Scheiß mit Sec schaffen. Sondern wie soll ich ohne dich leben."

Paula war gerührt, was sie aber gleich wieder mit ihrer coolen Art abblockte und überspielte. „Ach was, du brauchst mich jetzt nicht mehr." „Kann ich einkassieren? Ich habe Schichtwechsel." Der Kellner stand ungeduldig neben unserem Tisch. „Ups, 13.10 Uhr. Paula, ich muss los."

Wir verabschiedeten uns kurz und schmerzlos. Wir taten so, als sähen wir uns heute Abend wieder. Aber ich hatte das ungute Gefühl, dass ich sie nicht so schnell wiedersehen würde. Sie wohnte schließlich inzwischen nicht mehr neben unserem Hof und ich wohnte ja auch nicht mehr dort. Ging diese Ära nun zu Ende? Aber wieso? Wieso ging die Ära mit Sec nicht endlich zu Ende? Der Rest des Tages verlief sehr harzig.

In der Zwischenzeit tanzte Sec der Polizei auf der Nase herum und hetzte sie dann mir auf den Hals. Ich hätte die Ausweise und würde seine Ferien mit Ethan verhindern, die er schon gebucht hätte. Ich konnte die Kacke nicht mehr hören. Hatte er wirklich nichts Besseres zu tun? Obwohl es so offensichtlich war, durchschauten die Behörden und die Polizei dieses Spiel nicht ganz.

Drei Tage bevor die Ferien losgingen, versuchte Sec die Pässe bei der Polizei sperren zu lassen. Er erzählte, dass die Pässe nicht mehr auffindbar wären. Genau das Spielchen, welches ich schon beim Ausstellen der Pässe befürchtete. Da die Polizei uns mittlerweile schon etwas kannte – was mit so einem Irren im Gepäck auch kein Wunder war –, rief sie mich an, um zu fragen, ob die Pässe wirklich weg seien. So konnte ich gerade noch verhindern, dass die Pässe gesperrt wurden. Das wäre ein riesiger Schlamassel gewesen! Dann wäre meine Meisterleistung von damals für die Katz gewesen. Ich hätte nur mit Sec zusammen neue Pässe ausstellen lassen können. Noch so eine Aktion beim Passbüro wie damals wäre eher unwahrscheinlich gewesen.

Kurz vor unseren Sommerferien mit den Kids – es sollte diesmal nach Mallorca gehen – war ich schon sehr aufgeregt. Diesem Typen traute ich alles zu. Was, wenn er sonst was im Hintergrund organisiert hatte? Doch am Flughafen klappte alles super. Auch mit dem Mietauto lief alles reibungslos.

Wir fuhren also zu fünft los und kamen schließlich in der riesigen roten Finca an. Die Aussicht vom Pool aus war atemberaubend. Weitsicht über das dunkelblaue Meer. So ließ es sich leben.

Frühstück machten wir immer in der Finca. Dafür gingen wir im Dorf in einen kleinen *Mercado* und kauften Brot, Käse, Nutella, Salami und alles, was das Herz begehrte. Zum Abendessen gingen wir aus.

Fast täglich fuhren wir an neue Buchten und Strände und schauten uns um, wo es uns am besten gefiel. „Weißt du noch, Fort Myers Beach?" Verschmitzt schaute ich M. an. „Das könnte ich mir hier auch vorstellen", fügte ich hinzu. M. fing an zu schmunzeln. Ich wusste, dass er meine Gedanken lesen konnte. Hier an einem tollen Plätzchen ein Haus zu kaufen. Es wäre nicht so weit wie Amerika. Und vor allem wäre es nicht so kompliziert mit der Aufenthaltsbewilligung. Die Kids saßen hinten gelangweilt im Auto. Durch die Gegend fahren zählte nicht gerade zu ihren Lieblingsbeschäftigungen.

Keines der Kids war sonderlich begeistert, im Meer zu baden. Sie waren lieber im Pool. Doch in diesen Ferien wendete sich das Blatt. Wir fuhren an den Es Trenc. Jeder redete von diesem Sandstrand und wir wollten ihn nun auch mal sehen. Doch die Parkplatzsuche gestaltete sich sehr mühsam. Mit M. eine schwierige Angelegenheit, da Geduld nicht gerade zu seinen Stärken gehörte. „Wir drehen um, mir reicht es." Angesäuert versuchte M. zwischen all den Autos zu wenden. „Nein, jetzt sind wir schon mal hier. Parkieren wir da vorne." Die Stimmung war im Keller. Doch wir schafften es, irgendwo beim Pinienbaum 238000 oder so ähnlich einen Parkplatz an der Straße zu ergattern und liefen dann mit motzenden Kindern, Luftmatratzen und Sandkastenwerkzeug zum Strand.

Wir kriegten sie fast nicht mehr aus dem Wasser. Stundenlang konnten sie sich mit Ball oder Luftmatratze im türkisgrünen Meer vergnügen. Das Wasser im Meer war hier wärmer als das im Pool. Es war einfach nur herrlich. Ich konnte es kaum glauben, dass sich die Jungs so lange im Wasser aufhielten. Kein Gemeckere wegen Sand in den Augen, kein Gemeckere wegen Salz in den Augen. Nur die kreischenden Möwen und die Wellen.

An einem weiteren Tag im Liegestuhl auf der Terrasse der roten Finca saß M. an seinem Laptop und stöberte im Internet. Plötzlich meinte er, er hätte da ein Strandhaus gesehen, das zum Verkauf stand. Äääm, er hatte anscheinend meine Anmerkung zu Mallorca ernst genommen?! Das Haus war so speziell und für sich stehend mit einer eigenen Bucht, dass wir eine Besichtigung abmachten.

Also fuhren wir wieder los und flitzten in den Osten der Insel, eine Stunde dauerte die Fahrt. Die Kids waren super. Obwohl wir so viel mit dem Auto herumfuhren, gab es kein Gemotze. Sie schliefen friedlich hinten auf der Rückbank.

Das Haus lag weitab von der Zivilisation in einem Natur-schutzgebiet. Es war sehr schmuck und sauber. Die kleine Bucht, die vor der Terrasse lag, war auch grandios. Doch das Haus hatte nur wenige Quadratmeter, nur ein Bad und zwei kleine Zimmer. Eigentlich war es nicht geeignet für uns. Schließlich waren wir zu fünft. Doch das Objekt war so hübsch und ließ uns irgendwie nicht los. Wir fuhren zurück und hatten viel Ge-sprächsstoff. Wir überlegten hin und her.

Am nächsten Tag schauten wir im Mallorca-Büchlein nach, wo es uns auch noch gefallen könnte.

Ethan wollte nicht mehr nach Hause. Er wollte auf Mallorca blei-ben, so gut gefiel es ihm. Ich sagte zu ihm: „Aber dann könntest du nicht einfach mal kurz zu Papa." Daraufhin meinte er ganz cool: „Er kann ja dann ab und zu hierher fliegen, ist ja nicht lange."

Die Ferien waren einfach super und total entspannt, und das trotz dreier Kids im Schlepptau. Dies zeigte mir wiederum, dass wenn man den richtigen Partner an seiner Seite hat, man so-gar drei Kids angenehm „bewältigen" kann.

Ein Haus auf Mallorca war nun zwischen M. und mir ein The-ma. Aber das abgelegene Haus am Strand stand nicht mehr im Vordergrund.

Ausgelaugt

Es war wieder einmal so weit, die nächste Schulsitzung stand an. Ich war so was von erleichtert, als die Lehrer und der Schulsozialarbeiter bestätigten, dass Tim super sei. Er verhalte sich nun ganz normal, komme gut mit den anderen Schülern klar. Auch schulisch sei er um einiges besser geworden und er habe auch einen ganz anderen Gesichtsausdruck.

Auch die Kindergärtnerinnen äußerten sich sehr positiv in Bezug auf Ethans Entwicklung. Er sei nun „angekommen". Er sei jetzt nicht mehr traurig oder in sich gekehrt. Er nehme rege am Programm teil und alle Kinder wollten mit ihm spielen. Auch habe er sich zeichnerisch und in anderen Fertigkeiten gut entwickelt.

Dies klingt ja toll, dachte ich. Ich hatte in diesem Moment wirklich das Gefühl, gewonnen zu haben. Die Kinder und ich hatten allen gezeigt, dass wir es schaffen und dass wir ganz okay sind. Wir brauchen weder einen „kranken Vater" noch eine Psychotherapie. So zumindest würde ein gesunder Mensch diese tolle Entwicklung beurteilen.

Da ich es aber leider nun schon seit Jahren nicht mit gesunden Menschen zu tun hatte, sondern mit meinem Ex und den „tollen" Kinderschutzbehörden, kam es leider nicht so. Kurze Zeit später bekam ich einen Anruf unserer Beiständin. Das Gericht habe sie angerufen und wolle, dass die Kinder per sofort in die Therapie gehen. Ansonsten würden die Kinder von der Polizei bei mir zu Hause geholt. Und für jeden Tag, an dem die Kinder nicht in die Psychotherapie gehen würden, bekäme ich ein Bußgeld auferlegt. Kurz darauf bekam ich das Ganze dann auch noch schriftlich als Verfügung/Urteil.

Sec hatte mal wieder so lange seine Finger im Spiel gehabt, bis das Gericht wegen einer alten Verfügung nun doch auf mich losging. Obwohl es den Kindern nun endlich gut ging und obwohl die Verfügung schon über ein Jahr alt war, wurden wir nun wieder unnötig gezwungen.

In der damaligen Verfügung stand, dass eine Therapie für die Kinder gut wäre, um die Situation der Trennung gut zu verarbeiten. Die Trennung war aber inzwischen schon lange vorbei. Und auch das neue Umfeld und das neue zu Hause waren nun innerlich bei den Kids „genehmigt". Es war schon länger eine ganz andere Situation. Aber es war wie immer: Dies interessiert niemanden. Hier wird einfach juristisch abgestempelt.

Aber damit nicht genug. Dies war nicht der einzige Punkt in diesem Urteil, den Sec erzwungen hatte. Nein, noch schlimmer, Tim wurde nun doch gezwungen, wieder zum Vater zu gehen. Hier hebt es einem wirklich die Kappe. Was muss eigentlich geschehen, dass das Kindeswohl ernst genommen wird und nicht nur die Rechte des Vaters?

Zuerst musste das Kind x-mal bei der Kinderbeiständin aussagen. Dann hieß es, es reiche doch nicht, das Kind müsse auch noch bei der Chefin der Kinderschutzbehörde aussagen. Und das, obwohl mittlerweile alle Lehrer, Sozialarbeiter, Schulleiter und so weiter bestätigen konnten, dass Tim sich seit der Zeit, wo er nicht mehr zu seinem Vater ging, prächtig entwickelt hatte. Sogar sein Selbstbewusstsein war gestiegen. Aber das interessierte mal wieder keinen. Hauptsache es wurden Paragrafen gewälzt.

Ich erfuhr Anfang Oktober davon; mittlerweile war es Ende November. Es fraß mich jeden Tag aufs Neue auf. Ich wusste nicht, wie und wann ich es Tim beibringen sollte. Aber ich konnte meinem Kind nicht helfen. Mir waren die Hände gebunden. Selbst meine Anwältin sagte mir klipp und klar, dass wenn ich mich in dieser Angelegenheit widersetzen würde, würde sie ihr Mandat niederlegen. Dann solle ich allein für mein Kind weiterkämpfen.

War ich jetzt im Irrenhaus gelandet? Das Schlimmste an allem war jedoch, dass ich meinem eigenen Fleisch und Blut nicht helfen konnte beziehungsweise durfte, da irgendwelche fremden Idioten mittels juristischer Mittel über mich und meine Kinder bestimmten.

Paula war inzwischen weg und hatte ein großes Loch hinterlassen. Mein Bauchgefühl damals in der Pizzeria hatte mich nicht getrogen. Wir hatten uns nicht mehr gesehen. Und nun war sie weg. Ich weiß nicht, aus welchem Grund wir uns die letzten zwei Monaten nicht mehr gesehen hatten. War es Selbstschutz? Um den Abschied nicht noch schmerzhafter zu machen? Oder hatte sie die Schnauze voll von mir? Weil ich ihr all die Jahre im Gegenzug nichts hatte zurückgeben können? Ich war eine schlechte Freundin. Das Einzige, was ich ihr hatte geben können, waren meine Probleme – tonnenweise. Anderseits hatte ich mich auch nicht getraut, mich ihr aufzudrängen und sie nach ihren Problemen zu fragen. Sie hatte bereits genug für mich getan. Und ich? Ich konnte ihr nichts bieten. Von mir hatte sie nichts. Ich konnte meine Sorgen bei ihr loswerden. Sie gab mir Mut und Kraft. Sie hütete die Kids, wenn ich wegmusste.

Und jetzt? Hatte ich nicht schon genug Verluste aufzulisten? Mein geliebter Pferdehof, meine beste Freundin, mein Seelentier Puk – ein Malinois –, der seit unserer Trennung bei Sec lebte. Wieso um Himmels willen konnten mich stattdessen nicht die Behörden und Sec „verlassen"? Ich kann nicht genau sagen, welcher Verlust am schmerzhaftesten war. Alle waren brutal. Vermutlich war es Puk. Klingt vielleicht komisch, aber er war mein bester Freund. Manchmal kann kein Mensch einen Hund ersetzten.

Vor allem war es nun auch wieder kurz vor Weihnachten. Schon wieder Leid, Einsamkeit, Stress mit der Familiensituation, und dies in einer eigentlich sehr besinnlichen und harmonischen Zeit. Klar, ich hatte M. Aber einen neuen Menschen an seiner Seite zu haben, kann mitunter zusätzlicher Stress bedeuten. Ich hatte so viel am Hals und manchmal ging es mir so beschissen oder die Kids benahmen sich nicht anständig, weil auch sie dem Druck nicht immer gewachsen waren. Solche Situationen versuchte ich dann immer von M. fernzuhalten.

Draußen fielen leichte Schneeflocken vom Himmel. Die Kids waren in der Schule. Pix lag eingerollt in seinem Hundebett. M. war bei der Arbeit. Und ich? Ich stand wie angewurzelt vor dem Fenster, schaute den Schneeflocken zu und konnte nicht verhindern, dass mir die Tränen herunterkullerten. Was für ein schlechter Mensch muss ich in meinem früheren Leben gewesen sein, dass ich so unendlich leiden musste? Irgendwann ist doch auch mal genug.

Genug? Weit gefehlt! Seit Neustem wurde nun auch wieder in Erwägung gezogen, ob man die Obhut bei mir infrage stellen solle. Irgendjemand von der Kinderschutzbehörde hatte geschrieben, dass man dies prüfen solle, da Sec behauptete, dass die Kinder in einem schlechten Zustand und leicht verwahrlost wären. Was für eine Frechheit! Die Kids gingen alle sechs Wochen zum Friseur, waren total gestylt mit Nike, Puma und so weiter. Sie lebten in einem Haus mit Whirlpool, hatten jeder ein eigenes Zimmer und Badezimmer und gingen in tolle Ferien. In der Schule lief es auch gut.

Aufgrund von Secs Aussagen forderte nun irgendein Idiot – sorry, aber ich kann es nicht anders ausdrücken – solche Maßnahmen. Es ist wirklich unglaublich, wie unprofessionell solche Leute und Institutionen arbeiten! Und dies auf Kosten der Kinder. Denn dies würde zwangsläufig nur wieder Aufwand, Unruhe und Unmut zur Folge haben.

Was nützt es, wenn die Mutter irgendwann im Irrenhaus landet, weil die Behörden durch jahrelanges Quälen Angst verbreiten, Druck machen, einem keinen Glauben schenken und einen terrorisieren?

Pix schnaufte gerade tief durch. Ich tat es ihm gleich. Immer noch den Schneeflocken zuschauend, fragte ich mich, wie lange ich das alles noch aushalten würde. Ob es irgendjemand irgendwann doch noch schaffen würde, mich irre zu machen? Sec hatte ja schon alles darangesetzt, dass ich in die Klapse eingeliefert würde, damit er mich loshätte. Der Druck und die Verantwortung, die auf mir lasteten, waren manchmal schon enorm.

Die psychische Gewalt ging weiter.

Ich impfte die Kinder vor den Sommerferien. Damit die Impfung auch hielt, hätte ich diese dann nach den Ferien nochmals wiederholen müssen. Die ersten zwei Wochen verbrachten sie mit uns, M. und mir. Als ich Ethan Sec übergab, vergaß ich Ethan zu sagen, dass er das von der Impfung nicht sagen solle. Anderseits wollte ich Ethan nicht auch noch Druck machen. *Sag das nicht, tu dies nicht bei Papa.* – Das war nicht mein Ding. Wie es sich nach den Ferien herausstellte, wäre es aber doch klüger gewesen. Sec bekam davon Wind und klapperte alle Kinderärzte in meiner neuen Umgebung ab, bis er schlussendlich meinen neuen Kinderarzt ausfindig machen konnte. Er erklärte ihm, dass er auch das Sorgerecht habe und mit der Grundimpfung nicht einverstanden sei.

Davon wusste ich aber noch nichts. Da die Kids bei der ersten Impfung sehr große Angst hatten, bereitete ich sie diesmal sehr gut vor. Ich sprach viel mit ihnen darüber und erklärte ihnen, wofür es gut sei. Dann massierte ich sie mit einer Creme ein, die punktuell betäubend wirkt.

Nun waren wir gut vorbereitet, um die Folgeimpfung der Grundimmunisierung entgegenzunehmen. Es war auch für mich keine angenehme Situation, die eigenen Kinder zu zwingen, obwohl sie Angst haben. Ich hätte mir Schöneres vorstellen können. Nachdem wir beim Kinderarzt angekommen waren, warteten wir im Behandlungszimmer auf den Arzt.

Der Arzt kam ins Zimmer, begrüßte uns und sagte: „Frau Martins, na ja, wie soll ich sagen. Wir haben ein Problem."

Da wusste ich schon, welches. Sec. Oder?

„Ihr Mann hat mich angerufen. Er hat ein E-Mail geschrieben und ist dann auch noch vorbeigekommen."

In mir begann es zu brodeln. „Und?"

„Er ist nicht damit einverstanden. So kann ich die Kinder nicht impfen. Tut mir leid."

Toll, echt toll! Das vertraute Gefühl der Hilflosigkeit machte sich wieder in mir breit.

Frustriert gingen wir aus dem Ärztehaus. Die Jungs fanden es nicht so schlimm. Klar, wäre mir als Kind auch so gegangen.

So kam es, dass wir unverrichteter Dinge wieder nach Hause gingen. Es war wieder einmal der Punkt gekommen, wo es mir reichte. Ich rief die Kinderschutzbehörde an und erklärte das Problem. Doch die konnten, wie immer, nichts machen. Impfen sei nicht lebensnotwendig. Deshalb sei es auch keine Verhinderung der Kindergesundheit. „Aha, okay. Mit acht Jahren keine Impfung zu haben, ist also kein Problem. Kein Schutz gegen Masern, Röteln, Mumps und Tetanus." Mir reichte es. Ich legte einfach auf.

Sich in solche Dinge einzumischen, wurde nun zu Secs neusten Hobbys. Wenn er so viel arbeiten würde, wie er Hobbys hat, dann wäre er reich. Ein paar Wochen später ging es dann mit dem Kinderzahnarzt weiter. War es etwa auch nicht *lebensnotwendig*, dass die Kinder eine Zahnkorrektur erhielten?!

Doch dieses Mal machte ich es anders. Bei einem Termin bei unserer Beiständin fragte ich Sec, ob es für ihn okay sei, wenn Tim eine Zahnkorrektur benötigen würde. Dem stimmte er großmütig zu. „Selbstverständlich möchte ich ihm eine Zahnkorrektur ermöglichen, ist doch klar."

Ich jubelte innerlich. Er saß in der Klemme. Er hatte keine andere Wahl gehabt, als dies vor der Beiständin zu bejahen. Stracks ging ich zum Zahnorthopäden und ließ einen Kostenvoranschlag machen. Den mailte ich Sec allerdings erst, als wir die Spange bereits hatten. *Sicher ist sicher,* dachte ich bei mir. Ich wollte verhindern, dass er der Zahnspange nicht zustimmt.

Kaum hatte er das Mail erhalten, ging das Theater beim Zahnorthopäden los. Der beschwerte sich bei mir, dass mein Ex-Mann äußerst penetrant sei. Er wolle nochmals die Belege haben. Er habe nichts von mir erhalten.

Ich kann es nicht mehr hören!, dachte ich. Immer diese Lügen! Was würde jetzt wieder kommen? Verhindern konnte er es nicht mehr. Doch Sec begann ein anderes Spielchen.

„Da du mich nicht integriert hast und ich nicht bei der Unterbreitung der Offerten dabei sein konnte, werde ich keinen Rappen für diese Zahnspange bezahlen."

Was sollte das jetzt?! Beim Zahnabdruck dabei sein? Das wäre für Tim schrecklich gewesen, da er ja schon so lange nichts mehr mit Sec zu tun hatte und ihm aus dem Weg ging. Und um eine Offerte einzuholen, dazu brauchte es ihn auch nicht. Die Zahnspange, die gebraucht wird, wird vom Zahnorthopäden bestimmt, die hat einen festen Preis und basta. Was wollte er da denn mitreden? Alles wieder nur Spielchen und Ausreden, um sich nicht an den Kosten beteiligen zu müssen. Daher wehte der Wind. Das war so was von offensichtlich.

Und – wie immer – kam Sec damit durch. Und so einem wurde auch das Sorgerecht zugesprochen?! Worum ging es Sec denn? Um das Kind? Nein, sonst hätte er keine Impfungen, Ferien, Zahnspangen, Fahrräder und so weiter torpediert. Hier ging es darum, sich querzustellen. Darum, uns zu schikanieren. Und dafür brauchte er das Sorgerecht.

Ich fragte mich oft, ob ich es bei der Scheidung schaffen würde, das geteilte Sorgerecht für mich allein zu bekommen. Einerseits würde mir Secs hinterhältiges Getue direkt in die Hände spielen. Anderseits hatte ich schon mehrfach die Erfahrung machen müssen, dass die Behörden dies häufig als nicht sonderlich gravierend ansahen. Daher hatte ich auch große Angst, dass ich es vielleicht nicht schaffen könnte.

Häusersuche
auf Mallorca

Nicht nur die Gedanken und der Ärger wegen des Sorgerechts schwirrten M. und mir im Kopf herum. Das Strandhaus
auf Mallorca, das wir in den Sommerferien besichtigt hatten,
ging uns nicht mehr aus dem Kopf. Die Idee, ein Haus auf
Mallorca zu erwerben, wurde immer konkreter. Denn genau
diese Rendite brauchte M. noch, damit er nicht mehr arbeiten müsste, zumindest nicht im Angestelltenverhältnis. Beschäftigt ist man ja immer mit irgendetwas, vor allem M. Er
war immer an irgendeiner Sache dran. Aber nicht mehr arbeiten zu müssen und sich seinen Tag selbst einteilen zu können
sowie den täglichen Arbeitsstress reduzieren zu können, das
war ein großes Ziel von M.

M. suchte also weitere Objekte im Internet. Wir wollten mehrere und vor allem verschiedene Objekte besichtigen. Unser Haus dann zu vermieten und in den Sommerferien für uns selbst zu reservieren, das war der neue Plan.

Wir diskutierten viel über das Strandhaus. Über die Vor- und Nachteile. Über andere Objekte, die wir in der Zwischenzeit auch noch gefunden hatten. Dies machten wir oft im Wellnessbad. Es war irgendwie zu einem Ritual geworden. M. und ich gingen an den kinderlosen Wochenenden regelmäßig ins Wellnessbad. Dort diskutieren und philosophierten wir dann stundenlang im Sprudelbad.

Also ergriffen wir die Gelegenheit beim Schopfe und flogen an einem kinderlosen Wochenende nach Mallorca. Nur wenige Wochen nach den Sommerferien erneut im Flieger zu sitzen und wieder auf die Insel zurückzukehren, war ein tolles Gefühl. Witzig war auch, dass man so langsam einzelne Orte oder Wege schon kannte. Es war irgendwie schon vertraut.

Wir hatten fünf Tage Zeit, um uns die Immobilen anzusehen und uns eventuell für eine zu entscheiden. Nach dem Frühstück waren wir eigentlich den ganzen Tag unterwegs. Abends gingen wir dann fein essen und fielen dann einfach nur ins Bett. Es war also anstrengender, als wir gedacht hatten.

Wir gingen nochmals das Strandhaus anschauen und trafen uns mit der Eigentümerin. Es klang alles gut und alle waren sehr sympathisch. Doch wir wollten auch noch die anderen Immobilien besichtigen.

Bei einem Bungalow, der einem Engländer gehörte, fing M. Feuer. Er fand, dass er sich sehr gut für ältere Leute eigne, oder auch wenn wir mal alt wären. Er entfernte sich gedanklich immer mehr von dem Strandhaus, was ich anfangs schade fand.

Aber der Bungalow riss mich nicht gerade vom Hocker. Meine Begeisterung hielt sich in Grenzen. In der Nähe hatte es drei Buchten, die problemlos zu Fuß erreichbar gewesen wären. Na ja, was heißt hier *problemlos*? Wenn man schon die Alterstauglichkeit in Betracht zog, muss man sagen, zur Bucht nach unten wäre es sicherlich kein Problem. Aber dann den steilen Weg wieder hinauf, das schon. Auch überlegten wir, wie bevölkert diese kleinen Buchten im Sommer wohl waren. Hätte man dann überhaupt noch Lust, dorthin zu gehen? Oder stieg man dann doch ins Auto und fuhr an einen größeren Sandstrand? Es war wirklich schwierig, die richtigen Überlegungen anzustellen und schließlich die richtige Entscheidung zu treffen. Zumindest dachten wir das damals.

Am zweitletzten Tag, dies war ein Sonntag, lagen wir im Hotelzimmer im Bett und surften wieder im Internet. M. suchte nach Bungalows, von denen es auf Mallorca gar nicht so viele hatte. Fincas gab es viele. Aber diese waren nun mal nicht einstöckig.

Schließlich fand er ein Inserat, bei dem das Objekt in einer anderen Gegend war, und zwar an jenem schönen Sandstrand, an dem wir in den Sommerferien mit den Kids gewesen waren. Jener Strand, an dem wir keinen Parkplatz gefunden hatten und zu dem wir mit Luftmatratze und dem ganzen anderen Gepäck 20 Minuten zum Stand hatten laufen müssen.

Ich wollte unbedingt dorthin, um uns diesen Bungalow anzugucken. Schließlich hatte es in den Sommerferien dort allen gefallen. Warum waren wir erst jetzt auf diese Idee gekommen? Warum hatten wir nicht schon früher in dieser Gegend geschaut?!

Nun hatten wir ein Problem. Genau genommen waren es mehrere. Wir hatten das Mietauto schon abgegeben. Es war Sonntag und kein Makler las am Sonntag seine Geschäftsmails. Kein Makler könnte am Montag so schnell einen Besichtigungstermin vereinbaren. Doch M. versuchte es trotzdem und schrieb noch am gleichen Abend an zwei Makler bezüglich Objekten in dieser Lage. Wir müssten es letztendlich so nehmen, wie es kam. Aber der Gedanke, unverrichteter Dinge nach Hause zu fliegen, wäre irgendwie doch enttäuschend.

Am Montag schrieb eine Maklerin, dass sie es sich einrichten könne. Unser Adrenalinspiegel stieg. Wir waren hocherfreut, standen jetzt aber auch unter Stress. Denn jetzt müssten wir schleunigst ein Mietauto organisieren und am späteren Nachmittag ging auch schon unser Flieger. M. organisierte das Mietauto, während ich für uns Verpflegung einkaufte.

Und los ging es. Drei Objekte später saßen wir bei der Maklerin im Büro. Es hatte uns nicht wirklich umgehauen. Aber das Bild bei der Maklerin im Büro, das haute mich um. Es war ein kubisch gebautes, weißes Haus mit Pool, Garten und Rasenfläche. „Also für das würde ich gleich auswandern", entfuhr es mir. M. lachte und meinte, dass ich wieder mal Superwüsche hätte. „Frau Martins gefällt natürlich mal wieder das Teuerste", meinte er augenzwinkernd.

Doch die Maklerin erklärte, dass es bereits ein Musterhaus geben würde und das Preis-Leistungs-Verhältnis gar nicht mal so übel sei. Wir konnten es kaum glauben. Es lag sogar in M.s Budget und das Beste war: Die Bauparzelle befand sich nur 150 Meter von diesem Megasandstrand!

Jetzt wollten wir es beide unbedingt ansehen gehen, obwohl wir eigentlich ein bereits bestehendes Haus als Renditeobjekt im Kopf hatten. Doch der Countdown lief. Das Problem war, dass nicht sie – die Maklerin – der Bauherr war. Sie musste also diesen Herrn anrufen und versuchen, per sofort einen Termin zu bekommen. Die Zitterpartie ging los. Plötzlich wollte ich unbedingt nur noch dorthin. Die anderen Häuser und Bungalows waren mir schnuppe.

Sie rief den Bauherrn an und erklärte, dass wir großes Interesse hätten, aber in ein paar Stunden schon wieder fliegen müssten. Ganz spontan sagte der Bauherr zu. Puh, was für ein Glück! Nun ging es los. Mit Vollgas rasten wir in unserem kleinen Mietauto dorthin.

Wir waren etwas zu früh zu unserem Termin, also setzten wir uns in ein Strandrestaurant. Es war genial. Alles war flach und herrlich weitläufig. M. gefiel es hier immer mehr und seine Begeisterung stieg von Minute zu Minute. So hatten wir diese Gegend damals gar nicht wahrgenommen. Wir hatten nur die Strecke in Erinnerung, die wir 20 Minuten mit den Luftmatratzen gehen mussten, und natürlich den schönen Sandstrand.

Endlich konnten wir mit dem Bauherrn das Musterhaus besichtigen. Die Parzelle befand sich genau gegenüber. Zurück in seinem Büro, brauchten wir nur fünf Minuten. M. schaute mich an und sagte, ohne es mit mir abzusprechen: „Ich bin überzeugt wir nehmen das Grundstück, keine Frage." Ich dachte, ich höre nicht richtig. Ich freute mich riesig, denn ich fand es perfekt. „Oder?" Nun schaute er mich doch fragend an. Ich grinste wie ein Honigkuchenpferd. „Ja, das machen wir." Plötzlich waren alle anderen Objekte nicht mehr interessant. Und es war auch nicht mehr schwierig, eine Entscheidung zu fällen.

Zu Hause war die Freude groß – unter uns natürlich. Wir hatten unser Ziel in den fünf Tagen erreicht, wenn es zeitlich auch sehr knapp geworden war.

Wir hatten auf Mallorca ein Grundstück gekauft und würden ein Haus bauen – und dies, ohne es lang und breit zu diskutieren. Aber dies war bei M. und mir immer so. Für uns stimmt immer dasselbe und dann geben wir Vollgas. Dies war beim Zügeln, bei der Firma, bei überhaupt allem so.

Wir zeichneten in den Grundrissplänen ein, wie wir es gerne hätten. Im dritten Badezimmer wollte ich eine Badewanne, da ich gerne bade. M. war einverstanden, obwohl er selbst keine Wanne gebraucht hätte. Beim Pool hatte ich die glorreiche Idee, dass er beheizbar und mit Whirlpool-Ecke sein sollte. Wir planten und zeichneten, tranken Wein und amüsierten uns köstlich. Das war ein Wahnsinnsgefühl. Wir zwei zusammen, einfach toll.

Das Schräge an dem Ganzen war, dass wir eigentlich ein bereits bestehendes Haus hatten kaufen wollen, das wir vermieten könnten. Der Plan war, dass es schon Kunden hätte und wir es so übernehmen könnten. Und nun kauften wir ein Haus, genauer gesagt, M. kaufte ein Haus, das es noch gar nicht gab.

Die Wochen vergingen und wir warteten gespannt auf jeden Baufortschritt, den man uns per Mail sendete.

„Weißt du, was das Schlimme ist?", fragte mich M. und drehte sich in seinem Bürostuhl.

„Nein, was?"

„Dass wir nicht dort wohnen, wo ich das schönste Haus besitze. Ich meine, wir werden ein nagelneues, supermodernes Haus haben, mit beheiztem Pool gleich neben dem schönsten Sandstrand, den wir kennen. Und wir wohnen nicht dort."

Stimmt, M. hatte recht. „Aber so ist es nun mal. Oder?"

„Und wenn man bedenkt, wie oft das Wetter bei uns schlecht ist. Wir können manchmal im Sommer nicht einmal Freunde zum Grillieren einladen. Denn wer weiß schon, was für Wetter ein, zwei Wochen später sein wird. Meistens schlechtes."

M. hatte wirklich recht. Die Sommerzeit ist in unseren Breitengraden sehr kurz und meistens ziemlich verwaschen. Man könnte sich nicht einmal vornehmen, mal ein Jahr im Sommer mit den Kindern zu Hause zu bleiben und dafür eine Dauerkarte im Freibad zu kaufen. Das wäre eine sehr unsichere Angelegenheit, dafür ist das Wetter hier viel zu unbeständig. Warum also nicht auswandern? Das meinte M. mit seinen Worten.

Doch dieser Auswanderungsgedanke war nicht unproblematisch. Denn obwohl ich nicht mehr mit Sec zusammen war, so war ich wegen der Kinder immer noch an ihn „gekettet".

Wenn er schon wegen einer Impfung oder eines neuen Haarschnitts ein solches Theater veranstaltete – mal ganz abgesehen von den neun Gefährdungsmeldungen, die er mittlerweile gegen mich gemacht hatte –, dann würde er wohl kaum sagen: „Hey cool, du willst mit unseren Kindern auswandern? Finde ich toll, denn dort haben sie mehr Sonne und sogar einen beheizten Pool!"

Auswandern könnte ich nur, wenn ich das alleinige Sorgerecht hätte. Mit diesem blöden gemeinsamen Sorgerecht konnte ich im Grunde genommen rein gar nichts tun. Ich könnte ohne Secs Einwilligung nicht einmal in einen anderen Bezirk ziehen. Diese Gesetze sind unverständlich. Klar, es ist ein Schutz für Väter. Es gibt bestimmt auch Mütter, welche die Kinder dem Vater vorenthalten. Aber in Secs Fall lag es inzwischen wirklich auf der Hand: Tim verweigerte sich ihm; überall schoss er quer und genoss es, uns leiden zu sehen. Er wollte das Sorgerecht nur, um Macht auszuüben. Nicht weil er sich wirklich um das Wohl seiner Kinder sorgte und Verantwortung übernehmen wollte.

Nichtsdestotrotz: Das alleinige Sorgerecht ist und bleibt mein großes Ziel. Ich werde mich mit aller Kraft auf das Sorgerecht konzentrieren. Ich kann nur hoffen, dass der Richter erkennt, wie sehr mein Ex uns quält und wie belastend dies für mich und die Kids ist. Und dass Sec immer nur auf seine Rechte besteht, aber nicht seine Pflichten wahrnimmt.

Ich kann nur darauf hoffen, dass der Richter seinen gesunden Menschenverstand gebraucht. Weiter kann ich nichts tun. Ich kann es nicht steuern.

Eingabe der
Scheidung

Das Schlimme war auch immer das Abwarten. Immer im Ungewissen zu sein, nie zu wissen, wie es ausgeht.

Nun hatte ich endlich die zwei Jahre hinter mir, die ich abwarten musste, um die Scheidung eingeben zu können. Da Sec sich querstellte, musste ich diese Zeit warten.

Ich fand es ja schon ziemlich dämlich, dass jemand sich querstellt und nicht die Scheidung möchte. Vor allem da er auch eine neue Familie hatte. Aber so war und ist er eben. Und so wird er auch immer bleiben. Solche Menschen entwickeln sich nicht weiter. Denn so wie sie sind und was sie tun, das ist für sie das einzig Richtige. Und wenn sie lügen, glauben sie es am Schluss sogar noch selbst.

Ich beneide seine neue Partnerin ganz und gar nicht! Hilfe, nie mehr möchte ich eine solche Beziehung. Solche narzisstischen Vollidioten sollten keine Kinder, keine Tiere und keine Partner haben. Aber wie erkennt man sie frühzeitig?

Nun waren also die zwei Jahre endlich vorbei und meine Anwältin konnte die Scheidungsklage dem Gericht senden.

Wir forderten Folgendes:

- Ich verzichte auf Unterhalt für mich
- Alimente für die Kids – möchte ich
- das alleinige Sorgerecht – möchte ich
- keine Güter, keine Gegenstände – nichts

Nun war ein Monat vergangen und wir hatten immer noch nichts vom Gericht gehört. Es sollte eigentlich eine Einladung für einen Vergleichstermin kommen – obwohl ich diesen Vergleichstermin am liebsten gestrichen und gleich mit dem zweiten Termin begonnen hätte. Der erste Termin würde sowieso nichts bringen, da Sec zu allem, was ich sagen oder machen würde, Nein sagen würde. Nie würde er auf meine Forderungen eingehen. Das wäre nur wieder verlorene Zeit. Das war genau das, was mich an dem Ganzen so sehr stresste.

Eigentlich könnte man eine Scheidung in kürzester Zeit erledigen. Aber wenn es drei Monate dauert bis zum ersten Termin, der eh nichts bringt, und dann wieder ein halbes Jahr bis zum zweiten Termin, der das Ganze auch nicht viel weiter vorantreibt, dann geht die Scheidung natürlich Jahre.

Und das war der nächste Knackpunkt, der mir täglich im Kopf umherschwirrte. Falls ich das Sorgerecht bekommen würde, wäre der Auswanderungstermin in den Sommerferien 2018. Dafür müsste aber die Scheidung bis spätestens zu diesem Zeitpunkt abgeschlossen sein. Sollten wir also schon mal vereinzelt unsere Lieblingsstücke mitnehmen oder sie lieber doch hierlassen, da wir eventuell hierbleiben müssten?

Die Schule war ja noch ein Thema. Die Sommerferien wären super, um sich etwas einzuleben und dann in ein neues Schuljahr zu starten. Überdies musste man in einer solchen internationalen Privatschule die Plätze fast ein Jahr im Voraus reservieren. Durfte ich das überhaupt? Oder würden die dann auch wieder nachfragen, ob ich das alleinige Sorgerecht hätte? Würden sie Sec ausfindig machen und ihn anrufen?

Das Ziel, das wir uns gesteckt hatten, war wunderschön, keine Frage. Aber der Weg dorthin war steinig und brachte mich jetzt schon nervlich an meine Grenzen. Manchmal konnte ich an nichts anderes mehr denken.

Ich hatte etwas mehr als ein Jahr für unseren Auswanderungs-plan. Wäre dann die Scheidung durch? Meine Anwältin mein-te, dass unsere Scheidung vermutlich eineinhalb bis zwei Jah-re gehe. „So wie ich Ihren Mann kenne", meinte sie zu mir.

Das hatte ich eigentlich nicht hören wollen. Ich hoffte im-mer noch auf ein Wunder, dass alles so zügig wie möglich wür-de abgeschlossen werden können.

Es würde nicht einfach und zeitlich sehr knapp werden. Aber ich gab die Hoffnung nicht auf, dass mich das Glück nicht ver-lassen würde.

Was kann man seinen Kindern zumuten, um selbst glücklich zu sein?

Ich hatte mich natürlich schlaugemacht, wie es mit den Schulmöglichkeiten aussähe. Einerseits fand ich es zu krass, wenn meine Kinder in eine spanische Schule gehen müssten, da sie kein Wort Spanisch können. Anderseits hatte ich erst neulich im TV bei der Sendung „Die Auswanderer" gesehen, dass es durchaus sinnvoll ist, die Kinder in eine spanische Schule zu schicken, da sie dort viel schneller Spanisch lernen. Doch als ich las, dass die staatlichen spanischen Schulen vom Niveau her nicht zu empfehlen seien und es sogar Spanier gebe, die ihre Kinder in spanische Privatschulen geben, war ich verunsichert. Dazu kam noch das ewige Problem mit der katalanischen Sprache. Ich wollte keine Schule, in der nur Katalanisch gesprochen wurde. Ich wollte eine Schule, in der Spanisch die Hauptsprache war. Und diese Schulen waren keine staatlichen Schulen und kosteten eine Menge Geld. Mit meinem kleinen Budget war das schwierig. Gleichzeitig wollte ich aber den Kindern wegen meines Traums nicht ihre Zukunft verbauen. Sie sollten auf jeden Fall eine gute Grundlage haben. Nicht dass sie später nur in einem *Supermercado* arbeiten oder am Stand Melonen verkaufen könnten.

Dann kam natürlich auch immer der Gedanke bezüglich des Vaters. Hatte ich das Recht, den Kids den Vater quasi zu „nehmen"? Zumindest dem Kleinen, der immer noch gerne zum Vater auf Besuch ging. Der Große war ja auf eigenen Wunsch schon ein Jahr lang nicht mehr dort gewesen.

Das Besuchsrecht könnte dann vermutlich nicht mehr so regelmäßig wahrgenommen werden. Denn es war ein Flug und nicht eine halbe Stunde Autofahren. So könnte der Vater Ethan nicht mal eben fürs Wochenende abholen. Und Ethan allein ins Flugzeug zu setzen, empfand ich als zu früh.

Aber vielleicht machte ich mir auch schon wieder zu viele Gedanken, da gäbe es sicher irgendeine Lösung. Denn es wäre ja nicht ein 10-Stunden-Flug nach Florida, sondern nur ein Flug von eineinhalb Stunden nach Mallorca. Und das Besuchsrecht müsste man halt umgestalten. Statt zwei Wochenenden im Monat mehr Ferien beim Vater. Dann würden sich auch die Flüge eher lohnen. Und Sec hätte Ethan noch mehr als mit dem heutigen Besuchsrecht. Aber erklär das mal einem Typen wie Sec.

Eines Tages übertraf sich Sec selbst mit seinen Gemeinheiten, sodass es M. über die Hutschnur ging. „So, nun reicht's mir! Ich habe ihm ein E-Mail geschrieben."

Was hatte er?! Noch nie hatte M. mit Sec Kontakt aufgenommen. Mir rutschte das Herz in die Hose. „Möchtest du es lesen? Das E-Mail, meine ich." Fragend schaute M. mich an. Ich wusste gar nicht so recht, ob ich das wirklich lesen wollte. „Äh, ja." M. streckte mir seinen Laptop entgegen.

Liebesbrief

Ich möchte mich bei Dir bedanken. Danke, dass Du aus Nickys Leben verschwunden bist.

Danke, dass Du mir die Möglichkeit gegeben hast, sie zu lieben, Dinge für sie zu tun, die sie glücklich machen, und sie zu BESCHÜTZEN. Und wie ich das tun werde!

Danke, dass Du ihr wehgetan hast, denn wenn dies nicht passiert wäre, hätte sie nicht daraus gelernt.

Sie wird nun nie mehr Deinetwegen weinen müssen.

Ich werde all die Dinge tun, die Du versäumt hast zu tun.

Ich werde da sein für sie, wenn sie sich allein fühlt, und ihr das Gefühl geben, dass sie nicht zweite Wahl ist, wie bei Dir.

Ihren vielen Geschichten zuhören.

Mit ihr und den Kindern zusammen Spaß haben und das Leben ohne Druck und Gewalt genießen.

Ich schenke ihr Zeit und Aufmerksamkeit.

Ich werde auf die Frau und die Kinder aufpassen, die Du nicht zu schätzen wusstest.

Ich werde die Frau lieben, die Du nicht verdient hast.

Ich werde alles tun, dass sie an meiner Seite bleibt.

Ich werde sie für das lieben, was sie ist, und sie bei allem unterstützen, was sie SEIN WILL.

Ich werde der Partner sein, der Du NIE für sie geworden bist.

Ich werde der Mann sein, der sie glücklich macht und der niemals Deine Fehler wiederholen wird.

Ich werde sie niemals gehen lassen.

Dir würde ich raten loszulassen, denn DEIN game is over.

Ich wünsche Dir ein schönes Leben, und beantworte bitte keine Mails mit Deinem Gelaber, sondern genieße einfach meine Zeilen.

„Wow, echt …" Mir fehlten die Worte. Ich musste schlucken. „Das ist ja so was wie ein indirekter Liebesbrief an mich." M. grinste. Ich war baff. Solche Worte hatte mir noch nie jemand geschrieben! So etwas hätte ich nie erwartet. Wieder einer dieser wunderbaren Momente mit M. …

Begleitetes
Besuchsrecht

Mittlerweile war Ostern geworden und es war viel passiert. Der erste Scheidungstermin war am vorletzten Donnerstag gewesen. Man konnte inzwischen wirklich sagen, dass ich schon geübt war, was Gerichtsbesuche betraf.

Doch zuvor war auch eine spannende Zeit. Es war nicht nur eine *spannende* Zeit, sondern auch eine *gespannte* Zeit. Denn wir hatten zwei Mal Besuch.

Das erste Mal war es die Chefin der Familienberatung. Das war die Organisation, die nun für Tim ein begleitetes Besuchsrecht vornehmen sollte. Tim war mittlerweile schon eineinhalb Jahre nicht mehr bei seinem Vater gewesen und die Kinderschutzbehörde ordnete nun an, dass Vater und Sohn wieder zusammengeführt werden sollten. Dies sei zum Wohl des Kindes. Obwohl das Kind sich weigerte!

Der zweite Termin war dann der mit der Dame, die das Kind zum Vater begleiten und den Besuch beobachten sollte. Tim zeigte der Dame ganz klar seine Abneigung gegen den Vater sowie auch seine Abneigung gegen ihr Vorhaben.

Zwei Wochen später war es dann so weit. Es war der erste Tag des Besuchsrechts – der Tag, an dem Tim nach so langer Zeit wieder zu seinem Vater gehen sollte. Ich konnte nicht einschätzen, was passieren würde. Einerseits war ich mir sicher, dass Tim diese Abneigung nicht spielte, und anderseits war Tim auch ein Kind, das viel über sich ergehen ließ.

Es war ein chaotischer Nachmittag. Die Kids kamen an diesem Tag erst spät am Mittag von der Schule und die Begleitperson stand schon früh „auf der Matte". Sie wollte erst nochmals mit Tim sprechen und ihn vorbereiten. Doch Tim sagte ganz klar: „Du kannst mich nicht zwingen!"

Als es 14.00 Uhr wurde und Tim immer noch nicht wollte, ging die Begleitperson nach draußen. Sie hatte 14.00 Uhr mit dem Vater abgemacht. Der Plan war, dass er die Kids und die Begleitperson abholt und mitnimmt. Doch auf dem Parkplatz war niemand. Auch um 14.10 Uhr nicht.

Als die Begleitperson nach einem Telefonat wieder ins Haus kam, stellte sich heraus, dass der Vater zu Hause gewartet hatte statt wie abgemacht bei uns. Er wollte nun losfahren. Dadurch kam ich in einen Engpass. Ich hatte versprochen, M.s Tochter ins Kino zu bringen, da ich angenommen hatte, dass eine Stunde später die Kids entweder mitgegangen wären oder die Aktion beendet wäre.

Nun hatte ich ein Mädchen, das ich ins Kino fahren sollte; eine fremde Dame im Haus, die ich nicht mit meinen Jungs und auch nicht allein im Haus lassen wollte. Schließlich war es M.s Haus. Es war mir gar nicht recht, aber ich musste die Dame vor die Haustüre setzen, die Kids im Haus einschließen und M.s Tochter ins Kino fahren.

Als ich wieder vom Kino zurück war, konnte ich die Dame wieder ins Haus lassen. Sie teilte mir mit, dass sie in der Zwischenzeit mit dem Vater gesprochen und ihm mitgeteilt habe, dass Tim sich total verweigere. Da habe der Vater die Aktion abgesagt.

Nach einem circa einstündigen Gespräch verabschiedete sich dann auch die Dame. Wieder einer der tollen Nachmittage, an denen ich mich fragte, was wir eigentlich hier machten. Es war eine große Anspannung und ein riesiges Hin und Her. Wieder einmal ein unnötiger Nachmittag, den man ohne diese ganzen Behörden nicht gehabt hätte.

Ich hätte wirklich nicht gedacht, dass Tim hart bleiben würde. Dies zeigte mir wieder einmal, wie ernst das Ganze zweifelsohne war. Ich war froh, dass ich mein Kind wenigstens seit eineinhalb Jahren ernst nahm und es nicht überging und in ein Standardprogramm zwang.

Der erste
Scheidungstermin

Ich wusste, dass dieser Termin nichts bringen würde, da es ein Einigungstermin war. Und mit so einer Person wird man nicht mal für Geld einig. Alles zu torpedieren, das war sein Lebensinhalt.

Trotzdem war ich voller Hoffnung. Es war endlich so weit. Die Scheidung konnte beginnen. Und doch war da auch immer wieder diese innere Stimme, die mir sagte, dass es nichts bringen würde. Es war eine Selbstschutzreaktion. Ich wollte verhindern, dass ich nach dem Termin down wäre. Dazu kam es aber gar nicht, da ich bass erstaunt war, was dieser Typ wieder einmal brachte.

Zwei Wochen vor Fristablauf der zweijährigen Trennungszeit überschrieb er seine Firma seiner Schwester. Zuvor hatte er zu vierzig Prozent als Lehrer an einer Erwachsenenschule Informatikkurse gegeben. In der Zwischenzeit arbeitete er immer noch an dieser Schule, aber indirekt. Das hieß: Die Schule gab den Lohn der Firma (die nun seiner Schwester gehört) und die Schwester gab ihm einen Lohn als Angestellter. Komischerweise verdiente er nun weniger mit hundert Prozent als zuvor mit vierzig Prozent. Den Lohnausweis und alles andere brachte er schön offiziell mit.

Aber selbst ein Blinder konnte sehen, was für ein Spiel hier gespielt wurde. Die Schwester zahlte ihm offiziell einen niedrigen Lohn aus und den Rest schob sie ihm bar. Dass diese hässliche, dicke Brillenschlange sich nicht schämte, bei solchen kriminellen Spielchen mitzumachen! War ihr denn nicht klar, dass dabei letztendlich nur die Kids geschädigt wurden? Mit so niedrigen Alimenten konnte man nie und nimmer ein

Kind normal und glücklich aufwachsen lassen. Dies reichte gerade mal zum Wohnen. Von Essen, Ferien, Kleidern, Gesundheit oder einem Hobby konnte gar keine Rede sein. Ich kannte x Fälle, wo die Mutter pro Kind drei- bis viermal so viel bekam, das war Standard. Und das, obwohl seine Schwester auch zwei Kids im ähnlichen Alter hatte.

Tja, solchen Personen kann man nur wünschen, dass sie irgendwann hinter die Kulissen blicken und erkennen, was das für ein grässlicher Mensch war, den sie geschützt und unterstützt haben. Hoffentlich würde sie eines Tages eine Lehre daraus ziehen.

Das zweite Märchen an diesem Gerichtstag war wieder die Sache mit dem BMW. Es war so offensichtlich und lächerlich. Der Richter fragte ihn: „Ach ja, Herr Martins, und was war da genau mit diesem Auto? Haben Sie jetzt das Auto noch oder nicht?"

Sec erklärte ihm dasselbe Märchen wie beim Eheschutz vor fast zwei Jahren. „Das habe ich Ihnen doch schon erklärt. Ich habe das Auto nicht mehr. Ich habe es damals verkauft."

„Was ist mit dem Beweismaterial? Mit den Fotos beim Freibad? Mit dem E-Mail vom Straßenverkehrsamt?", erkundigte sich nun meine Anwältin.

Er stritt es ab. Secs Anwalt war so ein hochgewachsener, durchtriebener Hochstapler. Er passte zu Sec. Zumindest der Hochstapler. Ständig machte er an seinen Manschetten herum und meinte dann arrogant: „Er kann ja die Versicherung des Autos bezahlen, auch wenn es nicht mehr ihm gehört."

Das war dann wieder einmal einer dieser Momente, wo es mir egal war, ob ich jetzt reden durfte oder nicht. Ich konterte: „Ja klar, wie großzügig von ihm, aber für seine Kinder legte er Widerspruch ein und zahlte über ein Jahr keinen Rappen Alimente."

Damit war das Thema auch schon wieder vom Tisch. Wie schon damals konnte ich den BMW vergessen. Na ja, wenn wir das

Ganze noch mehr in die Länge zogen und noch ein paar Jahre warteten, dann würde es den BMW sowieso irgendwann nicht mehr geben. Was für eine langwierige Sch…

Bei diesem Termin kam wirklich nicht viel raus, außer dass ich einmal mehr sah, wie verlogen dieser Mensch war. War das überhaupt noch ein Mensch?

Er war schon immer so gewesen. Und mit so einem war ich zusammen gewesen? Unsere ganze Beziehung war ein einziges Lügenkonstrukt gewesen.

Er wollte vor Gericht wieder erzwingen, dass man die Obhut infrage stellt und mich psychologisch abklärt. Der Richter meinte, dass so eine Abklärung sicherlich drei bis vier Jahre gehen könne und bis diese Abklärung beginne, ginge es auch ein paar Monate. Das würde bedeuten, falls irgendjemand abgeklärt werden müsste, ginge die Scheidung erst in einem Jahr weiter. Von wegen sich einigen und den Kindern zuliebe das Ganze endlich abschließen. Da merkte ich wieder, wie extrem abnormal dieser „Mensch" war.

Die Kinder entwickelten sich sehr gut. Die ganze Schule gab grünes Licht, die aufgezwungenen Psychologen befanden die Kids als okay, und er wollte immer noch sehen, dass man mich „versorgen" müsse; dass die Kinder unter der gewalttägigen und psychisch abnormalen Mutter leiden würden. Auch hier spiegelte sich wieder sein krankhafter Kontrollzwang. Mich zu versorgen, das hatte er schon jahrelang versucht. Doch er hatte es nicht geschafft. Ich habe lieber das Haus am Meer und nicht die Klinik am See.

ICH WAR STÄRKER ALS ER! YES I CAN.

Gerichtstermin –
Darlehen

Eine Woche später hatte ich dann bei einem anderen Gericht den Termin wegen des Darlehens. Sec wäre nicht Sec, wenn er mich in Ruhe gelassen hätte. Auch hier log er, dass sich die Balken bogen. Ich konnte es kaum fassen, wie er in drei Stunden zu achtundneunzig Prozent nur Unwahrheiten sagte und das arme Opfer spielte.

„Der Vertrag ist von Frau Martins oder ihrer Mutter gefälscht. Ich habe dieses Papier nie gesehen, geschweige denn unterzeichnet." Alles klar, jetzt ging das wieder los! Ich hatte ein Déjà-vu. Mir kam Jean in den Sinn, wie sie mir damals nach ihrem Gerichtstermin voller Aufregung diese Lügen erzählt hatte.

Das Krasse an dem Ganzen war, dass dieser Fall schon von einem anderen Gericht als beendet erklärt worden war. Der Richter hatte gesagt: „Das sieht ja ein Blinder, dass dies seine Unterschrift ist."

Aber unser Rechtssystem ist so toll, dass man denselben Fall erneut vor einem anderen Gericht beginnen kann. Na ja, es war nicht ganz derselbe Fall. Zuerst war es der Fall zwischen meiner Mutter und Sec. Nun war es ein Fall zwischen mir und Sec, da er sich dachte, wenn ich das Geld schon der Alten zurückbezahlen muss, dann verklage ich halt Nicky, damit ich wieder zu diesem Geld komme.

Als er dann der Richterin weismachen wollte, dass ich das Geld des ganzen Darlehens gebraucht haben soll, spürte ich es wieder in mir brodeln.

Nun machte man hier nochmals einen Gerichtsfall draus! Ich kann unsere Gesetze und Behörden nicht mehr ernst nehmen.

Bei allem Respekt, sind wir am Verblöden?! Ist unser Rechtssystem wirklich nur für Arschlöcher, Betrüger und Gewalttäter geeignet?!

Zum Glück ging der Gerichtsfall gut für mich aus und die Richterin sah keinen Grund mich zu integrieren. Allerdings habe ich bis heute eine Betreibung in dieser Höhe von Sec.

Solche Nachmittage schaden nur der Gesundheit. Mehr bringen sie nicht.

Wieder auf
Mallorca

Alle konnten kaum erwarten, dass die Sommerferien endlich beginnen würden.

Ethan konnte nun seine ganzen Bastelsachen, die Finken, Bücher und Hefte nach Hause nehmen. Es war für ihn das Ende des Kindergartens. „Endlich", sagte er. Er freute sich sehr, dass er nun zu den Großen gehörte. Er hatte schließlich ein Jahr mehr im Kindergarten bleiben müssen. Statt der vorgegebenen zwei Jahre waren es nun dank seines Vaters drei Jahre geworden. „Ethan ist noch nicht so weit und ich finde es sehr wichtig, dass er noch ein Jahr länger bleiben darf", waren Secs Worte. So ein Schwachsinn! Aber ich durfte eben nicht allein entscheiden. Und die Lehrerinnen wollten sich natürlich, wie immer, nicht die Finger verbrennen und waren sich unschlüssig, was schlussendlich zu einem weiteren Kindergartenjahr führte.

Tim war wie immer nach einem vollendeten Schuljahr erschöpft, wie die anderen Kinder auch. Es wurde Zeit für die Ferien. Genug gelernt, genug Prüfungen gehabt, genug Programm jeden Tag. Endlich mal die Seele baumeln lassen. Einfach mal nichts tun. Keine Termine haben. Das gefiel den Kids.

Aber eigentlich waren wir gleich schon wieder unter Zeitdruck. Denn wir würden schon am nächsten Tag in die Ferien gehen. Also hieß es: alles aufräumen und Koffer packen.

Ich war seit zwei Tagen beschäftigt, alles zu putzen, zu waschen und alles gleich wieder ordentlich ein zuräumen, die Betten frisch zu beziehen, die Hemden zu bügeln und auch noch alles für den Hund zu packen. Pix würde von meiner Mutter abgeholt werden.

Wir hatten beschlossen, dass er diesmal noch zu Hause bei meiner Mutter bleiben sollte. Da wir in diesen Ferien zu sechst verreisten und vermutlich keine Zeit für den Hund hätten. Lena nahm eine Freundin mit und wir hatten alle vor, die Zeit am Sandstrand zu verbringen, und dies war in dieser Hitze wirklich nicht der richtige Ort für einen Hund.

Aber eigentlich waren wir nicht nur zu sechst. Wir waren sogar zu zwölft. M.s Mutter und ihr Mann sowie M.s Kollege mit Freundin und zwei Kindern kamen auch nach Spanien. Sie wohnten allerdings nicht im selben Ferienhaus, aber in der Nähe und zur selben Zeit. Dies machte mir etwas Sorgen, weil ich wusste, wie besitzergreifend M.s Mutter war und was für hohe Erwartungen sie immer hatte. Sie hatte große Ähnlichkeit mit Sec. Da sie mich von Anfang an nie akzeptierte und ich nie gut genug war, war sie nicht gerade meine bevorzugte Person, um zusammen Ferien zu machen.

Am nächsten Tag saßen wir endlich alle im Flugzeug. Es machte mir richtig Spaß, denn mittlerweile war es sehr harmonisch bei uns zu Hause. Die Kids waren sehr gut erzogen und auch schon sehr selbstständig. Es war sogar richtig angenehm, mit ihnen zu verreisen und Zeit mit ihnen zu verbringen. Es war alles sehr entspannt.

Und los ging's! Das Flugzeug rollte auf die Startbahn, beschleunigte und hob ab. Nach nur eineinhalb Stunden waren wir schon wieder gelandet und warteten am Gepäckband auf unsere farbigen Koffer, die man immer schon von Weitem gut erkennen konnte. Schnell saßen wir in unserem großen Mietauto und fuhren zu der gemieteten Finca.

In der Finca angekommen, suchten sich alle „ihr" Zimmer aus und sprangen sogleich in den Pool. Einfach herrlich! Sommer, Sonne, Meer und Palmen, und das bei fast immer gutem Wetter! Ja, hier konnte man sich wohlfühlen, wenn man wie ich die Hitze und das Meer liebte.

Wem würde das nicht gefallen?, dachte ich mit einem Schmunzeln. Ach so, Sec, dem Eskimo. Bei diesem Gedanken war ich wieder einmal mehr froh, dass diese Zeit nun der Vergangenheit angehörte.

Am ersten Tag fuhren wir gleich zu unserem Bauplatz und nahmen M.s Mutter und ihren Mann mit. Sie war hellauf begeistert und die ganze Zeit nur am Schwärmen.

Danach machten wir einen kleinen Spaziergang entlang des unmittelbar angrenzenden Sandstrandes, umspült vom warmen, kristallklaren Wasser des Meeres, das weiter außen ins Türkisgrüne überging.

M.s Mutter war sogar so begeistert, dass sie ins Meer baden ging. „Es ist viel schöner als in der Toskana! So was hatten wir da nicht!", meinten beide. Sie konnten es kaum glauben, da sie immer davon überzeugt gewesen waren, dass sie in der Toskana am schönsten Ort gelebt hätten.

Es war herrlich! Die Kinder spielten im Wasser, M. und ich genossen die Sonne und ein eiskaltes Bierchen. Was will man noch mehr?

Doch am dritten Tag passierte es. Wir waren am Strand, an dem M.s Mutter und ihr Mann in einem Hotel gastierten. Am Mittag gingen wir alle zusammen in das Strandrestaurant vor Ort. Es ging ziemlich chaotisch zu in diesem Restaurant. Die Bedienung kam den vielen Gästen nicht mehr nach und wir warteten und warteten so lange auf das Essen, dass Ethan vor lauter Hunger bald keinen Hunger mehr hatte.

Endlich, nach einer Stunde kamen die Menüs! Die Service-Angestellte servierte die Spaghettiteller. Den einen stellte sie vor Ethan hin und den anderen vor Lena. Danach servierte sie noch die anderen Menüs für unseren Tisch.

Plötzlich stand M.s Mutter auf und nahm Ethan den Spaghettiteller weg, bevor er zu essen beginnen konnte, und stellte ihn bei sich auf den Tisch. „Ich habe Spaghetti bestellt, die sind mir", meinte sie schnippisch und stocherte auch schon mit ihrer Gabel in dem Teller herum. Dabei traten ihre tiefschwarzen Haare, die sie sich mit 80 Jahren immer noch färben zu müssen glaubte, und ihr tief verrunzeltes Gesicht mit den Schlangenaugen noch mehr hervor.

Ich schaute zu Ethan, der sich tief in den Stuhl nach unten fallen ließ und ein müdes, enttäuschtes Gesicht machte. Er schaute mich hilflos an. „Die waren mir, ich habe auch Spaghetti bestellt. Warum nimmt die alte Frau mir meine Spaghetti weg? Kann ja Lenas wegnehmen."

In dem Moment war die Service-Angestellte mit unserem Tisch fertig und mir wurde bewusst, dass da kein weiterer Teller mit Spaghetti mehr kommen würde. „Entschuldigung, wir hatten noch eine Portion Spaghetti bestellt", sagte ich und merkte, wie ich immer angespannter wurde. „Oh, dann muss ich das nochmals in der Küche sagen, es wird dann noch ein Weilchen dauern."

Das wollte weder ich und schon gar nicht Ethan hören. „Ich möchte nichts mehr essen, mir ist schlecht", meinte er, noch immer ganz tief im Stuhl hängend. Ich schaute zu M.s Mutter hinüber und merkte, wie mir die Wut hochkam. Was war nun besser? Den Mund halten und meinen Sohn im Stich lassen oder der Mutter die Meinung sagen und eine Eskalation riskieren? Ich wusste ja nicht, wie M. dann reagieren würde, aber ich merkte, wie es in mir brodelte, während die alte, verrunzelte Schlange vergnügt in ihrem Teller stocherte. Alle aßen, nur Ethan lag traurig in seinem Stuhl.

„Ethan hatte auch Spaghetti bestellt und jetzt muss er noch länger warten", sagte ich zu ihr. Ich dachte, das sei so das Zwischenmaß. Nichts zu sagen, wäre feige gewesen, und gleich aufzustehen und zu gehen, wäre vielleicht etwas krass gewesen. Aber sie meinte nur: „Das sind meine, ich habe Spaghetti bestellt." Ich konnte es nicht fassen! Was für eine egoistische Frechheit einer erwachsenen Frau gegenüber einem siebenjährigen Kind, das schon aus lauter Hunger mit seinem Unwohlsein kämpfte. Einfach unfassbar!

In mir brodelte es immer mehr. Ich saß neben M. und merkte, dass er irgendwie gar nicht richtig erkannte, was da in mir vor sich ging. Gerade als ich etwas sagen wollte, kam der Spaghettiteller für Ethan. Mit viel Einfühlungsvermögen konnte ich dann Ethan so unauffällig wie möglich überreden, sodass er doch noch etwas davon aß. Ich wollte nicht, dass M., der bezahlte, sich hinterher ärgerte, weil bestellt und dann nicht gegessen wurde. Aber ich war immer noch kurz davor zu explodieren. Ich dachte, wenn er mich jetzt auch noch darauf anspricht, dann haut es mir den Schnuller raus!

Doch es kam ganz anders. Ethan begann zu essen und goss sich ein bisschen Sauce auf seine Spaghetti. Er wollte erst einmal probieren und sicher sein, dass er die Sauce auch mochte. Schwimmende Spaghetti waren sowieso nicht sein Ding.

Doch M.s Mutter konnte es nicht lassen. „Mach noch mehr Sauce auf die Spaghetti", murrte sie, weil es für sie nicht stimmte, wie Ethan seine Spaghetti aß. „Nein, er mag sie so", erwiderte ich. Er isst sie immer so. „Ja, ja, die heutigen Kinder …", kam dann nachträglich in einem negativen Ton.

Als wäre ich nicht schon genug „geladen" gewesen, kam kurze Zeit wieder einen Spruch von ihr. „Mach doch mehr Sauce auf die Spaghetti. Das ist doch schade um die Sauce. Die kostet schließlich auch."

Da haute es nicht mir den Schnuller aus dem Mund; nein, jetzt reichte es M.! Er drehte sich zu seiner Mutter hin und meinte: „Jetzt reicht es! Lass ihn doch endlich seine Spaghetti essen, wie er es möchte, okay? Er mag sie mit weniger Sauce. Ich übrigens auch. Ständig nörgelst du herum. Alle müssen nach deiner Nase tanzen. Akzeptier einfach mal, wie die anderen sind. Auch wie die Teenies sind."

Von da an war Ruhe, sie sprach kaum noch ein Wort. Plötzlich hatte sie keine Zeit mehr, mit den Kindern etwas unter dem Sonnenschirm zu spielen, und spielte die „beleidigte Leberwurst".

Ich war sehr stolz auf M. und auch sehr froh, dass er gemerkt hatte, wie penetrant und gemein sie sich an diesem Mittag verhalten hatte.

Von da an waren die Sommerferien zusammen mit M.s Mutter und ihrem Mann beendet. M. versuchte zwar noch zwei, drei Mal, auf sie zuzugehen, und fragte sie, ob er sie abholen solle, damit wir wieder zusammen an den Strand könnten. Aber sie lehnte eiskalt ab. Plötzlich war der Strand, an dem ihr Hotel stand, besser, und dort, wo unser Bauplatz war, war es langweilig und sie konnte nicht mehr nachvollziehen, dass es uns dort gefiel. Plötzlich redete sie alles schlecht. „Also mir würde es dort nicht gefallen."

Aber nicht nur das führte zu Disharmonie. M. war zum ersten Mal so richtig enttäuscht, dass seine Tochter sich wie ein eiskalter, egoistischer Trampel benahm. Irgendwann kristallisiert sich heraus, wer zueinander passt und wer eher nicht. Nicht nur bei Freunden kann es plötzlich nicht mehr passen. Auch bei Familienmitgliedern.

Ähnlich war es mit den Kollegen, die nur circa fünf Minuten von uns entfernt eine Finca mieteten. Sie wollten immer nur ihr Programm machen und wenn wir mal Vorschläge hatten, klappte nichts. Auch hier merkten wir, dass wenn wir mal nicht nach der Pfeife der anderen „tanzten", nichts passierte. Wir sahen sie nur ein Mal in den 14 Tagen.

Altweibersommer

Mittlerweile waren die Sommertage und somit die Sommer-schulferien vorbei. Der Alltag war wieder eingekehrt. Die Jungs spazierten jeden Morgen mit ihrem Schulthek zur Schule. Oft schaute ich ihnen durch das Küchenfenster mit den weißen Zwischenstegen nach. Ethan mit den schwarzen, modernen, zerrissenen Jeans, der kuscheligen hellgrau-schwarzen Jacke und dem dunkelblauen Thek mit dem Fußballschuh als Motiv darauf. Und Tim mit den dunkelblauen Jeans, derselben Ja-cke und dem hellblauen Thek mit dem Fußball als Motiv da-rauf. Ethan mit der „Messi"-Frisur, die Spitzen länger und blon-diert. Tim mit der „Ronaldo"-Frisur, in der Mitte etwas länger und zur Seite gegelt. Da erwischte ich mich oft, wie stolz ich war. Was wir schon alles geschafft haben!, dachte ich. So ein langer und steiniger Weg.

Erst vor zwei Wochen wollte unsere neue Beiständin von den Lehrerinnen ein Feedback als Kontrolle. Beide Lehrerinnen schrieben nur Gutes.

Die Lehrerinnen von Tim schrieben:

Liebe Frau Rabe

Gerne berichten wir Ihnen kurz über den Schulstart von Tim in der dritten Klasse.
Tim hat gut gestartet und ist sehr motiviert. Er beteiligt sich aktiv am Unterricht und hat seine schulischen Defizite aus der Zeit der Verweigerung aufgeholt.

Die Gesamtnote ist um eine Note gestiegen.
In der Klasse ist er gut integriert und durch sein Hobby, Fußball, ist er auch in der Pause sinnvoll beschäftigt.
Die Hausaufgaben sind immer ordentlich gemacht, er wird darin von zu Hause gut unterstützt.
Etwas Probleme bereitet ihm noch die Selbstorganisation, das Bereitstellen bzw. Versorgen seiner Schulsachen bei Stundenschluss oder Schulstart.
Uns gegenüber ist Tim freundlich und anständig. Wie schon letztes Mal erwähnt, hat er aber in freieren oder unbeobachteten Sequenzen die Tendenz, anzugeben, sich aufzuspielen oder negativ aufzufallen, um den anderen Jungs zu imponieren.

Die Lehrerin von Ethan schrieb:

Liebe Frau Rabe

Ich habe die Information von unserem Schulleiter erhalten, dass Sie eine kurze Rückmeldung wünschen, wie Ethan in der 1. Klasse gestartet hat.

Hier nun meinen kurzen Beschrieb:
Ethan hatte einen guten Start in der 1. Klasse. Er scheint sich wohlzufühlen und ist im Unterricht motiviert dabei. Ethan kann dem Unterrichtsgeschehen gut folgen. Er erfüllt auch selbstständige Arbeiten problemlos. Die Hausaufgaben erledigt er immer pflichtbewusst und nimmt auch gerne zusätzliche Hausaufgaben mit.
Der Umgang mit der Lehrperson ist respektvoll und die Regeln werden angenommen und umgesetzt. Ethan ist in der Klasse akzeptiert und spielt auch mit den Klassenkameraden. Manchmal setzt er sich während der kleinen Pause aber auch lieber alleine an den Tisch und macht etwas für sich.

Ich war so erleichtert, das kann ich gar nicht beschreiben! Wenn die Kinder in der Schule motiviert dabei sind, ist alles viel einfacher. Natürlich war es bei mir so, dass ich auch noch den Druck der Behörden im Nacken hatte. Wenn ein schlechtes Feedback gekommen wäre, dann hätte Sec wieder eine große Geschichte daraus gemacht und die Behörden hätten sich sicherlich auf dieses „Spiel" eingelassen.

Aber dass es mittlerweile so gut lief, erfüllte mich wirklich mit Stolz. Wir haben wirklich viel geschafft, dachte ich erneut. Denn das muss man auch mal sehen. Nicht immer nur das, was nicht geht oder was einem große Sorgen bereitet.

Der Altweibersommer ist wirklich herrlich. Die Sonne scheint, die weißen Wolken am hellblauen Himmel ziehen hinweg und die fast 20 Grad Celsius laden zum Genießen ein.

Wenn doch nur alles so unglaublich schön wäre, wie es in der Natur ist! Das Tierreich, die Wälder, die Seen, die Meere. Der Sonnenaufgang, der Sonnenuntergang, der Duft im nassen Wald und vieles mehr Es gibt Tage, da sauge ich diese Eindrücke förmlich in mich hinein. Dann schießt es mir durch den Kopf: *Wie peinlich! Bist du jetzt schon so alt, dass du bewusst die Umwelt genießen musst oder kannst? Ich bin 38 Jahre alt. Scheiße, wo bin ich geblieben?*
   Wo sind die letzten Jahre geblieben? All diese Grenzüberschreitungen und all das Leid, das dazu führte, dass ich mich so einsam fühlte. Ich konnte mich nicht genießen, als ich noch superstraffe Beine hatte. Ich konnte mich nicht genießen, als ich noch volles und langes Haar bis zum Po hatte. Ich konnte mich nicht genießen, als ich ein so reines und zartes Barbie-Gesicht hatte. Und jetzt? Jetzt wird die Haut schlaffer. An meinen Beinen sind schon leichte Dellen sichtbar, wenn auch noch nicht ganz so tragisch. Meine tollen langen Haare gingen mir durch den ganzen Stress aus. Ich kann sie kaum noch offen tra-

gen, weil es so wenige sind. An meinem Gesicht zeichnen sich langsam, aber sicher an Stirn und Augen leichte Fältchen ab.

Ich schaue in den Spiegel und denke: *Ist das das wahre Leben? Ist das der normale Werdegang eines jeden? Hat man jahrelang mit seinen Problemen zu kämpfen und verpasst sich selbst in den besten Jahren? Kann sich wirklich niemand genießen, wenn die ideale Zeit dazu wäre? Wenn man sich auf dem Höhepunkt seiner Gesundheit, Schönheit und Mobilität befindet? Oder geht es nur mir so?*

Ich konnte nicht mehr länger in den Spiegel schauen; ich merkte, wie sich das Augenwasser sammelte. Ich blickte nach draußen und starrte in den orange-magentafarbenen Sonnenuntergang hinein.

Und jetzt merkte ich wieder, wie wichtig mein kleiner Hund Pix ist. Denn jedes Mal, wenn es mir so geht, schnappe ich mir Pix, gehe nach draußen und spaziere dem Sonnenuntergang entgegen.

Ja, das macht mich schon sehr traurig. Die Zeit. Wo ist sie geblieben? Warum habe ich sie nicht beachtet? Warum habe ich mich all die Jahre nicht selbst geachtet und mein Leben geändert?

Klar, viele denken jetzt sicherlich: „Was macht die sich jetzt solche Sorgen? Achtunddreißig Jahre, das ist doch noch voll jung!" Aber darum geht es mir gar nicht. Erstens weiß ich ja nicht, wie alt ich einmal werde und wie gesund ich bleibe. Ich könnte auch in einer Woche tot sein. Zweitens habe ich für mich allein den direkten Vergleich zu früher. Ich war so schön. Andere finden, dass ich jetzt sehr schön sei. Aber ich weiß, wie ich früher war.

Ob das so etwas wie Wechseljahrbeschwerden sind? So nach dem Motto: Jetzt habe ich den Beweis, dass ich verwelke? Nein, das ist es nicht. Was mich traurig macht, ist, wenn ich daran denke, wie viel kostbare Zeit ich vergeudet habe. Ich habe 20 Jahre nicht gelebt. Ich habe mich verlassen.

Ich lag auf dem dunkelbraunen Sofa im Wohnzimmer und lauschte der Kirchenglocke. Immer und immer wieder schaute ich auf mein Handy. Bestimmt hatte ich gerade zum 60. Mal geschaut. Es waren gerade Herbstferien. Ethan war nun bereits seit acht Tagen bei Sec. Natürlich konnte ich in dieser Zeit nicht ein einziges Mal mit Ethan kommunizieren, weil Sec so viel Freude daran hat, uns das nicht zu ermöglichen.

Seit Neustem treibt er ein weiteres Spielchen. Er schreibt am ersten Tag, dass er kein WLAN hätte. So hat er das Gefühl, gegen die Behörden abgesichert zu sein. Er kapiert einfach nicht, dass er damit vor allem Ethan schadet. Das ist soziale Isolation.

Kein WLAN, ja genau. Er als ehemaliger Informatiker, der jedes neue Feature kennt und stets mit der neuesten Technik ausgestattet ist. Wo, bitte schön, hat man denn heute kein WLAN?! Sogar auf der kleinsten Insel in den Malediven mitten im Indischen Ozean hat man heutzutage WLAN!

Aber das ist eben wieder eines seiner kranken Spielchen. Vermutlich nimmt er seine SIM-Karte raus und legt eine andere SIM-Karte rein. Da ich ziemlich sicher die Einzige bin, welche die Nummer der neuen SIM-Karte nicht hat, kann Ethan mit allen kommunizieren, außer mit mir. Aber auch hier wiederum: Keinen interessiert es. Außer mich.

Ich saß auf dem Sofa und überlegte mir, Sec ganz böse Dinge zu schreiben. Aber was würde es bringen? Außer dass es ihm Genugtuung geben würde, wenn er meinen Frust las. Und trotzdem konnte ich nicht einfach nichts tun. Also schrieb ich ein SMS „Hallo Ethan, Mama hat Dich sehr lieb. Schade, dass Papa Dich nicht mit mir telefonieren lässt. @ Sec: Die Zeit läuft …"

Das war mein einziger Trost. Die Zeit lief gegen Sec. Wenn er sich so verhielt, würden sich alle nach und nach von ihm entfernen. Früher oder später würde es auch Ethan merken, so wie es Tim schon in seinen sehr jungen Jahren gemerkt hatte. Dass sein Papa nur eine Person ist. Er ist kein Papa, denn ein Papa würde seine Kinder nicht anlügen. Ein Papa würde seine Kinder nicht sozial isolieren. Ein Papa würde sein Wort halten. Ein Papa würde seine Kinder und ihre Bedürfnisse ernst nehmen. Er würde sie nicht kleinmachen, um die Macht behalten zu können. Sec ist ein Profi in puncto psychischer Gewalt und wird sich nie verändern, weil er ein Soziopath ist.

Die letzten acht Tage waren ein ständiges Auf und Ab. Ich hatte Angst, dass Ethan Heimweh haben könnte oder dass ihm sonst etwas zu schaffen machte – und dann, dann hätte er nur Sec, der weder Feingefühl noch Größe besaß. Lieber sah er den Kleinen leiden, statt dass er ihm ermöglichen würde, mich anzurufen.

Es ist ja oft so, dass wenn ein Kind weinerlich ist oder sonst etwas ist und es dann telefonieren kann, sich danach alles wieder einpendelt. Das geht sogar mir so. Wenn ich Tim vermisse, wenn er bei Oma ist, und ich mit ihm telefoniert oder ihm geschrieben habe, dann bin ich wieder guten Mutes und beruhigt.

Na ja, das bringt ja alles nichts. Tim war seit heute Nachmittag bei meiner Mutter. Wir hatten zusammen eine schöne erste Ferienwoche gehabt. Einmal gingen wir ins Kino. Einmal backten wir viele farbige Muffins. Einmal gingen wir shoppen und zum Zahnarzt. Einmal durfte er einen Fußballfreund mitnehmen und wir gingen den ganzen Tag in ein riesengroßes Vergnügungsbad mit vielen Rutschbahnen.

Und nun hatte ich Tim mit Pix zu meiner Mutter gebracht. Denn M. und ich würden morgen nach Mallorca fliegen. Eine Woche zu zweit die Sonne genießen. Schauen, wie weit der Bau unseres Hauses inzwischen vorangeschritten war. Morgen würde ich wieder in die spanische Schule gehen. Darauf wollte ich mich nun konzentrieren. Ich hatte eine tolle Zukunft vor mir. Doch manchmal nagte der Alltag oder die Vergangenheit an mir. Aber wer kennt das nicht?

Das Blatt
wendet sich

Schnell war der Flug vorbei. M. und ich standen am Gepäckband und warteten auf unsere Koffer. „Ich freue mich schon, wenn wir dann mal nur noch mit Handgepäck reisen können, weil wir schon alles im Haus haben", meinte ich zu M.

Und da kamen sie auch schon. Mit den Koffern rollten wir zum Autoverleih, damit wir auch mobil wären. M. regelte das mit dem Auto und bei mir klingelte das Handy. Es war der Vermieter der Wohnung. Wir mieteten diesmal eine kleine Wohnung mitten in der Altstadt.

„Hallo? Hier ist Inge. Ich wollte nur kurz sagen, dass mein Mann mit dem Schlüssel draußen bei der Tiefgarage an der Kasse mit dem Schlüssel auf euch wartet."

Okay, welche Tiefgarage? Welche Kasse? Und wie erkenne ich unter dem ganzen Volk Ihren Mann? Die ist gut, dachte ich.

In diesem Augenblick erläuterte die Dame am anderen Ende des Telefons: „Mein Mann ist nicht groß, nicht klein, nicht dick, nicht dünn und hat nicht mehr so viele Haare."

Jetzt musste ich lachen und sagte spöttisch: „Ach der! Ja, jetzt weiß ich wer. Von denen gibt es zum Glück nicht viele."

Auch die Dame am anderen Ende des Telefons lachte laut auf. Sie schien Humor zu haben.
Also machten wir uns auf den Weg zu der Kasse.

Etwas später trafen wir dann tatsächlich auf den Vermieter der Wohnung inklusive Schlüssel. Auch er schien ein sympathischer Typ zu sein. Wir sprachen kurz mit ihm. Dabei musste ich schmunzeln. Warum hatte Inge nicht einfach gesagt, dass er ein knallrotes Hawaiihemd anhat? Dann hätten wir ihn schon von Weitem gesehen. Und schon ging es los mit dem kleinen Fiat 500.

Die Wohnung war sehr schön und sauber. Es war schon spät und wir machten uns noch auf in die Gassen, um etwas Kleines zu essen.

In Spanien ist dies kein Problem. Bei uns würden die Gastronomen einen blöd anschauen, wenn man um 22.00 Uhr noch etwas Warmes zum Essen haben möchte.

Mit Tapas und zwei Gläsern weißem Sangria – oder auf Spanisch: *dos copas de sangría blanca con cava* – ließen wir den Tag ausklingen. Es war ein gutes Gefühl, wieder auf der Insel zu sein. Früher hatten M. und ich unsere Auszeiten *Insel* genannt. Heute war unsere Insel wirklich eine Insel!

Am Montagmorgen war es so weit. Ich hatte wieder Schule, in derselben Spanischschule wie in den Sommerferien, wo ich zwei Wochen einen Intensivkurs belegt hatte. Ich kam zur Tür herein und sah auch gleich, dass ich wieder dieselbe Lehrerin hatte.

„¡Aquí estoy otra vez!", sagte ich, was so viel bedeutet wie: „Da bin ich wieder!" Es war alles gleich sehr vertraut. Diesmal hatte ich eine etwas andere Klasse. Klar, in solchen Schulen trifft man nie dieselben Leute. Fast alle kamen nur für eine Woche, da es auch nur Feriengäste waren.

Um halb zwei spazierte ich wieder durch die gewohnten Gassen zurück zu unserer Wohnung, wo M. auf mich wartete. Als Erstes stand auf unserer Agenda, zu unserem Haus zu fahren und zu schauen, wie weit die Bauarbeiten vorangeschritten waren.

Die Tage vergingen wie immer viel zu schnell und wir mussten wieder nach Hause zurückkehren. Wir konnten es kaum erwarten, in den Herbstferien wieder auf unsere Baustelle zu gehen. Alles war wie immer perfekt. Ich war einfach nur glücklich mit M.

Gerade eben

Es ist 18.46 Uhr und ich bin echt müde. Von oben erklingt ein Trickfilm, den Ethan gerade schaut. Von Lenas Zimmer tönt leise Musik. Neben mir liegt Pix, der gerade wieder einmal irgendetwas mit seinem Magen hat und gekrümmt versucht, sich zu entspannen.

Am liebsten würde ich einfach das Licht löschen und einschlafen. Kennt ihr das? Wenn man schon frühabends so müde ist, aber warten muss, bis alle anderen endlich im Bett sind? Ich würde manchmal sogar vor meinem achtjährigen Sohn schlafen gehen, so müde bin ich oft. Aber das geht natürlich nicht. Wer würde dann schauen, dass die Zimmer gelüftet sind? Die Fensterläden zu, die Zähne geputzt, die Zahnspange drin, der Hund draußen gewesen und alles verschlossen ist?

Aber heute musste ich nicht nur warten, bis alle im Bett waren. Tim war noch im Fußballtraining. Ihn könnte ich erst in einer Stunde abholen. Dann müsste er erst mal etwas essen und geduscht hatte er auch noch nicht.

Manchmal denke ich schon, wie easy es wohl ist, wenn man nur für sich selbst schauen muss. Wenn man nur für sich selbst verantwortlich ist. Wenn man nicht auch noch die Sorgen anderer tragen muss. In der Schweiz würde man sagen: „Das isch Schoggi", was so viel bedeutet wie: „Genuss" oder „easy life".

Eigentlich hatten wir wirklich immer volles Programm. Morgen war Freitag, da durfte Ethan das erste Mal eine Kampfkunst ausprobieren. In letzter Zeit hatte er leider nicht mehr so viel Freude am Fußball und sprach immer von Karate. Na ja, für ihn war alles Karate. Deshalb musste ich mich erst einmal schlaumachen, was für einen Achtjährigen sinnvoll und interessant wäre.

Am Samstag sollte es gemäß Wettervorhersage regnen ... bis Dienstag. Wen wundert's! Wann regnete es hier schon nicht? Und wenn es regnete, dann sicherlich am Wochenende. Dann dürfte ich Tims Fußballmatch bei einer Naturdusche zusehen.

Auch nächste Woche würde viel los sein. Am Montag hatten die Jungs nach der Schule Spanischunterricht. Am Dienstag hatten sie Fußballtraining. Am Mittwoch hatten wir am Abend Halloween, wo wir zusammen mit dem Fußballverein verkleidet um die Häuser zogen. Am Donnerstag war dann nach der Schule wieder Fußballtraining und am Freitag nach der Schule Räbenlichterumzug. Da liefen alle Kinder mit ihren geschnitzten Räben durch das Dorf und ließen alles heller leuchten.

Was würde ich eigentlich ohne Kinder machen? Das ganze Wochenprogramm würde wegfallen. Vermutlich würde ich dann einfach arbeiten gehen und hätte auch nicht frei. Am Abend aber schon. Also, das soll jetzt nicht so klingen, dass ich die Kinder lieber nicht hätte. Aber wenn man seinen Kindern eine gute Mutter sein möchte – und das beginnt beim Hausaufgabenmachen und geht bis hin zum Taxifahren –, dann ist man schon sehr ausgelastet. Leider machen sich Kinder keine Gedanken darüber, ob Mama oder Papa auch mal „auftanken" muss. Meistens interessiert es nicht einmal der Partner! Das ist mit M. aber nicht so. Das finde ich echt toll an ihm.

Meine Augen brannten, nur noch eine halbe Stunde, dann könnte ich Tim vom Fußball abholen. Gerne hätte ich noch ein heißes Bad genommen, aber Lena würde nach Hause kommen und das Badezimmer inklusive Badewanne blockieren.

M. war heute Abend mit einem seiner Jugendfreunde in eine Zigarrenbar gegangen.

Wie konnte ich mich fit machen? Ständig war ich so ausgelaugt obwohl ich doch mittlerweile ein so tolles Leben hatte. Ach, ich wusste es einfach nicht.

Pix schaute zu mir hoch, als ob er gerade überlegen würde. „Dir kommt auch keine Antwort in den Sinn, stimmt's, Pix?" Normalerweise würde er jetzt schwanzwedelnd zu mir kommen. Aber heute mit seinem Bauchweh ließ er es und zeigte mir einfach, dass er bei mir war. Woher würde ich meine Antwort bekommen?

Wenn M. mich an meinen Geburtstagen oder an Weihnachten immer fragt: „Was willst du?", dann gibt es von mir nur eine Antwort: „Einen Liebesbrief, das wäre schön."
Jetzt dachte ich gerade, dass fit- und unbelastet sein, noch schöner wäre.

„Pix, ihr seid echt klüger als wir zweibeinigen Vollidioten." Er schaute mich an und fing an zu gähnen. Eigentlich sah er so aus, als würde er lachen und sagen: „Endlich hast du es auch geschnallt."

Wir machen die Umwelt inklusive der Tierwelt kaputt. Wir bauen Waffen, die uns alle vernichten können. Wir geben unendlich viel Geld für Astronauten und diese ganze Mondkacke aus, statt das Geld in unsere Erde und deren Schutz zu investieren. Wir lügen, betrügen, morden, verschwenden. Wir arbeiten so hart und stressen herum, um danach das hart verdiente Geld in Wellnessstunden oder Therapien zu stecken, um uns einigermaßen spüren zu können. Da soll noch einer sagen, Tiere hätten keine Seele oder kein Gehirn. Was, bitte schön, haben *wir* dann?!

Mittlerweile hatte ich Tim abgeholt und alle waren bereits im Bett. M. war noch nicht zurück. Durch das Schlafzimmerfenster leuchtete hell der Mond. Er war kugelrund. Vollmond.

So ein kleines Dachfenster. Früher konnte ich den Mond und den Sternenhimmel auf der ganzen Terrassenfläche betrachten. Wie oft lag ich im Bett und schaute zum Waldrand hoch? Wer jetzt wohl dort liegen darf?

Plötzlich piepste mein Handy. Ein SMS von M. „Ich liebe Dich sehr", schrieb er. „Ich Dich auch", schrieb ich zurück. „Ich Dich noch viel mehr", kam nach ein paar Minuten inklusive Herzen zurück. Kurz darauf kam noch: „Du bist das Beste, was mir je im Leben passiert ist."

Es war so schön mit M. Unsere Kommunikation war stark und hielt unsere Beziehung auf hoher Ebene. Das erste Mal in meinem Leben hatte ich das Gefühl, dass mich jemand wirklich möchte. Und zwar so, wie ich bin. Ich musste tief durchatmen. Aber den Hof vermisse ich immer noch. Was Puk wohl machte, bei diesem miesen Typ namens Sec? Vermutlich lag er auch irgendwo und schlief friedlich.

Etwas später, als ich schon eingeschlafen war, kam M. schließlich nach Hause und kuschelte sich an mich.

Ein paar Tage später …

Der letzte Gerichtstermin
meiner Scheidung

Und wieder saßen wir im Gerichtssaal. Die Tische aus Holz. Die Schreiberin, die seitlich vor mir saß und wie immer wie eine Verrückte tippte. Vorn kerzengerade der Richter, der heute anscheinend schlechte Laune hatte. Rechts des Halbkreises saßen zwei Studentinnen, die wichtigtaten und was zu schreiben dabeihatten, was sie aber garnicht brauchen würden.

Neben mir meine Anwältin, die das lange Plädoyer vorlas. Neben meiner Anwältin saß Secs Anwalt, der, wie jedes Mal, in einem Anzug und Lackschuhen wichtig auszusehen versuchte. Ganz außen saß Sec. Wie immer mit einem Hemd, das er schon seit 20 Jahren zu besonderen Anlässen anzog. Die Haare wie immer mit Gel nach hinten geklebt, sodass es sehr fettig und eher unhygienisch statt gestylt aussah.

Mir wurde schnell klar, dass dies kein hervorragender Tag werden würde. Der Richter gab ziemlich schnell zu erkennen, dass er nicht gewillt war, sich groß für mich einzusetzen. Es komme sehr selten vor, dass das Besuchsrecht storniert werde, meinte er. Er wolle nichts Neues verfügen.

Ich merkte, wie ich sauer wurde. Unsere Auswanderungspläne nach Mallorca standen auf dem Spiel! Der Richter spürte meinen Unmut und wurde jetzt noch zickiger. Meine Anwältin riet mir, mich freundlich und ruhig zu verhalten, nicht dass ich den Richter noch verärgern würde. Hatte der schon länger keinen Sex mehr, oder was? Ja, ja, schon klar, Frau Martins hält wie immer still, obwohl wegen so eines Psychopathen ihre Pläne auf der Trauminsel gefährdet sind. *Ich will nichts Neues ver-fügen.* Klar, immer brav die Standardnummer abziehen und dann schön nach Hause gehen. Hauptsache viel Kohle scheffeln. Was machte der Typ hier eigentlich? Warten, bis der Lohn auf dem Konto ist. Hatte er etwa die ganzen Jahre bei all den Verhandlungen nicht gemerkt, was für eine Belastung Sec für uns alle war? War es ihm schnuppe? Seit fünf Jahren kämpfte ich nun schon hier vor Gericht und hatte diesen Typen immer noch am Hals.

Und meine Anwältin ebenso. Die hatte gut reden. Sie würde am Ende der Verhandlung nach Hause gehen, sie hätte ihren Job gemacht. Sie würde ihre Kohle bekommen und weiter ihren Luxus genießen, den sie sich als Anwältin sicherlich leisten konnte. Dazu kam, dass sie selbst keine Kinder und auch keinen Ex-Mann hatte und somit auch nie erfahren hatte, was ihre Klienten tatsächlich durchmachen müssen.

„Wo zum Teufel bleibt hier das Kindeswohl?", fragte ich sie. Ich konnte dieses Wort echt nicht mehr hören. Nein, das Gesetz kriecht lieber dem Recht in den Arsch. Dem Recht, das der Vater hat, obwohl er ein wirklich gestörter Psychopath ist.
„Der Vater hat auch Rechte, und der Richter wird sich hüten, diese einfach zu streichen", meinte meine Anwältin in der Pause zu mir.
Ja klar, kein Problem. Ich würde nie ein neues Leben anfangen können, bis meine Kinder 20 Jahre alt wären. Nur weil ich einen Soziopathen am Hals hatte, den ich nicht mehr loswurde. Der mich seit Jahren vors Gericht schleppte, weil es ihm Spaß machte, querzuschlagen. Es kostete ihn ja nichts. Durch das Konstrukt mit seiner Schwester, die anscheinend Inhaberin seiner Firma war, bewegte er sich immer in der Grauzone und hatte die ganzen Jahre unentgeltlich prozessieren können. Ich denke Sec war sich so sicher, sich immer in der Grauzone bewegen zu können, dass er eins vergessen hatte. Klar,

in der Grauzone musste er weder die Gerichtskosten noch die Anwaltskosten bezahlen. Aber, wenn er jemals etwas erben würde, dann müsste er dieses Geld hergeben. Er würde es gar nicht erst erben.

Was machten wir hier eigentlich?! Seit Jahren kämpften wir. Tim war mittlerweile 13 Instanzen weiter. Und immer noch erklärte er geduldig allen fremden Instanzen, dass er mit dem Vater keinen Kontakt mehr haben möchte. Wann würde hier endlich ein Schlussstrich gezogen werden?

Eine kleine Pause wurde einberufen. Meine Anwältin und ich zogen uns in das kleine Café gegenüber zurück. „Das kann einfach nicht sein. Tim geht schon seit Jahren nicht mehr zu ihm. Wofür braucht Sec den anderen Teil des Sorgerechts? Nur um querzuschlagen? Auch hier haben wir mittlerweile genug Beweise, oder etwa nicht?" Meine Anwältin sah mich gelassen an. Klar, es war ja nicht ihr Problem. „Und was auch nicht sein kann, dass ich nicht ein neues Leben anfangen kann. Dass ich hier wohnen muss, obwohl Tim nicht mehr zum Vater geht." Ich hätte laut schreien können. Zu Hause wartete M. geduldig, ob ich es schaffen würde, unter diesen Umständen das alleinige Sorgerecht zu bekommen. Ich wusste jetzt schon, dass nichts daraus würde. Alles für die Katz.

„Hören Sie, Frau Martins. Es ist ganz selten, dass man einem Vater das Sorgerecht wegnimmt." „Gut, dann könnte ich doch einer dieser seltenen Fälle sein." Die Anwältin grinste. Ich wusste wirklich nicht, was es da zu grinsen gab. Ich fand meine Situation gar nicht lustig. „Sie haben so einen Mann geheiratet. Nun müssen Sie damit leben. Sie werden immer mit ihm verbunden sein."

Ich spürte, wie sich in meinem ganzen Körper Hass, Enttäuschung und Wut breitmachten. „Für einen Fehler, den ich mit 20 gemacht habe, muss ich nun ein Leben lang büßen?!" Wenn sie mich jetzt auch wieder so dämlich angegrinst hätte, hätte ich sie nahezu umbringen können. Sie hatte einfach keine Ahnung, was es hieß, 15 Jahre in so einer Beziehung gefangen zu sein. Und dann fünf Jahre zu kämpfen, damit man diesen Typen loswurde. Ist das hier die Todesstrafe oder nur Lebenslänglich? „Wir müssen los, wir wollen ja nicht, dass der Richter noch schlechtere Laune bekommt."

Im Gerichtssaal ging es beschissen weiter. Der Richter erläuterte, dass er es gut fände, wenn Tim nochmals abgeklärt werden würde. Was zum Teufel war hier eigentlich los?!!!

Vor ein paar Wochen musste ich mit meinen Kindern zu einer Doppelmaster-Psychologin, zu welcher der Richter uns geschickt hatte. Diese und auch die Beiständin Frau Rabe hatten erneut bestätigt, dass es für den Jungen überhaupt nicht gut wäre, seinen Willen zu ignorieren oder gar zu brechen. Damit der Richter sich auf kompetente Berichte stützen könnte, hatten wir dorthin gemusst. Es waren zwei Berichte, die brandaktuell waren.

Warum, zur Hölle, begann jetzt die ganze Scheiße wieder von vorn?! Schließlich war es der Richter, der uns dahin geschickt hatte, damit er sich darauf stützen könnte! Ich spürte, wie ich innerlich zu kochen begann. Mir wurde immer heißer. Ein Gefühl der Ohnmacht überbewältigte mich.

Dies war ein Gefühl, das ich so gut kannte. Schon wieder fühlte ich mich wie ich hinter einer Glaswand stehen würde. Auf der anderen Seite sind ganz viele Leute. Vielleicht Hunderte oder gar mehr. Ich schreie um Hilfe, poltere an die Scheibe, aber niemand hört mich. Niemand erkennt die Situation, obwohl sie doch so glasklar ist. Ich meine, auch wenn die Glaswand schalldicht sein mag, aber sie ist durchsichtig. Auch wenn man mich nicht hört, so sieht man mich doch, wie ich verzweifelt und schreiend an die Glasscheibe poltere. Irgendjemand muss es doch sehen von diesen Hunderten oder gar Tausenden Leuten. Irgendjemand! Doch dann merke ich, wie sich von hinten ganz ruhig und freundlich eine Person nähert. Es ist Sec.

Grinsend kommt er immer näher, sich seiner Macht bewusst. Es ist wie in einem James-Bond-Film. Der Gegner steht gelassen im Hinterhalt und wartet, bis er sein Opfer qualvoll erledigen kann. Ein Psychospiel und ich bin mittendrin und keiner erkennt, wie destruktiv und krank diese ruhige und scheinbar nette Person ist. Wie gefährlich und unberechenbar. Ein Soziopath eben. Einer mit Gaslighting-Funktion.

Dieses Gefühl der Ohnmacht, einfach nicht weiterzukommen, obwohl man alles bewiesen und wie eine Löwin gekämpft hat! Dieses Gefühl kannte ich so gut. Was ist das für eine Welt, in der so kranke und gefährliche Menschen nicht als solche erkannt werden?! Hingegen werden aufrichtige Menschen und schutzbedürftige Kinder kritisch unter die Lupe genommen und gezwungen, Dinge zu tun, die sie – aus gutem Grund! – nicht tun möchten.

Ich wünsche niemandem etwas Schlechtes, aber in solchen Situationen wünschte ich, dass alle diese Menschen, die mir und meinen Kindern nicht geglaubt und uns nicht geholfen haben, eine schlimme Zeit durchleben müssen. So, dass sie an mich und meine Kinder denken müssen und dann wissen, was sie uns mit ihrem Nichtstun zusätzlich angetan haben. Es reichte nicht, dass wir so viele Jahre gegen einen Soziopathen namens Sec kämpfen mussten.

Alle diese Menschen sollen auch mal diese Ohnmacht spüren und oberflächliche Menschen zur Seite gestellt bekommen, die sich die Frechheit herausnehmen, über ihr Leben zu entscheiden. Die keinen Handschlag zu viel tun, damit sie auch ja pünktlich um 17.00 Uhr Feierabend machen können.

Wie bereits erwähnt, der Morgen im Gericht lief nicht zufriedenstellend und war am Mittag schon fertig. Das Ergebnis: Sec durfte das Sorgerecht behalten. Somit war die Idee der Auswanderung gestorben. Tim sollte wieder abgeklärt werden, und zwar mit psychologischer Unterstützung. Ich würde ein Jahr lang weniger Kinderalimente von ihm bekommen, da Sec sich das so gewünscht hatte. Er sei in einer Weiterbildung und könnte sich so besser finanzieren. Ich selbst verzichtete auf Unterhalt, da dieser in meinem Konkubinat mit M. sowieso vom Gesetz her gestrichen worden wäre. Er bekam beide Autos und den Wohnwagen. Naja, er bekam nur ein Auto, den BMW hatte er ja anscheinend verkauft.

Wie sollte ich das nun Tim erklären? Er war voller Hoffnung gewesen, dass er nach diesem letzten Termin nun endlich erlöst sein würde. Die Scheidung war nun rechtskräftig. Alles Weitere mit Sec, mir und den Kindern würde gegebenenfalls nun wieder der Kinderschutzbehörde übergeben werden.

An alle, die auch in einer solchen oder in einer ähnlichen Situation sind: Wir lassen uns nicht unterkriegen! Wir kämpfen weiter!!!! Kein Psychopath, keine Gesetze oder irgendwelche Behörden geben uns den „Todesstoß"! Definitiv nicht!

Als ich zu meinem Auto zurückging, war ich komplett in Gedanken versunken, trotzdem fiel mir jemand auf, der mir aus einem schwarzen Auto zuwinkte. Es war Sec. Ich war so in meinen Gedanken vertieft gewesen, dass ich zunächst nicht mal gemerkt hatte, dass er in dem besagtem BMW saß. Ich sah nur sein Grinsen und sein Winken. Er grinste über das ganze Gesicht und fuhr dann an mir vorbei.

Ich stieg ins Auto und war echt froh, als ich endlich allein in „meinen vier Wänden" war. Das Ganze saugt so viel Energie. Ich schaute auf die Uhr auf meinem Handy. 12.40 Uhr. Gut, ich würde es noch nach Hause schaffen, bis die Jungs wieder in die Schule müssten.

In Gedanken vertieft fuhr ich los.

So viele Gedanken
in meinem Kopf ...

Immer noch auf dem Weg nach Hause in meinen Gedanken versunken, nahm ich die Kurven wie in Trance. Warum war das alles passiert? Warum war es so weit gekommen? Ich war doch immer so stark gewesen? So keck und eher extrovertiert. Eine richtige Löwin eben.

Als ich ihn getroffen hatte, dachte ich, dass er supernett und zuvorkommend wäre. Doch das hielt nicht lange an. Als er wusste, dass er mich hatte, ließ er seine Maske fallen. Ich war in seinen Fängen, und er wusste es. – Ich hob meinen Kopf und schaute in den Rückspiegel. Ich betrachtete mich, als würde ich mich das erste Mal sehen. – Warum hatte ich mich eigentlich nicht schon damals gerettet? Er hatte mich ja nicht im Keller eingesperrt. Vermutlich gerade weil es noch nicht allzu lange so ging, dachte ich, dass sein richtiges Ich jenes Ich von vorher sei und er gerade unter Stress leide. Dass dies nur temporär wäre. Das hatte mich immer mehr an ihn gebunden und ließ mich immer länger bei ihm ausharren. Ich wollte nicht einfach die Flinte ins Korn werfen. So redete ich mit mir in Gedanken.

Warum redete ich mit mir selbst? War ich nun schon 75? Alte Leute reden oft mit sich selbst.
    Ich wurde so erzogen. *Man darf nicht gleich alles aufgeben. Von nichts kommt nichts. Jemanden gleich sitzen zu lassen, wenn es einem nicht passt, zeugt von einem schlechten Charakter. Wenn man sich für etwas entschieden hat, dann zieht man es auch durch.* Bla, bla, bla. Vermutlich wurde mir das zum Verhängnis.

Wenn man merkt, dass man nicht glücklich ist und es dem Partner egal ist, sollte man nicht kämpfen. Einfach beenden und neu anfangen. Egal wie viel Angst es macht. Aber ein Neuanfang ist sicherlich angenehmer, als unglücklich zu sein. Und er eröffnet neue Perspektiven. Unglücklich sein nicht.

Ich fuhr gerade an einer Kuhweide vorbei. *Scheiße, du hast alle seine Lügen geglaubt. Auch diejenigen über seine verrückten Ex-Freundinnen. Aber jetzt weißt du, dass sie ihm auch zum Opfer gefallen waren. Genau wie du. Nicht* sie *waren verrückt. Er* war es. *Aber die konnten sich noch rechtzeitig retten. An mir klebt er heute noch.*

Und das Schlimme, er hatte die totale Kontrolle über mich gehabt. Er hatte immer so getan, als wäre er an mir und meinem Wohl interessiert. Als würde er sich um mich sorgen und mir bei allem behilflich sein. Steuern, PC installieren, die Back-ups machen und somit alle meine Daten auf seine Festplatte speichern, die Zahlungen auslösen – all das erfolgte nur, um die totale Kontrolle über mich zu haben. Und das war nur der Anfang. Am Ende war ich vollkommen transparent, von der Außenwelt abgeschnitten und hatte keine Kontrolle mehr über mein eigenes Leben.

Endlich kam die Autobahneinfahrt. Sie befindet sich genau da, wo Sec wohnt. Jedes Mal wenn ich an diesem Ort vorbeifahre, überkommt mich ein komisches, sehr unangenehmes Gefühl.

Ich hatte immer gedacht, ich hätte so viel Bedeutung in seinem Leben. Ich hatte ihm voll vertraut. Er hatte mich sozial isoliert. Alle meine Freunde fand er doof, bis ich mich nicht mehr getraute, mich mit ihnen zu treffen oder sie zu uns nach Hause einzuladen. Er spielte mir den Verliebten vor, der nur mich bräuchte. Und ich sollte nur ihn brauchen.

Angewidert verzog ich das Gesicht und überholte eine langsame Gurke in einem weißen Fiat.

Am Anfang wollte ich, dass es gut kommt, und gab ihm tausend neue Chancen. Am Schluss war ich gefangen und schon zu schwach, um rauszukommen. Wie ein Kaninchen, das bereits von der Schlange gebissen und mit Gift versetzt wurde. Wie soll sich das Kaninchen nun retten?

Eine Träne kullerte über meine Wange. Er hatte mich glauben lassen, dass *ich* verrückt sei. Er hatte mich glauben lassen, dass *ich* diejenige sei, die sich verändert habe und das Problem sei. Er hatte mir das Bauchgefühl genommen.

Dann kam der dringende Kinderwunsch seinerseits. Ich wollte ja keine. Wenn eine Frau keine Kinder haben wolle, dann sei sie keine „richtige Frau", vermittelte er mir. Ständig gab er mir das Gefühl, erst dann seine Traumfrau zu sein, wenn ich auch Kinder wolle. Dann würde ich wirklich das Wichtigste für ihn sein. Dann hätte ich seine ganze Achtung, schließlich wäre ich dann die Mutter seiner Kinder. Die wichtigste Frau in seinem Leben. So wie es halt im normalen Leben sein sollte.

Ein kurzes Lächeln huschte mir übers Gesicht. Ich erinnerte mich an die Zeit, als ich schwanger war. Es war so ein tolles Gefühl. Alle waren so nett zu mir. Sogar Sec. Noch nie war er so nett zu mir gewesen. Ich hatte wirklich Hoffnung, dass jetzt vielleicht alles besser werden würde. Nun würde ich endlich die Aufmerksamkeit und die Liebe bekommen, die Sec mir „noch" nicht hatte geben können.

Selbstverständlich war dies nicht so gewesen. Das Lächeln auf meinem Gesicht verschwand gleich wieder. Als ich die Kinder hatte, bekam ich gar keine Beachtung mehr von Sec. Eher noch viel mehr Verachtung. Er ließ mich ständig allein und unterstützte mich nicht. Fand alles schlecht und falsch, wie und was ich mit den Jungs machte. Es war einfach eine noch heimtückischere Falle von Sec, mich noch mehr an ihn zu binden.

Als ich es dann kaum noch aushielt, versuchte er mich in eine psychische Klinik in die „Ferien" zu geben. Er wollte mich versorgen, oder besser gesagt, entsorgen! *Dort kannst du dich erholen.* Ja genau ... Das sagte er immer und wollte mich dazu überreden, eine „Auszeit" zu nehmen.

Langsam näherte ich mich unserem Zuhause. *Aber jetzt bist du endlich frei!,* dachte ich. *Du bist aus diesem schrecklichen Albtraum erwacht und bist rausgekommen. Du hast dich befreit!*

Zu Hause angekommen, musste ich M. mitteilen, dass wir wegen Sec – beziehungsweise wegen der Entscheidung des Richters – nicht würden auswandern können. Wie man sich denken kann, war das keine einfache Situation.

Danach durfte ich Tim erklären, dass der letzte Gerichtstermin schon irgendwie gut war, er aber halt doch noch anderen erklären müsse, warum er nicht zu seinem Vater möchte. Tim ist nicht doof. Er schaute mich traurig an und schrie: „Ich wusste es! Ich hab's dir doch gesagt, es wird nie aufhören! Sie glauben mir nie!"

Jean will umziehen

Einige Wochen später. Wir saßen gerade gemütlich auf unserem großen Sofa im Garten. Meine Mutter und ich plauderten locker miteinander, als sie plötzlich meinte: „Ich habe mich letztens gefragt, warum ziehe ich nicht einfach hierher?" Was? Meine Mutter? Seit 50 Jahren wohnte sie am anderen Ende der Schweiz. Ich traute meinen Ohren nicht. „Vielleicht gebe ich das alles auf", sprach sie weiter. „Wieso soll ich das alles aufrechterhalten? Ich meine, mich hält ja eigentlich nichts mehr da, wo ich jetzt bin. Dein Bruder ist nicht dort, du bist nicht dort …"

Hä? Hatte sie das jetzt gerade wirklich gesagt? Im Grunde genommen hatte sie recht. Was machte sie immer noch in dieser Ecke? Nur weil wir da mal ein Haus hatten und unsere Familie da gewohnt hatte? Das war nun schon so lange her. Aber meine Mutter, die sich nie – und schon gar nicht mit 70 – von ihren alten Gewohnheiten lösen konnte? Ich schaute sie fragend an und wusste gar nicht, was sagen. Dies musste ich auch nicht, denn sie fuhr fort: „Na ja, ich meine, mich hält ja wirklich nichts da. Und meine Enkel, ich sehe sie auch nicht richtig aufwachsen. Damals war es der richtige Ort, um nach der Scheidung in der Nähe eine neue Bleibe zu finden. Aber mittlerweile … Schließlich werde ich auch nicht jünger und der Weg zu euch wird auch nicht kürzer."

„Da hast du recht. Es ist jedes Mal ein riesiger Aufwand, wenn du Tim fürs Wochenende holst. Eine Stunde zu mir und dann wieder eine Stunde zurück. Und zwei Tage später das Gleiche noch mal. Und die Kids werden auch immer größer. Vielleicht wollen sie tagsüber mal mit ihren Freunden ins Freibad und dann am Abend mit Oma essen und müssen danach ins Bett gebracht werden. Du hast recht. Eigentlich musst du nicht bei deiner Vergangenheit wohnen. Dort ist niemand. Deine Mutter auch nicht mehr." Meine Großmutter war vor ein paar Jahren verstorben.

M. kam dazu. Er war von der Idee begeistert.

Ein paar Tage später stellte sich die Idee, eine hübsche Wohnung mit Garten für meine Mutter und ihren Hund zu finden, gar nicht so einfach dar. Es gab keine bezahlbaren Gartenwohnungen. Hunde waren auch selten erlaubt und wenn es eine Parterrewohnung war, dann hatte sie keinen eigenen Garten. Sie grenzte einfach nur an eine allgemeine Rasenfläche der Überbauung.

Ich rief meine Mutter an. „Vielleicht musst du doch wieder eine Wohnung kaufen, wenn du deine verkauft hast. Ich glaube, das mit dem Mieten funktioniert nicht", sagte ich zu ihr, während ich mit Pix durch die Wiesen stapfte, die jetzt voller Löwenzahn standen. Ein herrlicher Spaziergang, eine herrliche Gegend, aber teuer.

Nach dem Spaziergang setzte ich mich an meinen Laptop und schaute im Internet nach Wohnungen in der Umgebung. Das war gar nicht so einfach. Pix, der total relaxt auf der Schmutzschleuse vor der Haustür lag, schaute zu. „Du hast es schön", meinte ich zu ihm. Er schaute mich an und zog die Augenbrauen hoch. So frei von Problemen, Sorgen und Ängsten sollte man sein …

An den folgenden Tagen warf ich immer wieder einen Blick ins Internet, um den Immobilienmarkt abzuchecken. Plötzlich sah ich etwas in derselben Gemeinde im Nachbardorf. Es war aber ein Bauprojekt und stand noch nicht. Schade, dachte ich mir. Doch als ich die Fotos betrachtete und sah, dass der Bauplatz direkt an das Weideland und an den Waldrand angrenzte, überkam mich die Euphorie.

Ich setzte mich ins Auto und düste los. Einmal um das Quartier und dann sah ich die Straße, die im Inserat erwähnt war. Endlich hatte ich den Bauplatz gefunden. Ich stieg aus. Pix zappelte voller Freude entlang des Straßenrands, in der Hoffnung, er könne das ganze Dorf mit seiner Duftmarke markieren. Jedes Blümchen und jeder Stein schien dafür geeignet zu sein. Einfach herrlich: die Sonne, der blaue Himmel und überall Vögel, die fröhlich um die Wette zwitscherten. Wow, ein alter großer Stall mit Scheune stand auch da. Rundherum steckten schon die Baumasten mit wedelnden Fahnen mit der Beschriftung des Bauherrn darauf. Nebenan die Weide mit den Geißen und den Pferden. Ein kleines Sträßchen führte an den Weiden vorbei zum Waldrand. Pix schaute mich an und rannte freudig weiter, als wollte er mir sagen: „Komm, wir laufen zum Wald, das wird super!" Du hast recht, dachte ich. Das Wetter ist genial, die Kids sind in der Schule, das Haus ist geputzt. Warum sollten wir nicht etwas den Wald und die Gegend erkunden? – Nur eine Ortschaft nebenan und man wusste nicht mal, wie es hier aussah. So sehr sind wir im stressigen Alltag eingebunden. Schon krass.

Ich war so begeistert von dem Bauplatz und der Gegend, dass ich zu Hause gleich M. alles erzählte. „Es ist so toll, du musst unbedingt schauen kommen."

M. und ich fuhren also wieder zum Bauplatz. Auch er war so begeistert, dass er plötzlich zu mir meinte: „Warum kaufen wir eigentlich nicht auch hier eine Wohnung?" „Wie meinst du das?" Jetzt war ich wirklich auf seine Antwort gespannt. „Unser Haus ist schon 23 Jahre alt. Es ist nicht alterstauglich. Wir haben drei Stockwerke, achteinhalb Zimmer und jede Menge Gerümpel. Unser Zukunftsplan ist nach wie vor Mallorca. Halt einfach etwas später." – Das Haus auf Mallorca stand in der Zwischenzeit. M. und ich hatten es auch schon eingerichtet. –M. fuhr fort: „Hier bräuchten wir eigentlich kein großes Haus.

Und was, wenn alles um unser Haus verbaut wird? Das könnte jederzeit passieren. Rundherum Bauland. Ich könnte jetzt den Gewinn des Hauses abschöpfen und langsam, aber sicher die Arbeit zurückstecken, wenn nicht sogar ganz aufhören." M. hielt kurz inne. „Deine Mutter wäre gleich nebenan, sie könnte nach dem Rechten schauen und wir könnten noch viel regelmäßiger auf Mallorca sein. Du könntest dich um sie kümmern. Mit ihrem Hund Gassi gehen, wenn sie krank ist. Ihr beim Einkaufen helfen. Mit ihr und den Hunden spazieren gehen, Kaffee trinken und so weiter. Und sie kümmert sich um die Kids, wenn unsere Kapazitäten nicht reichen."

Hm, das klang gar nicht so schlecht. Vor allem wenn man so ein gutes Verhältnis zu seiner Mutter hat. Ich schaute in die Weite des Weidelandes und zum Waldrand. Ich habe es schon immer geliebt, so zu wohnen. Vorher hatte ich auf einem Pferdehof am Waldrand gewohnt. Ich würde ein kleines Stück davon zurückbekommen. Ja, je länger ich darüber nachdachte, umso besser gefiel mir diese Idee. Allerdings empfand ich „nur eine Wohnung" im Vergleich zu unserem Haus schon als ziemlich einengend. Und dann hätte man plötzlich unmittelbar neben sich Nachbarn. Und auch noch neue. Was wäre, wenn es keine lässigen sein würden? Es war ein Risiko.

Als wir wieder zu Hause waren, setzte ich mich nochmals an meinen Laptop und nahm mit dem Zuständigen für diese Wohnungen Kontakt auf. Bei so einer Gelegenheit durfte man nicht zu lange warten. Schon mal Kontakt knüpfen und Interesse zeigen, das war jetzt wichtig. Ich schrieb, dass wir an der kleinen sowie an der großen Gartenwohnung Interesse hätten. Und zwar an der großen Wohnung, die zu den Pferdeweiden und zum Waldrand stand.

Im Parterre hatte es nämlich nur drei Wohnungen, zwei große und die in der Mitte, die nur halb so groß war. Alle hatten eine tolle Terrasse und eine große Grünfläche. So war es zumindest auf dem Bauplan und den Vorschaubildern abgebildet. Momentan standen ja nur die alte Scheune und der Stall.

Am Wochenende kam meine Mutter vorbei. Ich hatte ihr so die Ohren vollgeschwärmt und ihr klargemacht, dass wir schnell handeln sollten, falls es ihr gefallen würde. Und so kam es, dass wir dann die zwei Wohnungen reservierten und anzahlten. Wir waren genau einen Tag früher als die Mitinteressenten. Wir hatten riesiges Glück: Alle wollten anscheinend die Gartenwohnung Richtung Wald und nicht die Richtung Dorf.

Nun ging wieder eine aufregende Zeit los. Volles Risiko, ob wir unser Haus verkaufen könnten. Volles Risiko, ob die Wohnung dann auch schon bezugsfertig wäre. Volles Risiko, wie wir uns – im Vergleich zu dem Haus – in einer halb so großen Wohnung fühlen würden. Irgendwie zogen wir wirklich immer Neues an. Nie kehrten Ruhe und Stillstand ein. Immer gab es neue Ideen und Bewegung und damit verbunden Risiken und Ungewissheit.

Mittlerweile hatte M. die Wohnungen gekauft und war bereits beim Notar gewesen. Frau Wirli, so hieß die Kontaktdame der Wohnungen, teilte uns erneut mit, dass alle unsere Wohnung gewollt hatten. Sie musste sogar eine Warteliste führen, falls irgendetwas schieflaufen würde. Doch nun, nach dem Notarbesuch, konnte sie die Warteliste streichen.

Tja, Glück muss man haben. Aber von nichts kommt nichts. Wer keine Risiken eingeht, wer sich immer vor allem Neuen und Ungewissen in die Hosen macht, der wird nie richtig „leben". Es kann immer und überall etwas danebengehen, aber so ist das Leben nun mal. Dagegen hat man viel mehr vom Leben, wenn man trotzdem loslegt und sich nicht hinter tausend „Wenn und Aber" versteckt.

Unser Haus steht
zum Verkauf

Es war wirklich ein komisches Gefühl. Seit fünf Tagen stand unser Haus im Internet zum Verkauf. Die Kinder wussten es noch nicht. Alles war so ungewiss. Wir mussten jetzt das Haus verkaufen, aber in die neue Wohnung könnten wir frühestens in einem Jahr. Eher in eineinhalb Jahren. Wer findet schon einen Käufer, der jetzt bezahlt und erst in eineinhalb Jahren einziehen will?! Trotzdem, probieren wir es, dachten wir.

Ich muss sagen, es war schon eine sehr belastende Situation. Tausend Wenn und Aber gingen uns durch den Kopf, sodass M. und ich schon ganz durcheinander waren. „Wir sollten es locker nehmen", meinte M. „Sonst werden wir wirklich noch verrückt. Wir wissen nicht, ob und wie das alles mit dem Haus abläuft, also müssen wir aufhören, uns jetzt schon Gedanken darüber zu machen." Da hat er absolut recht, dachte ich mir. Allerdings merkte ich, dass wir das beide nicht schafften.

Einerseits machte es mich ganz nervös. Anderseits freute es mich, dass einige Interessenten morgen das Haus besichtigen kommen würden. Und jetzt, wo ich alles geputzt hatte, reute es mich, das Haus zu verkaufen. Warum sollten wir in eine Wohnung, die ein Zimmer zu wenig hatte und nur halb so groß war wie unser Haus?! Nun, der Zeitpunkt war gut. Das Haus war aktuell viel wert. Und das Haus würde mal nicht alterstauglich sein. Überhaupt nicht. Aber das war für mich noch so weit weg! Ich war 38 Jahre alt. Wenn ich in den Spiegel schaute, fühlte ich mich manchmal schon alt. Aber nicht so alt, dass ich bereits an den Rollstuhl gedacht hätte.

Da die Jungs am Samstag den ganzen Tag Schülerturniere im Fußball hatten, hatte ich die Besichtigungstermine auf den Samstag datiert. Ich wollte nicht, dass sie zusehen mussten, wie andere Kinder ihre Zimmer besichtigen. Das fand ich sehr hart. Zudem hatte ich das Gefühl, dass die Jungs etwas „gebrannte Kinder" waren und dann mit Verlustängsten zu kämpfen hätten.

Heute war Freitag und wie schon die ganzen letzten Wochen echt viel los. Kaum war ich aufgestanden und schaute nach draußen, fuhr auch schon der Lastwagen vor, der unsere Sachen, die nach Mallorca sollten, abholen kam. Ich konnte nicht einmal ins Badezimmer. Alle Dinge, die nach Mallorca sollten, waren in der Garage gelagert. Sie war pumpenvoll.

Doch schnell war die Garage wieder leer. Das Umzugsunternehmen war wirklich sehr schnell. Die Jungs mussten in der Zwischenzeit in die Schule. Und ich machte mich wieder ans Putzen und Vorbereiten für morgen.

Draußen war es wunderbar heiß. Blauer Himmel. Die Vögel zwitscherten, die Kids waren mit Freunden unterwegs. Es waren jetzt nur noch drei Wochen bis zu den Sommerferien.

Ich bin eigentlich nicht der Typ, der so viele offene Positionen in seinem Leben haben möchte. Es macht mich wirklich wirr, wenn ich nicht weiß, wann, wie, wo …

Aber es ist so. Ich oder besser gesagt wir ziehen diese permanenten Veränderungen irgendwie magisch an. Anders kann ich es nicht interpretieren. Wer sonst zügelt und räumt einen ganzen Pferdehof, schließt die Firma, baut ein Haus in Spanien, verkauft eine Immobilie (von M.), gründet eine neue Firma, zügelt und richtet ein Haus in Spanien ein, kauft der Mutter eine Wohnung, lässt sich selbst auch eine neue Wohnung bauen, bietet sein eigenes Haus zum Verkauf an …? Und das innert drei Jahren. Aber sonst ist alles relaxt.

„Können wir nicht einfach vor uns hin dümpeln? So wie andere Menschen? Unsere Rechnungen bezahlen, irgendwo wohnen, irgendwo arbeiten und einen ganz normalen Alltag haben?", fragte mich M. „Seit ich dich kenne, ist alles so wild. Wir reißen ständig etwas Neues an, obwohl wir schon mehr machen als alle anderen um uns herum."

Irgendwie hat er recht. Aber es ist nun mal so. Ich habe mich in den Strand verliebt und per Zufall dieses wunderbare Haus auf dem Bild im Büro der Maklerin gesehen.
    „Ich hätte das Haus auf Mallorca nie gebaut ohne dich," meinte M.

Das kann man jetzt positiv oder negativ sehen. Klar ist es auch ein Traum für M. Aber ohne mich hätte er es viel ruhiger. Die Frage ist nur: Ist „ruhig" das Richtige für ihn? Ist es das Richtige für mich? Angenehm stelle ich es mir schon vor. Aber warum wird es dann nie ruhig, wenn es das Richtige für uns wäre?!

Es hat aber auch etwas Gutes, wenn ich daran denke, was wir noch alles vor uns haben. Das Haus in Spanien fertig einrichten. Die Kids werden das erste Mal allein nach Mallorca fliegen. Die neuen Wohnungen … Wir haben wirklich ein spannendes Leben.

Heute Abend, nachdem M. seine Tochter Lena aus der Schule abgeholt hatte, würden wir zu unserem Ort fahren, wo wir die neuen Wohnungen bauen. Dort würden wir den Kids erklären, was wir „im Sinn" hatten.

Das Nachteilhafteste an der Wohnung ist eigentlich, dass es nur drei Zimmer gibt. Also ein Zimmer für Lena, ein Zimmer für uns und ein Zimmer für Ethan und Tim. Das wird heikel werden. Denn sie haben nun seit einem Jahr endlich getrennte Zimmer. Ich habe gemerkt, dass es seither viel ruhiger geworden ist, dass ihre Zimmer viel aufgeräumter sind und dass die

Jungs auch ausgeglichener sind. Witzigerweise vertragen sie sich seither auch besser. Ich denke, wenn sie wieder „aufeinandersitzen", wird sich das wieder ändern. Vor allem sind sie dann auch eineinhalb Jahre älter als jetzt. Je älter Kinder sind, desto mehr brauchen sie ein eigenes Zimmer. Und wir machen genau das Gegenteil!

Das liegt mir am schwersten im Magen. Ich habe Bedenken, dass wenn sich die Jungs wieder ein Zimmer teilen und infolgedessen wieder öfter streiten, es auch wieder mehr Krach in der Familie gibt. Ein weiterer Minuspunkt ist der weitere Schulweg, obwohl dies für die Jungs vermutlich nicht so tragisch sein wird.

Na ja, wir werden sehen. Es war einfach die beste Lösung. Meine Mutter konnte so schnell ihre Wohnung nicht verkaufen. Also vermietete sie diese, konnte bei M. in der kleineren Wohnung wohnen und wir hatten die beste Nanny gleich nebenan.

Wir standen also mit den Kids neben der alten Scheune und erzählten ihnen von unseren Plänen. Ethan fand es super, da er die Hasen im Stall und die Pferde auf der Weide sah. „Pferde fast im Garten, super!", meinte er. „Wann werden wir umziehen? Können wir dann in dieselbe Schule?" fragte Tim. Lena hingegen stand da, wie tot. Kein Ton, keine Miene. Was uns nicht verwunderte. Ihre Emotionen waren selten zu erkennen. Ihre Offenheit war Verschlossenheit.

Am nächsten Morgen war es so weit. Wir hatten die ersten Interessenten für das Haus. Tja, und wie es so ist, wird man im Leben manchmal auch dafür belohnt, ein Risiko eingegangen zu sein. Das Pärchen unterschrieb den Hauskauf schließlich. Sogar mit der Bedingung, dass wir noch ein Jahr drinbleiben dürfen.

Wir hatten ein gutes Gefühl. „Die zwei passen zu unserem Haus", meinte M. zu mir, als wir wieder allein waren. „Ja, das finde ich auch", sagte ich mit etwas Wehmut. Aber ich empfand es auch wirklich so.

Das Krasse daran war, dass sich der Interessent, also der Käufer, bei der Gemeinde schlaugemacht und erfahren hatte, dass es womöglich eine riesige Kiesgrube auf der Wiese gleich neben dem Haus geben könnte. Das war ja übel. Aber er nahm dies völlig unkompliziert. „Die kommt ja nicht gleich morgen", meinte er.

Ich hätte das überhaupt nicht so locker gesehen! Hilfe! Eine Kiesgrube? Nebenan? Nun wurde mir die Wohnung noch sympathischer.

Tja, einen tollen Käufer zu finden, der das Haus bezahlen kann, uns ein weiteres Jahr drin wohnen lässt und kein Problem mit der Kiesgrube hat, das ist eine Utopie. Das würde doch jeder denken, oder? Das zeigt mir mal wieder, dass eben nichts unmöglich ist. Für jeden ist etwas anderes wichtig. Jeder setzt andere Prioritäten und hat andere Vorstellungen.

Hätte man sich von all den „Hindernissen" blockieren lassen und eine negative Einstellung gehabt und das Haus nicht gezeigt, dann hätte es auch nie geklappt.

Ethan möchte nicht mehr
zu Papa

Alles lief wie am Schnürchen, bis Ethan nicht mehr zu seinem Papa wollte. Ausgerechnet Ethan. Bei Tim war ich das mittlerweile nach all den Jahren gewohnt. Aber Ethan?!

„Was ist denn los?" Ethan lag auf dem Bett, sein Gesicht unter dem Kopfkissen.

„Nichts, ich will einfach nicht."

Ich strich Ethan über den Rücken. „Also *nichts* ist ein bisschen wenig, findest du nicht auch?" Ethan kam unter dem Kissen hervor, sein Gesicht war schon ganz rot. „Er tut immer so blöd. Und ich habe keine Lust mehr in der Nacht in den Wald."

Ich merkte, wie es in mir unruhig wurde. Meine Güte, was kam jetzt wieder?!

„Was *in der Nacht in den Wald*? Erzähl!"

Ethan wälzte sich in seinem Bett unruhig hin und her. Er kämpfte mit sich.

„Letztes Mal, als wir Streit hatten. Da hat mich Papa gepackt und ist mit mir in den Wald und hat mich da einfach mitten im Wald abgestellt."

Ich wusste gerade nicht was sagen. Außer dass ich zum millionsten Mal denken musste, was Sec für ein Mensch ist.

„Ja und dann?" Ethan wirkte immer noch nervös. „Ich wollte wegrennen, aber Papa rannte mir immer hinterher und stellte mich wieder in den Wald."

Ich merkte, wie unregelmäßig ich bereits atmete. Ich hätte wieder laut schreien können. Ein absoluter Psychopath hat Zugriff auf mein Kind! „Denkst du etwa, das es lustig ist," schrie Ethan und wurde auf einmal wütend. „So ein Arschloch", schrie er weiter.

„Erzähl weiter, was ist dann geschehen?"

„Ich war da von neun Uhr abends bis drei Uhr morgens!"

Nun traf mich aber wirklich fast der Schlag. Konnte das wirklich stimmen?

„Wie weißt du, dass du bis morgens um drei Uhr im Wald warst? Vielleicht ist es dir auch nur so lange vorgekommen?"

„Nein, ich weiß es ganz genau. Ich konnte dann irgendwann wegrennen und bin nach Hause gerannt. Zu Hause war Papa dann kurz darauf auch angekommen und schloss die Wohnungstür auf. Ich rannte sofort zu meinem Handy und wollte dich anrufen. Ich wollte nach Hause. Da habe ich gesehen, wie spät es ist."

Ethan tat mir so unendlich leid! Es traf mich mitten ins Herz. Sec ist so ein Soziopathenschwein. Anders kann man es einfach nicht sagen. Wer steht sechs Stunden mit seinem Kind als Strafe im dunklen Wald?!

Aber die Kinderschutzorganisation hatte immer das Gefühl, dass bei diesem Typen alles normal ist. Obwohl Tim schon ausgepackt hatte und nicht mehr zu ihm ging.

„Ja und dann? Ich hatte aber nie einen Anruf in der Nacht. Ich lasse immer das Handy an, wenn du bei Papa bist. Ich schaue sogar auf das Handy, wenn ich nachts mal auf die Toilette muss."

„Nein, ich konnte auch nicht. Er hat mir sofort das Handy aus der Hand gerissen."

Ich fand echt keine Worte mehr. Nun geriet ich wieder in dieses Dilemma: Ethan wollte nicht, dass ich diese Geschichte jemandem erzählte, und gleichzeitig wollte er, dass er nicht mehr zum Vater müsste. „Schau, früher oder später müssen wir es der Beiständin sagen. Schließlich ist sie für dein Wohl angestellt. Auch wenn wir es nicht merken. Zudem denken die sonst nur wieder, dass ich dich jetzt auch noch gegenüber Papa verweigere. Den Grund müssen die wissen." Ethan war davon überhaupt nicht begeistert.

Ich machte Ethan klar, dass er im Moment gar nichts müsse und ich zu ihm stehen würde. Ich beruhigte ihn und merkte, wie er immer ruhiger und müder wurde. Er war so erschöpft, dass er kurz darauf einschlief.

Aber ich konnte nicht schlafen. Wie auch? Ich war so aufgewühlt. Unbeschreibliche Gefühle tobten in mir. Wie konnte Sec Ethan so etwas antun? Das war doch krank!

Ich fühlte mich so schlecht. In dieser Nacht spielte ich im Kopf oft das Szenario durch, wie die Situation gewesen wäre, wenn Ethan mich hätte anrufen können. Ich wäre in die Tiefgarage geeilt, wo das grelle Licht mich fast erblinden ließ. Hätte mich ins Auto gesetzt und auf dem Weg vermutlich jegliche Geschwindigkeitsbegrenzungen überschritten.

Ich stellte mir vor, wie ich dann zu Hause bei Sec Ethan irgendwie ins Auto hätte bekommen müssen. Vielleicht mit meiner Handytaschenlampe, mit der ich versucht hätte, Ethan ein Lichtzeichen zu geben. Aber was, wenn Ethan gar nicht in der Lage gewesen wäre, aus der Wohnung zu kommen? Zur Haustür hoch konnte ich nicht, denn unten war schon zu. Dann stellte ich mir die Situation vor, was gewesen wäre, wenn ich die Polizei geholt hätte … Die Nacht wurde immer kürzer. Ich war so müde und doch so wach. Wie oft hatte ich solche Nächte! Kein Wunder, dass ich langsam alterte. Es reichte nicht, dass ich so viel aushalten musste. Ich musste auch noch meine Schönheit verlieren. Im Gegensatz zu Sec, der immer gleich alt aussah. Aber was war schon gerecht? Gab es überhaupt so etwas wie Gerechtigkeit? Ich versuchte, ruhig zu liegen, um M. nicht zu wecken. Aber sogar meine Zehen waren ruhelos.

Es vergingen einige Tage. „Ethan, wir müssen es nun der Beiständin sagen. Du müsstest dieses Wochenende wieder zu Papa. Es wäre gut, wenn sie weiß, was los ist. Falls du nicht gehen möchtest." „Sicher gehe ich nicht zu dem Arsch. Da sage ich es lieber."

Wir machten einen Termin mit ihr ab und Ethan erzählte ihr alles. Aber wie schon erwartet, geschah nichts. Sec wurde immer noch als normaler Papa angesehen und Ethan war um eine Erfahrung reicher. War ja nicht ihr Kind. War ja nur meins.

Ethan ging dann zum ersten Mal nicht zum Vater. Jetzt kam Sec vermutlich doch ein wenig ins Schleudern. Es kam ihm nichts Besseres in den Sinn, als Puk als Erpressungswaffe zu nehmen. Sec ging zum Schulhaus und wartete, bis die Kids aus hatten. Er machte Ethan klar, dass Puk vermutlich sehr bald sterben würde. Es gehe ihm nicht gut.

Das darauffolgende Wochenende ging Ethan dann wieder regelmäßig zu seinem Vater, da er es nicht versäumen wollte, nochmals Puk zu sehen und mit ihm zu schmusen.

Ethan tat mir echt leid. Aber ich konnte ihm diese Last nicht abnehmen. Ich konnte sie nur mittragen. Und das tat ich, und zwar mit meiner ganzen mütterlichen Liebe. Puk zu verlieren würde die Hölle werden. Er war nicht nur ein cooler Hund. Er war der zweite Bruder der Jungs.

Es war für mich schon die Hölle, obwohl er damals nicht starb, sondern einfach zu Sec zog.

Vorweihnachtszeit

Wir hatten nach Langem wieder einmal ein Wochenende für uns allein. Wir fuhren nach Stuttgart auf den Weihnachtsmarkt. Es war einfach herrlich. Wir tranken heißen Weißwein mit Eierlikör, aßen Käsespätzle, Dampfnudeln mit Vanillesauce, Crêpes und alles, was das Herz begehrt. Am Samstag fuhren wir in eine Therme und ließen es uns sieben Stunden einfach nur gut gehen. Saunieren, essen, baden und ausruhen. Zwischen M. und mir war alles wie immer. Zwischendurch etwas angespannt, aber dies war auch kein Wunder mit unserem Programm. Ich war sooo happy darüber, dass wir nach so vielen Jahren und vor allem nach so vielen Ereignissen, noch so eine tolle Beziehung hatten. Schließlich haben wir es verdient, glücklich zu sein.

Zwischen uns war die Harmonie wieder so mega und unser Zusammenhalt war erneut so stark, dass niemand dazwischen Platz gehabt hätte. Als Zeichen dafür ließen wir uns ein Tattoo stechen. M. am rechten und ich am linken Unterarm.

Am Sonntagabend, als wir alle wieder zu Hause waren und die Kinder bereits im Bett lagen, kam im TV eine spannende Sendung. Es war ein Report über eine berühmte Sängerin, die sich endlich von ihrem Mann getrennt hatte. Sie war von ihrem ehemaligen Partner völlig isoliert und kontrolliert worden und vieles andere mehr. Alles, was sie da im TV zeigten, kam mir sehr bekannt vor. Auch sie galt als sehr selbstbewusst und hatte eine kecke Persönlichkeit. Nie hätte man gedacht, dass sie sich von einem solchen Psychopathen würde einnehmen lassen.

Die Sängerin äußerte bei einem Interview Sätze wie zum Beispiel: „Er konnte es immer so drehen, dass ich mich am Schluss schuldig fühlte und es wiedergutmachen wollte."

Ich dachte nur: Oh, wie wahr!

Und dann berichteten sie, dass nicht einmal die anderen Bandmitglieder dies mitbekommen hatten, auch ihre Freundinnen nicht. Und plötzlich zeigten sie im TV ihren Mann. Er hatte genau die gleichen wässrigen, unehrlichen Augen wie Sec! Die Augen waren genau so!

Und dann sagte die Sängerin noch einen Satz, der mir wirklich sehr naheging: „Er hat nie gearbeitet. Ich war sein Job. Mich kaputtzumachen. Mich zu isolieren, zu benutzen, zu denunzieren."

Ich war sein Job!

Genau so war es auch bei uns gewesen! Sec arbeitete die letzten 20 Jahre nicht. Ich weiß heute noch nicht, wie er sich finanzierte, bis auf den Schluss, als wir vom Sozialamt leben mussten.

Es gibt sie also wirklich unter uns, diese gefährlichen Soziopathen! Es ist tatsächlich wahr! Nur alle anderen um mich herum bemerkten und erkannten das nicht. Sogar auf RTL lief es! Ich saß staunend da und sah in das Gesicht der Sängerin, die sehr mitgenommen aussah. Wie gut konnte ich sie verstehen!

Auch hier war es so abgelaufen, dass er sie als die „Psychotante" hinstellte und sich nach außen hin sehr freundlich und lammfromm gab. Auch hier stand Aussage gegen Aussage. Und da sie als Opfer sehr mitgenommen war und das natürlich auch ausstrahlte, deklarierte man eher sie als instabil. Einfach unglaublich.

Und auch hier wurde das Sorgerecht geteilt und die Obhut sogar auf fünfzig Prozent aufgeteilt. Was für eine Tragödie und was für ein Fehlentscheid!

Wann kommt endlich die Zeit, wo Soziopathen bestraft oder versorgt werden?

Wie findet man wahres
Glück und Wohlbefinden?

Dieses Jahr feierten wir Weihnachten schon vor den Weihnachten. Das heißt, Weihnachten wäre am Montag gewesen; wir feierten aber schon ab dem Freitag.

Am Freitagabend hatten wir für die Kinder eine Überraschung. Wir gingen einen internationalen Zauberer anschauen. Ethan war begeistert, er konnte sich teils kaum auf dem Sessel halten. Es war für alle ein tolles Erlebnis.

An nächsten Abend luden wir meine Mutter zu uns nach Hause ein, um gemeinsam mit ihr Weihnachten zu feiern. Es war ein sehr schöner, besinnlicher Abend. Wir saßen alle auf dem Sofa neben unserem lustigen Christbaum, der aus einer Holzleiter bestand und Christbaumkugeln hatte, die aus Donuts oder Törtchen bestand. Die Lichterkette waren viele leuchtende Sterne. Mittlerweile hatten sich alle an unseren etwas anderen Baum gewöhnt.

Wir packten Geschenke aus, plauderten, aßen wie immer zu viel und rauchten Wasserpfeife. Es war wirklich ein gelungener Abend. Auch Ethan meinte, es sei die schönste Weihnacht gewesen.

Am nächsten Morgen wurde Ethan dann von seinem Vater für die Weihnachtsferien abgeholt. Tim und meine Mutter gingen vergnügt mit den Hunden spazieren. Und wir beide, M. und ich, gönnten uns ein paar Tage in unserer herrlichen Oase auf Mallorca.

Ein Tag war schöner als der andere. Nicht nur das Wetter war so wunderschön, auch unser Zusammensein. Es war einfach nur wunderbar. Jeden Morgen frühstückten wir gemütlich, dann las ich ein bisschen in meinem Buch, dann gingen wir am Meer walken, dann aßen wir wieder etwas, dann badeten wir in unserem beheizten Pool und so weiter und so fort.

In solchen Situationen schwelgen wir immer wieder in unserem Auswanderungsdrang. Es wäre so perfekt hier! Wir hatten eine so tolle private Schule für die Kids gefunden, in der auf Spanisch sowie auf Englisch unterrichtet wird und die sogar Deutsch als Unterrichtsfach hat. Eine sehr moderne Schule, da können unsere gleich einpacken. Die Schule hat sogar ein eigenes Labor für den Chemie- und Physikunterricht. Sie hat alle möglichen Sportangebote. Bei uns gibt es im Turnunterricht nichts. Turnen ist Turnen. Dort kann man wählen zwischen Golfen, Fußball, Segeln, Gymnastik, Tanzen, Schwimmen und so weiter. Einfach genial. Es gibt sogar ein Ferienprogramm, wenn man möchte. Einfach nur phänomenal. Auch die Schulabschlüsse sind international anerkannt, was man bei uns natürlich vergessen kann.

Und warum darf ich das meinen Kindern nicht ermöglichen? Weil ich mal einen Mann in meinem Leben hatte, der das nicht möchte? Echt irre. Es hätte auf Mallorca nur Vorteile, aber Sec und die Behörden sehen dies wie eine Strafe für die Kinder. Wie eine „Verschlechterung" ihrer Lebensqualität.

Ich verstehe das nicht! Was, bitte schön, soll daran *schlecht* sein?! Eine bessere Schule. Ein besserer Abschluss. Die Weltsprachen aus dem Effeff. Tolles Freizeitangebot. Viel mehr Sonne fürs Gemüt. Eltern, die nicht mehr arbeiten und viel Zeit haben, da sie ausgewandert sind und sich so zur Ruhe setzen können. Was zum Teufel soll daran bitte schön *schlechter* sein?! Auch die Beiständin Frau Rabe machte so doofe Bemerkungen dazu.

Kinder integrieren sich so schnell. Kinder gewinnen so schnell neue Freunde. Davon abgesehen haben sie hier in ihrem Heimatort in der Schweiz auch nicht übermäßig viele Freunde. Das Wichtigste ist doch, dass man als Familie den Kindern ein Gefühl der Sicherheit gibt. Egal wo. Und wegen des Vaters, also bitte. Tim geht sowieso nicht zu ihm. Und Ethan könnte ihn genauso oft sehen wie zuvor, einfach nur in einem anderen Rhythmus. Zum Beispiel einmal im Monat ein längeres Wochenende und dafür die ganzen Ferienwochen. Es wäre fast wie jetzt, einfach eineinhalb Stunden Flug. Auch hier gäbe es Lösungen. Es gibt eine Flugbegleitung. Und mit zwölf Jahren dürfen Kinder sowieso allein fliegen. Zudem sind sie bereits jetzt schon sehr geübt darin, es ist Routine für sie.

Warum kann ein einziger Mensch, mit dem man mal zusammen war, über das ganze Leben herrschen?! Hat nicht jeder einen Neuanfang verdient? Ich kann ihm schließlich auch nicht sagen, wo er zu wohnen und was er zu arbeiten hat! Wenn er den sehnlichen Wunsch hätte, in der Tschechei zu wohnen, dann dürfte er das auch, ich könnte nichts dagegen tun. Würde ich auch gar nicht wollen. Aber wenn mein Lebenstraum ist, endlich an der Sonne zu leben, dann muss ich warten, bis ich alt bin?! Obwohl man schon seit Jahren getrennt ist, hat ein anderer die Macht über mein Leben? Mir wird das Herz schon wieder ganz schwer. Diese Ungerechtigkeit ist doch himmelschreiend! Dann versuche ich mich wieder zu beruhigen und alles positiv zu sehen. Nicht über diese ungerechtfertigte Macht nachzudenken.

Ich sitze auf einem großen Felsgestein und schaue in das tiefblaue Meer, das weiß glitzert. Die Sonne strahlt auf mein Gesicht und wärmt mich auf. Wie im Paradies, denke ich. Manchmal fühlt sich das Ganze für mich wirklich unrealistisch an. Wenn ich denke, aus welchem traurigen, dunklen Loch ich komme …

Niemand sollte so eine Beziehung leben wie die, welche ich hatte. Ich würde so gerne ganz vielen Leuten helfen und ihnen sagen, dass es sich wirklich lohnt, sich zu befreien. Das Leben hat so viel mehr zu bieten, als mit einem bösen Psychopathen zusammenzubleiben, wo man das Gefühl hat, dass man ihn wirklich liebt und sich selbst dabei sozusagen ermordet.

Denn: Liebt man sich selbst denn nicht mehr?
Wie kann man also verhindern, in eine solche Falle zu tappen?

Dazu kommen noch unsere tief eingeprägten Glaubenssätze, die uns oftmals in ungesunden Beziehungen jedweder Art „festhalten", also nicht nur in Paarbeziehungen. „Es ist halt meine Mutter." „Es ist meine Tochter, das eigene Kind kann man doch nicht einfach verabschieden." Wieso nicht?! Weil diese veralteten Glaubensmuster tief in uns verankert sind.

Nehmen wir einmal an, ein Freund würde uns schlecht behandeln. Er ist ein Narzisst und/oder ein Soziopath. Irgendwann müssen wir leider feststellen, dass dieser Freund uns eigentlich nur schadet und somit eigentlich gar kein richtiger Freund ist. Also bricht diese Freundschaft auseinander.

So, und jetzt zu unseren Blutsverwandten. Warum dürfen oder können wir uns von denen nicht „trennen"? Weil sie blutsverwandt sind? So ein Quatsch! Dieses veraltete Denkmuster, das in vielen von uns verankert ist, umhüllt mit unserem schlechten Gewissen, müssen wir schleunigst loswerden! Denn nur weil sie mit uns verwandt sind, haben sie noch lange keinen „Freibrief", uns derart zu behandeln und uns psychisch zu quälen!

Solche Denk- und Verhaltensmuster lassen sich sehr gut im Unterbewusstsein eliminieren. Sich zu befreien heißt, sich von allem zu befreien, was uns nicht guttut. Nicht nur von denen, die uns nicht nahe sind oder die nicht mit uns verwandt sind. Man könnte es auch umkehren und fragen, woher sich die Mutter/Tochter oder wer auch immer die Frechheit nimmt, einen so zu behandeln. Aus Liebe?! Nein, niemand behandelt einen schlecht, wenn er dich liebt! Das würde also bedeuten, dass unsere lieben Verwandten uns gar nicht richtig lieben, sonst könnten sie uns gar nicht so behandeln.

Und da kommen wir zu dem springenden Punkt: Soziopathen und Narzissten *können* andere nicht lieben. Niemanden! Das zu erkennen und es sich ehrlich einzugestehen, ist nicht einfach. Aber wer mit einem Soziopathen und/oder Narzissten zusammen ist, der muss wissen, dass solche Menschen sich nie ändern werden, auch wenn wir uns alle Mühe geben.

Kurz gesagt: Man sollte sich von solchen Menschen nicht mehr schlecht behandeln lassen. Stattdessen sollte man sich von ihnen abgrenzen, und das ohne schlechtes Gewissen.

Seit ich damals Claudia kennengelernt und bei ihr einige Sitzungen im Mental Wellness besucht hatte, führte ich ein neues Leben. Aber nicht nur mein Leben wurde noch besser, nein, unser Leben veränderte sich. Ich durfte durch ihre tollen mentalen Sitzungen lernen, was der Schlüssel zum Glück ist. Wie simpel es ist, sich auch innerlich von der Vergangenheit zu reinigen und zu befreien. Auch meine Kids gingen ins Mental Wellness und konnten ihre vergangenen Lasten zurücklassen. Die effizienteste, schnellste und einfach beste Art, alte Verhaltensmuster, Blockaden und Ängste zu eliminieren.

Ich habe mich für Sitzungsvariante B entschieden und bin nach dem Aufräumen meiner Festplatte und meines Lebens ins Paradies gekommen.

Mittlerweile habe ich großen Abstand zu Sec gewonnen. Die Scheidung ist nach fünf Jahren endlich rechtskräftig. Das Sorgerecht konnte er trotzdem behalten. Ich konnte nicht auswandern, genieße aber immer noch regelmäßig Mallorca.

Die Kids gedeihen gut.

Tim geht bis heute nicht mehr zu seinem Vater und spielt immer noch im Fußballverein. Ethan kann Sec schon relativ gut handeln und hat ihm beigebracht, dass er einfach nicht mehr kommt, wenn er nicht gut zu ihm ist.

Von Paula fehlt jede Spur.

M. musste leider erkennen, dass es auch Soziopathen in seinem Umfeld gab. Und zwar Lena. Je älter sie wurde, desto mehr entpuppte sie sich als zweiter Sec. Eine Tochter zu haben, welche die Hirnprägungen eines Soziopathen hat und bei der man auf Abstand gehen muss, damit man sich selbst schützt, ist vermutlich noch problematischer, als sich von einem solchen Ehemann zu befreien. Nichtsdestotrotz ist es eine wichtige Aufgabe für uns Menschen, sich von Menschen zu lösen, die uns nicht gut tun.

Wir ziehen nach wie vor immer wieder Neues an. Es wird also nicht langweilig.

Ich habe erkennen müssen, dass man sein eigener Chef sein muss. Gerade auch, wenn es um die Kinder geht. Selbst wenn man von der Kinderschutzorganisation und einem Beistand begleitet und sogar geführt wird. Um eine Entscheidung durchzuführen, braucht es immer auch die, die es tun. Wenn niemand mitmacht, dann passiert auch nichts.

Wenn die Kinder nicht mehr mitmachen wollen, dann kommt niemand und zerrt sie gewaltsam mit sich, auch wenn es auf den Schreiben immer so krass klingt. Am Ende ist jeder sein eigener Chef. Sogar die Kinder können etwas bewirken, wenn man hinter ihnen steht.

Warum soll man warten, bis man nach dem Tod anscheinend ins Paradies kommt? Ich lebe lieber hier im Paradies. Falls danach auch noch mal das Paradies kommt, umso besser. Sonst müsste ich mich nach dem Tod noch umgewöhnen.

Ich hoffe, ihr schafft es auch … alles Liebe, eure Nicky!

Der Schlüssel für wahres
Glück und Wohlbefinden

Hallo, ich bin Claudia und ich möchte euch abschließend den Schlüssel für wahres Glück und Wohlbefinden mitgeben. Allen, die sich in diesem Buch an der einen oder anderen Stelle wiedererkannt haben. Und allen, die endlich bedingungslos geliebt, glücklich und erfolgreich sein wollen.

Der Schlüssel ist: LIEBE. Und zwar Liebe zu sich selbst!
Wenn genügend Selbstliebe vorhanden ist, dann könnte das Selbstwertgefühl nicht von einer anderen Person demontiert werden. Dann würde man doch auch klarer sehen. Dann käme es nicht zum psychischen Missbrauch. Dann würde niemand in eine psychische Abhängigkeit geraten. Selbstliebe = Selbstwert = Selbstbewusstsein

Das Zauberwort, um glücklich zu sein, heißt also: SELBSTWERT-GEFÜHL, und der Schlüssel dazu heißt: SELBSTLIEBE.

Nun denken vielleicht viele: Ja, ja, klar, das weiß ich auch, aber das ist nicht so einfach. – Doch, ist es! Ich habe mittlerweile einige Bücher zu dieser Thematik gelesen. Darüber, wie man zum eigenen Wohlbefinden findet, über Meditation, oder wie man sich vor „Arschlöchern" schützt usw. In allen diesen Büchern gibt es gute Erkenntnisse und gute Ansätze. Aber die Lösung ist nicht ganz korrekt.

Es reicht nicht, wenn ich mir immer wieder sage, dass ich okay bin und ich mich doch so, wie ich bin, lieben soll. Das ist mit Sicherheit besser, als wenn ich in negativen Mustern denke, gar keine Frage. Aber es löst das Problem noch nicht wirklich.

Der Mensch ist sehr simpel strukturiert. Sehen wir uns das Mind Model an.

Der eine Teil ist das Unbewusste. Dort sind die automatischen Körperfunktionen und das Immunsystem drin. Der zweite Teil ist das Bewusstsein. Dort ist das Kurzzeitgedächtnis drin. Auch die Willenskraft, das Logisch/Analytische und das Rationell/Rationale.
Und nun kommen wir zum dritten Teil, der uns am meisten interessiert. Das Unterbewusstsein. Dort sind das Langzeitgedächtnis, die Emotionen, Gewohnheiten und der Selbstschutz drin. Im Unterbewusstsein ist alles gespeichert. Es ist sozusagen unsere Festplatte. Alles, was wir jemals erlebt, gesehen, gefühlt und gerochen haben, ist dort gespeichert. Auch wenn wir uns an diese Ereignisse nicht – oder nicht (mehr) bewusst – erinnern können. Es ist gespeichert.
Das Krasse an der ganzen Sache ist, dass das Unterbewusstsein circa fünfundneunzig Prozent und das Bewusstsein nur circa fünf Prozent unseres Gehirns ausmachen! Das muss man sich mal vor Augen halten.

Wenn jetzt also alle unsere schlechten Erfahrungen – wie zum Beispiel verlassen worden zu sein, betrogen worden zu sein oder erzieherische Fehler unserer Eltern und infolgedessen das Gefühl der Unzulänglichkeit oder der Minderwertigkeit wie auch andere Ängste, Blockaden usw. – im tiefen, dunklen Meer gespeichert sind, was nützt es dann, wenn man zig Bücher wälzt? Oder X Verkaufsschulungen macht? Oder sich an eine Religion hängt? Oder sich von Leuten abhängig macht? Oder eine Psychotherapie nach der anderen macht? Denn diese arbeiten fast immer nur an der Oberfläche und nicht im tiefen, dunklen Meer.

Nehmen wir mal das Beispiel einer Gesprächstherapie. Klar tut es gut, jemandem seine Probleme anvertrauen zu können. Man fühlt sich für den Moment erleichtert, hat ein gutes Gefühl und denkt: *Jetzt wird alles anders.* Man geht vielleicht voller Hoffnung und Euphorie nach Hause. Doch dann, ein schlechtes Erlebnis, eine Situation der Unsicherheit, ein Hauch von Nichts und alles ist wieder beim Alten. Es hat sich nichts geändert.

Man ist immer noch genauso unsicher, genauso unzufrieden, genauso selbstkritisch, genauso beziehungsunfähig, genauso schlecht in seinem Job usw. Warum? Ganz klar. Weil es absolut nichts bringt, wenn wir lediglich an der Oberfläche kratzen.

Ein Taucher kann auch nicht warten, bis die wunderbaren farbigen Fische aus dem Wasser springen, damit er sie sehen und bestaunen kann. Das heißt, er kann schon warten, aber das wird ihn nicht glücklich machen. Denn es wird sein ganzes Leben lang nichts passieren. Er muss in die Tiefe, er muss ins Wasser tauchen, um die wunderbare Welt zu sehen.

Ich sage nicht, dass es nichts bringt, mit jemandem zu reden oder zu meditieren. Es bringt absolut was, für unser Wohlbefinden. Dies ist für unseren Alltag außerordentlich wichtig!

Sich täglich kleine Belohnungen zu gönnen oder sich Auszeiten zu nehmen. Der eine geht meditieren, der andere macht Kampfsport, wieder ein anderer geht mit dem Hund spazieren. Alles, was einem guttut und was einigermaßen gesund ist, sollte man unbedingt tun. Und zwar nicht nur einmal im Monat; man sollte wirklich darauf achten, sich regelmäßig Gutes zu tun, also täglich mindestens eine halbe Stunde. Rituale wie morgens mit Meditieren oder autogenem Training zu starten, sind einfach genial. Alle diese Dinge sind sehr wichtig für unser Gemüt. Tatsache ist aber, dass es noch mehr braucht. Diese Dinge sind toll, sie lösen aber unsere Emotionen der Vergangenheit nicht!

Für wahres Glück und Wohlbefinden muss man also „unter Wasser" tauchen.

Wie taucht man unter Wasser? Also ins Unterbewusstsein? Dorthin gelangt man nur in einem Trance-Zustand. Es ist ein relaxter, harmonischer, glücklicher Zustand, wie wenn man kurz vor dem Einschlafen ist und alles loslässt und sich einfach nur wohlfühlt. Dieser Zustand hat absolut nichts mit Willenlosigkeit, Weggetretensein oder Schlafen zu tun. Es ist ein Relax-Zustand, der zulässt, ohne jegliche blockierende Logik, Kritik und das analytische Bewusstsein ins „Meer" abzutauchen.

Wir können unsere Festplatte nur „neutralisieren", wenn wir in unserem Unterbewusstsein, wo alles gespeichert ist, arbeiten.

In meiner Firma mental-wellness.ch arbeite ich also im dunklen, tiefen Meer und zwar in der Schweiz wie auch auf Mallorca.

Von Anfang an hatte ich großen Erfolg bei allen meinen Klienten! Es funktionierte einfach bei allen.

Ich möchte ein Beispiel eines Kindes anführen. Und zwar von Ethan. Er hustete und rotzte etwa seit seinem dritten Lebensjahr. Es hörte sich wirklich schlimm an. Er klang wie ein alter Raucher. Und das, obwohl er nicht krank war und jetzt mit seinen acht Jahren natürlich auch nicht raucht. Nicky und er machten zuvor einen Termin in einer Klinik, welche auf Lungenprobleme und Asthma spezialisiert war. Klar kam dann der Befund Asthma.

Als ich Nicky und Ethan sah, fragte ich Ethan, ob er mal das Chillen ausprobieren möchte. Das ist eine mentale Technik für Kinder, auf die ich gleich näher eingehen werde. Er sagte ja. Ethan war von Anfang an begeistert von unseren Chillmomenten – und das ist er auch heute noch. Er fühlt sich sehr wohl dabei und zieht immer gleich seine Schuhe und Socken aus, um sich in die flauschige Decke auf dem sehr bequemen, großen Sessel zu kuscheln.

Interessant ist, dass immer, wenn ich mit dieser mentalen Technik arbeite, ich alles sehr neutral betrachten kann. Natürlich kannte ich die Geschichte schon etwas. Wir hatten kein konkretes Thema, das wir bearbeiten wollten. Eigentlich wollte ich mit Ethan einfach die neue Kindertechnik ausprobieren, welche ich bei einer Weiterbildung erlernen durfte.

In dieser Technik fischt man mit dem Kind in einem wunderschönen See die schwarzen Kugeln heraus, welche Probleme, negative Erlebnisse, Ängste usw. darstellen. Ich möchte dies nun nicht weiter erklären, das würde den Rahmen dieses Buches sprengen und wäre an dieser Stelle zu verwirrend. Nur so viel: Es ist eine sehr effektive Möglichkeit, im Unterbewusstsein an die Themen heranzukommen, die es zu neutralisieren gilt, damit es dem Kind wieder gut geht.

Wir fischten eine große, schwarze Kugel heraus. Es war Sec. Ich hatte es für mich offen gelassen, war dann aber natürlich nicht gerade erstaunt.

Die Gefühle in dieser schwarzen Kugel waren: „Er hört mir nie zu." „Er nimmt mich nicht ernst." „Wenn ich Nein sage beim Kitzeln hört er nicht auf." „Er lügt mich an." „Er sagt, wir gehen morgen dorthin und dann gehen wir doch nicht."

Solche Sätze kommen aus Ethan heraus. Er dreht sich auf dem Sessel hin und her. Seine Augen flattern ganz schnell. Er hat einen roten Kopf und einen roten, gepunkteten Hals. Alles in ihm arbeitet. Ich lege meine Hand auf seinen Arm, um ihn in seinem Trance-Zustand wieder etwas zu beruhigen.

Die Sitzung ging circa eineinhalb Stunden. Ich habe Ethan dann noch viele positive Gefühle mitgegeben und Sec für ihn quasi neutralisiert. Ihm gesagt, dass dieser vielleicht einfach nicht so gute Ohren hat, um zuzuhören. Dass Sec niemandem gut zuhört und dies nichts mit ihm zu tun hat. Vielleicht hat Sec es nie gelernt und kann es einfach nicht. Ich habe Sec neutralisiert, damit Ethan es nicht weiterhin mit Schuldgefühlen verbindet. Damit er nicht denkt, sein Papa benimmt sich ihm gegenüber so, weil er nicht gut genug sei (ein typisches Muster vieler Menschen).

Fakt ist, dass Ethan seit diesem Tag – bis heute – nie mehr gehustet hat! So war das „Asthma" also gelöst. Er braucht weder Medikamente, noch hat er beim Sport Probleme. Es ist wie vom Erdboden verschwunden.

Ich habe hier die mentale Arbeit mit dem Unterbewusstsein so simpel und kurz beschrieben, wie es mir möglich war. Damit möchte ich aufzeigen, wie einfach strukturiert wir Menschen im Grunde alle sind.

Ich hatte mittlerweile viele Klienten in meiner Praxis. In der Schweiz wie auch auf Mallorca. Solche, die ein paar Mal kommen „mussten", aber auch solche, die schon nach nur einer Sitzung ihr Problem los waren. Viele kommen auch einfach ein bis zwei Mal im Monat, um Mental Wellness zu machen und möchten dann oft die Behandlung mit der Energetik zusammen. Einfach, um sich was Gutes zu tun. Die Energetik kann zugleich auch körperliche Leiden und Beschwerden lösen.

Seit ich die Mind Days auf Mallorca mache, sind einige auf den Geschmack gekommen, sich in den vier Tagen Ferien zu „erneuern".

Eine Dame ist mir besonders in Erinnerung geblieben. Ein Bekannter, der für die Arbeitsvermittlung arbeitet und mit einer Arbeitssuchenden schlichtweg nicht weiterkam, hatte mich empfohlen. „Ich komme mit ihr einfach nicht weiter. Sie findet keinen Job. Ich habe das Gefühl, dass sie sich in einem Burn-out befindet. So jemand ist nicht vermittelbar. Was meinst du?", sagte er zu mir. „Klar, ich schaue es mir an", antwortete ich ihm. Ich freute mich schon sehr auf die Sitzung. Wie immer war ich völlig unvorbereitet, da ich die Person gerne erst erspüre und mir danach den Sitzungsvorgang und das Thema kurz im Kopf zusammenstelle. Oft wechselt es sogar in der Sitzung.

Bei der Dame war es eine Mischung aus verschiedenen Gefühlen, die sie total kaputtmachten. Zum einen die Demütigungen auf ihrer letzten Arbeitsstelle bis hin zum Mobbing. Zum anderen ihre Mutter, die sie ständig und wegen allem kritisierte. Schlimm war, dass sie sich nicht von ihr abgrenzen konnte, zum einen psychisch-moralisch bedingt und zum anderen, da ihre Mutter auf die Kinder aufpasste, wenn sie arbeitete.

Wir hatten in der Sitzung einiges aufzuarbeiten. Sie zeigte anfangs etwas Scheu vor dieser Therapieform sowie auch bezüglich des Trance-Zustands; nachdem wir uns aber etwas kennengelernt hatten, ließ sie sich super darauf ein. Es war eine tolle Sitzung und sie ging ziemlich „zerknautscht" und etwas k. o. nach Hause.

Ungefähr vier Wochen später bekam ich ein E-Mail von ihr. Es war einfach unglaublich! Sie schrieb, dass es ihr so gut gehe wie noch nie. Sie habe schon den Mietvertrag für eine neue Wohnung unterschrieben. Sie zöge nach Deutschland, da dort ihr Traumjob warte. Sie habe schon eine super Lösung gefunden, um die Kinder dort anderweitig betreuen zu lassen. Sie beginne nun endlich das freie Leben, mit dem sie schon lange geliebäugelt hatte. Sie danke mir von Herzen, sie sei neugeboren und könne nun ein neues Leben beginnen.

Dieses sehr rasche Ergebnis hat mich unheimlich gefreut. Obwohl sie in unserem Gespräch immer zu allem sagte: „Das würde mir gefallen, aber das geht nicht. Das möchte ich, aber das kann ich mir nicht leisten." Und so weiter und so fort. All diese Probleme, oder besser gesagt *Blockaden*, waren mit einem Mal weg. Einfach genial!

Etwas später rief mich dann der Bekannte an, der auch so ein Mail von der Dame erhalten hatte. „Was hast du mit ihr ge-

343

macht? Sie litt an einem schlimmen Burn-out! Sie war so fertig, dass sie keine Stelle annehmen konnte. Ein halbes Jahr lang haben wir es mit diversen Schulungen und Coachings versucht. Was hast du gemacht?"

Tja, dazu kann ich nur sagen:

Der Weg zum Glück ist das UNTERBEWUSSTSEIN.

Das Zauberwort, um glücklich zu sein, heißt also: SELBST-WERTGEFÜHL, und der Schlüssel dazu heißt: SELBSTLIEBE.

Wir ALLE – und ich meine wirklich ALLE – können nochmals von vorn beginnen. Egal, wie alt oder wie krank, kaputt oder gesund wir sind und egal, unter welchen Umständen.

Apropos gesund!

Bei einer Ursachenforschung von Joseph Stutz über Krankheiten wie Alzheimer, Parkinson, multiple Sklerose, Depressionen oder Krebs konnte in den meisten Fällen festgestellt werden, dass die daran erkrankten Menschen im Laufe ihres Lebens außerordentlich viel Stress durch schwere, manchmal aufeinanderfolgende emotionale „Schocks" erfahren hatten, von denen sie sich nicht lösen konnten.

Mit anderen Worten: All die negativen Ereignisse, Erlebnisse, Kränkungen und so weiter, die in unserem Unterbewusstsein gespeichert sind, verunmöglichen uns nicht nur ein glückliches Leben, nein, sie „vergiften" unseren Körper, bis dieser „zurückschlägt" und wir dann an schlimmen Krankheiten leiden. Infolgedessen sind wir dann noch unglücklicher und warten schließlich nur noch auf den Tod.

Ich habe durch all meine Erfahrungen und Erlebnisse gelernt, dass es wirklich eine simple Lösung gibt. Man muss es aber wollen und in Angriff nehmen. Wer sein ganzes Leben lang nur klagt, im Selbstmitleid ertrinkt, immer allen anderen die Schuld gibt, warum alles so schlecht ist, sich selbst nicht wirklich ernst nimmt und sich auch nicht genug liebt, dem bleibt im Grunde genommen nichts anderes übrig, als einfach zu warten, bis er irgendwann als „Wrack" sterben kann.

Und ich möchte dieses Buch allen widmen, die schleunigst ihre Festplatte und ihr Leben aufräumen sollten.

Meinen Klienten in meiner Praxis, die mir ihr Vertrauen schenken.

Meinem Mann, der mich nonstop unterstützt und an mich glaubt, auch wenn ich solche verrückten Ideen habe, wie mein mental-wellness.ch

Meinen Eltern, die immer zu mir halten und mir nie in mein Leben gequatscht haben. Mich immer leben ließen.

Und Euch allen, die Ihr gerade die letzten Zeilen meines Buches lest.

Glaubt mir, es lohnt sich!!!!

DENN BEFREIEN MACHT GLÜCKLICH.

ClaudY

Die Autorin

Claudia Kofel wurde 1979 in Lachen im
Kanton Schwyz geboren. Nach ihrer Lehre zur
Fotolaborantin absolvierte sie eine Hypnose-
Ausbildung, ein Medizin- und Psychologiestudium
und die Weiterbildung als Kursleiterin zum
autogenen Trainer. Heute engagiert sie sich mit
großer Hingabe und Begeisterung für mentale
Gesundheit (www.mental-wellness.ch <http://
www.mental-wellness.ch>), auf Mallorca, wo sie
auch lebt. Mehrmals jährlich veranstaltet sie die
Mind Days (Mentalwochenenden). Claudia liebt
das Meer, die Sonne und den Süden, ebenso wie
ihre Hunde und ihre Pferde. Die Autorin ist zum
zweiten Mal verheiratet und hat zwei Kinder.
Der Roman „Befreien macht glücklich" ist ihr
Erstlingswerk.

novum VERLAG FÜR NEUAUTOREN

Der Verlag

*Wer aufhört
besser zu werden,
hat aufgehört
gut zu sein!*

Basierend auf diesem Motto ist es dem novum Verlag
ein Anliegen neue Manuskripte aufzuspüren, zu ver-
öffentlichen und deren Autoren langfristig zu fördern.
Mittlerweile gilt der 1997 gegründete und mehrfach
prämierte Verlag als Spezialist für Neuautoren in
Deutschland, Österreich und der Schweiz.

**Für jedes neue Manuskript wird innerhalb
weniger Wochen eine kostenfreie, unverbind-
liche Lektorats-Prüfung erstellt.**

Weitere Informationen zum Verlag und
seinen Büchern finden Sie im Internet unter:

w w w . n o v u m v e r l a g . c o m